U0109940

認識大陸作家系列

廢墟上的精靈

前現代中國知識份子思想文化的
理路（1898～1918）

楊洪承・著

目　次

開篇語　蒼涼的帝國遺風

　　1898 年是中國近代文化思想史上值得分界的年代。它的重大的歷史意義，並不僅僅因為維新變法的此起彼伏大清帝國搖搖欲墜，而是在這維新時代中一個新興的社會集團——中國前現代知識份子的誕生了。

　　大清帝國的輝煌，在 19 世紀 90 年代激蕩的政治思想風雲變幻中走向了衰落。中國人稱為「中國數千年未有之變局」（李鴻章語），由 1840 年英國的大炮予以了改寫。中國為此打開了封閉已久的沉重之門。歷史塗抹了更為悲壯而蒼涼的色彩，自詡的「天朝」將何去何從……。

　　歷史的重任自然地落在了一批率先「睜眼看世界」的、先覺的憂國憂民的知識者的肩上，可以列出林則徐、魏源、洪秀全、康有為、梁啟超、嚴復、孫中山……，這一長長的中國近代文化思想開創者和奠基者的名字。他們為一個衰落的王朝抒寫了一曲最為悲壯的輓歌，也為一個新的歷史開篇譜寫了鮮活而豐富的精神與生命的樂章。是社會時代的變革，是民族危亡的災難，是切切實實奇恥大辱的刺激，將他們推到了不容異議、不容怠慢、不容選擇的境地。儘管他們身上有幾千年的王朝帝國的沉重負載，儘管他們已經有了「制夷——悉夷——師夷」的應變措施，也經歷了洋務自強運動，

然而，一次又一次的失敗，使得他們不得不將目光轉向更為深廣的文化思考，尤其，從異域文化的參照探尋社會變革的新火種。悠悠幾千年的封建王朝，真正走到了岌岌可危的窮途。慢慢地開啟了一個新的近代思想文化的歷史帷幕，那低沉憂鬱的序章也旋即奏響。

蔡鍔在 1902 年的《軍國民篇》中回顧道：「甲午一役以後，中國人士不欲為亡國之民者，群起以呼嘯叫號，發鼓擊鉦，聲撼大地。或主張變法自強之議，或吹煽開智之說，或立危詞以警國民之心，或故自尊大以鼓舞國民之志，未幾而薄海內外，風靡回應。」[1]這便是新近代思想文化滋長的社會歷史的河床，是一個新知識群體的誕生孕育的外在動力。近期的中日甲午之戰的慘敗，遠期的鴉片戰爭的濃濃硝煙的彌漫，在舉國上下的震驚與悲憤的雙向契合之中，危機與憂患的精神情緒奠定了新的知識、新的學理、新的價值、新的文化觀念孕育的基石。前現代中國知識份子的思想文化的精神歷程，尋蹤由此線路伊始……

1898 年的春夏之交，維新運動的直接導火線，正是中日戰爭中的大清帝國遺風徹底的淪喪。這場喪權辱國的戰爭，對於中國民眾的刺激超過了歷次戰爭。早在幾年之前，醞釀變革維新的濃濃社會意識，正在尋找著噴發口。如果說大清朝與日本 1895 年 4 月在下關簽訂屈辱的和約時，以康有為為代表的一千三百名參加會試士子聯名簽署反對和約，請願要求變法維新的奏摺，是一個民意激發的前奏曲。那麼，隨後愈演愈烈的外來列強的爭奪，殖民地危機下的國內一片驚慌恐懼，加劇了大清朝的衰亡，同時促使了維新運動

---

[1] 蔡鍔：《蔡鍔集》，毛注青等編，湖南人民出版社 1983 年版，第 19 頁。

的深入。這是一幕頗具戲劇性的歷史轉折，走向衰落的朝廷，上演了一齣垂簾聽政的權力新組合的鬧劇。在母后親情和孝治的多重關係籠罩下，光緒帝的忠順和服從，本身就蘊含著權力的不滿，緊張和衝突就在這種表層的親和之中。1895 年光緒 24 歲，慈禧則為 60 歲。差別更重要地在於，他們之間傳統的維護和西學的接受之思想觀念方面。最終帝與后之間的對峙發展成意識形態之爭，也就是大清帝國開始崩潰的前兆。所以，1897 年冬，康有為再度進京重新向皇帝送上三道奏摺，條陳要求變法，公開提議頒佈憲法和建立國會。光緒帝對此反應強烈，接納了康有為的變法革新的主張，直接演義了一場短暫而輝煌的「百日維新」。從 1898 年 6 月 11 日到 9 月 21 日這一百天中，光緒帝連續頒佈了一百多道上諭，順應有志於有識之士的改革要求，在經濟、軍事、文化教育等方面，都預示了對帝國全部政治機構進行激烈的改造。與此同時，變法運動加劇了光緒帝與慈禧太后之間的矛盾，也促使了朝廷普遍的憂慮和不安氣氛。本月下旬，慈禧太后很快地剝奪了光緒帝的權力，並將其囚禁起來，旋即康有為等維新運動的激進者受到清洗，一系列變法期間頒佈的革新政策被廢止。

慈禧太后的第三次攝政，「六君子」遇難，維新運動的領袖康有為、梁啟超等人物紛紛避逃香港、日本境外。短命的維新流產了，大清朝廷已現真正的苟延殘喘之狀，最後的生命迴光返照之態。1900 年起，中國革命的知識份子在維新改良的參照之下，在更為日趨嚴重的帝國主義列強的侵略民族滅亡危機的逼迫下，在下層人民樸素的方式展開的反對帝國主義的鬥爭，義和團無畏勇士們的血與火的鼓舞之下，以孫中山為代表的革命派繼後崛起。1905 年夏，

又是中國歷史的重要轉捩點，外部的直接事件是日本戰勝了俄國，列入世界強國，引發在日本學習的中國人的極大興趣，亞洲人可以戰勝西洋人。孫中山率先打出以革命為宗旨的旗子，組織團體聚集力量，志在推翻朝廷，建立民國。從興中會到同盟會，革命黨人徹底跳出維新改良的君主立憲的困境。同盟會的誓詞：「驅除韃虜、恢復中華、建立民國、平均地權」，伴隨著孫中山一次次革命起義的嘗試。雖然多為失敗的嘗試，但是順應民意民心。孫中山所強調的基本革命主張，統一、主權和國家強盛，恰恰直指清王朝致命的喪權辱國，甚至也針對了那些表層的革新，君主立憲的改良。為此，共和革命運動、團體聯盟、反滿獨立等一系列革命的實際舉措，與大清朝所謂的一系列「改革」措施，共同加速了自身真正意義的改革措施的重新反省。1911 年的辛亥革命聚合了十餘年的經驗，將清王朝推到了末日，重寫了民國的新一頁。

匆匆將 19 世紀末的社會歷史的發展線索做此粗略的勾勒，並不在於對晚清史的思想革命獨創性的描述，而是由此為思想文化歷史的考察，尋覓和清理出包容其中的前現代中國知識份子多元思想精神的內在理路。

清王朝的窮途聯繫著民族危機，而民族的危亡直接反映在先覺者的憂患意識中，這種首先出自精英階層的憂患，將河山破碎的悲憤，救國的豪情壯志滲透到一切思想精神文化的領域，影響了一批批思想精神的先覺知識份子。大清帝國蒼涼的遺風，率先由一批感時愛國的知識者，從長歌當哭的悲壯的旋律中傳出。「苟利國家生死以，豈因禍福避趨之」近代開篇林則徐就播散了這一悲壯之音的基調。隨後，譚嗣同抒發出「四萬萬人齊下淚，天涯何處是神州」

的沉鬱情懷；與「鑒湖女俠」秋瑾激昂地唱出「拼將十萬頭顱血，敢把乾坤力挽回」民族正氣之歌。彼此交織著貫穿在清王朝走向衰落的歷程中。

　　清王朝的政治格局影響了文化思想的變革。近代史的重大轉折，甲午戰爭激發的救亡圖存的愛國運動，也推動了新的文化運動的興起和發展。「科學救國」、「教育救國」、「實業救國」等口號接連提出。文化的革新意識被提到與整個社會發展的相關地位，從而產生了一大批不同於死守傳統儒學思想文化的知識份子群體，出現了廣泛接受介紹西方思想文化的熱潮。正是一批頭腦清醒、有膽識的先進人士，敢於正視現實，吸收西方文化以補充中國文化的不足為己任，尋求、探索的過程，抒寫了一部前現代中國知識份子思想文化建設的歷史新篇章。可以說，1895 年嚴復在《論世變之亟》一文中所言，可謂一種新的文化觀的宣言：「中國最重三綱，而西人首明平等；中國親親，而西人尚賢：中國以孝治天下，而西人以公治天下：中國尊主，而西人隆民；中國貴一道而同風，而西人喜黨居而州處；中國多忌諱，而西人眾譏評。其於財用也，中國重節流，而西人重開源；中國追淳樸，而西人求歡虞。其接物也，中國美謙屈，而西人務發舒；中國尚節文，而西人樂簡易。其於為學也，中國誇多識，而西人尊新知。其於禍災也，中國委天數，而西人恃人力」。[1]在這種崇尚西方文化的意識指導之下，開啟了一代先覺的知識者，從一種較為廣闊的文化視野中，探尋中國思想文化的新出路，從而從根本的精神上動搖了封建的綱常倫理觀念，加速王朝帝

---

[1]　《東西文明根本之異點》，《言治季刊》1918 年 7 月。

國的徹底顛覆。這裏不僅僅是對近代以來「用夷變夏」、「中體西用」
等改良口號的反思，而且開始從整個思想文化領域建構一系列變革
和創新的思路。

　　首先，社會經濟領域探索衝破封閉農業手工業形態，引進介紹
工業化的都市社會學和商業化的經濟學，尤其理論強化社會體制變
革的重要。西方資本主義社會產生發展的社會學，主要是從醫治封
建專制的社會弊病和重新組織社會問題，為新興資產階級提供新的
思路和方法。英國學者赫伯特・斯賓塞的《社會學研究法》；日本
學者岸本能武太的《社會學》是這方面的代表研究成果，重要的是
他們被章太炎、嚴復先後最早地翻譯到中國，對大清朝封閉的農業
文明產生了巨大的衝擊。在嚴復譯的（英）愛德華・甄克思的《社
會通詮》中指出：中國社會「固宗法之社會也」，「周孔者，宗法社
會之聖人也」。[1]按照甄克思的觀點，「宗法社會」的文明程度要低
於「軍國社會」，還處於在人類社會發展的「草昧」時期。處於「宗
法社會」階段的中國呈現出嚴重病態狀況：「夫自舊社會觀之，京
師番壤也，守令蛇也，固揆之萬而一致也。由無意識生貪欲，貪欲
生欺詐、生罪惡、生奴隸、生淫、生盜賊，而媚異族，而殺同種。
種種敗德，不暇縷。」[2]顯然，這種社會的延續勢必會在列強爭雄、
弱肉強食的時代處於危險的境地。因此，改造這種「宗法社會」的
弊病，組織新的「軍國社會」即資本主義社會。這種學說便為隨後

[1] 嚴復：《社會通詮》按語，《嚴復集》第 4 冊，中華書局，1986 年版，第 928，
926 頁。
[2] 大我：《新社會之理論》，《新江潮》第 8 期，1903 年 10 月。

的資產階級革命派提出推翻清王朝，建立共和，改良派的君主立憲，創造了理論根據。正是近代西方社會學的傳播，促使了人們對廣泛的社會問題的思考，加速了清王朝的制度的變更。

　　當然，社會的變革與經濟的聯繫密切相關。社會學的思想幾乎是與經濟學的傳播介紹同時流行於 19 世紀的中國，王朝的小農經濟首先在資本主義商業經濟的比照下，引發了人們富國強兵之路的追求。英國古典經濟學家亞當‧斯密的《國富論》，從經濟自由的中心出發，將國民財富作為研究對象，在交換、貨幣、價值、價格資本、利潤等等方面，較完整的闡述了學會古典經濟學的理論體系。嚴復是較早將此書引入中國的先行者。嚴復在譯著《原富》中把亞當‧斯密的利己主義思想，結合中國傳統的義利觀，提出「義利合」的觀點，作為他經濟主張理論的基礎。他說：「治化之所以難進者，分義利為二者害之也。孟子曰：『亦有仁義而已矣，何必曰利？』……自天演學興，而後非誼不利，非道無功之理，洞若觀火。而計學之論，為之先聲焉。斯密之言，其一事耳。……故天演之道，不以淺夫昏子之利為利矣，亦不以溪刻自敦濫施妄與者之義為義，為其無所利也。庶幾義利合，民樂從善，而治化之進不遠賾。嗚呼！從計學（經濟學）家最偉之功也」。[1] 這裏嚴復將財富與民力的創造結合起來，與個人的利益聯繫起來，並且強調充分自由的私人經濟和貿易等等思想，都對農業經濟社會的改變產生了很大的影響。隨後，梁啟超、孫中山等變革思想，又從西方不同的經濟學派介紹中，豐富了嚴復的經濟主張，為近代中國進步的經濟改革方

---

[1]　嚴復：《原富》按語，《嚴復集》第 4 冊，中華書局，1986 年版，第 858-859 頁。

案，為改變中國落後經濟與封建專制社會，走富國強兵之路提供了理論依據。

其次，西方哲學的新學科的傳入與文學藝術界的革命，開啟了國人的精神。大清帝國衰落最先是由國民精神的萎縮和沉悶表現出來。傳統的儒學「實用」、「變易」、「循環」等思想觀念，局限了人們的思想解放的步履。於是，近代哲學的文化傳播被受到特別的重視，當時有人就認識到：「哲學一家遂為過渡時代轉移之目的矣」、具有「喚醒國民之靈魂，持示教科之正軌」[1]的重要作用。對大清朝產生最直接影響的是，西方進化論的哲學。康有為最早從《談天》、《地學淺釋》、《格致彙編》等科普讀物中，把西方進化論觀點和儒學今文經學結合起來，闡述他的歷史觀。並且主張庸俗進化論承認事物的量變、漸變，否認事物的質變，突變的形而上學思想。當然，系統介紹西方進化論的無疑是嚴復第一人，英國生物學家赫胥黎的《進化論與倫理學》一書，就是一部闡述 19 世紀自然科學三大發明之一的達爾文生物進化論的著作。嚴復以《天演論》為譯名，引入中國震驚了思想界。康有為和以後的孫中山等革新思想的先驅者，都是從此中獲得激勵奮進的力量。大清朝面臨列強瓜分，最明顯的是進化論的以強制弱。這也從方反面提醒人們弱者要想生存必須轉變為強者的道理。同時，進化論的本身具有唯物論和辯正法的合理因素，也有可供學習借鑒之處。進化哲學可以說形成了中國近代思想發展的一個里程碑。

---

[1] 馮葆瑛：《哲學源流考識》，上海廣學會光緒 32 年印刻。

　　與哲學相近的文學藝術，是人們思想意識轉變的直接載體。清王朝的腐朽統治引發的階級矛盾尖銳化，造成了中國社會的衰敗。開明人士學習西方、改革內政、對抗外國侵略的呼籲，最先表現為接受新思潮的進步文學藝術的產生。這突出反映是 1898 年以後先進的知識份子，率先在文藝領域發起了「詩界革命」、「文界革命」、「小說界革命」的三大文學革命改良運動。康有為、梁啟超等維新派為擴大改良宣傳，辦《時務報》、《新民叢報》，倡導一種新穎的見解和生動活潑的文字的「新文體」。除內容之外，也要求形式的革新。提倡文學語文合一而呈現的白話文運動。裘廷梁 1898 年在江蘇創辦白話學會，創刊《無錫白話報》，認為「白話為維新之本」，主張「崇白話而廢文言」，以開通民智，傳播新知識。

　　「詩界革命」是維新派倡導的詩歌革新運動。黃遵憲、譚嗣同、夏曾佑等發起做新詩，厭惡宋詩派、同光體的擬古主義、形式主義，主張詩要求「能以舊風格含新意境」表現新思想、新事物，而形成了一個頗具聲勢的新詩潮。黃遵憲提出「我手寫我口，古豈能拘牽」（《雜感》，《人境廬詩草箋注》上冊第 42 頁）的創作原則，強調寫詩要表達自己的真情實感，反映現實生活。這場「詩界革命」運動以詩歌記述時事、人物，評說國政，吟詠歷史，抒懷山水等等，她以廣闊的創作題材，強烈的時代氣息，為鼓蕩民主革命，活躍人民思想，促進社會變革，起了積極的作用。

　　1903 年的梁啟超《論小說與群治之關係》一文，鼓吹「小說界革命」，闡述小說社會作用，與社會政治鬥爭的密切聯繫。梁啟超認為小說是開啟民智的最有效的藝術手段，具有「改良社會」，促進立憲政治形成的重要作用。「欲新一國之民，不可不先新一國

之小說。故欲新道德，必新小說；欲新宗教，必新小說；欲新政治，
必新小說；欲新風俗，必新小說；欲新學藝，必新小說；乃至欲新
人心，欲新人格，必新小說」。[1]總之，西方進化哲學的引進與文學
藝術的三次革命運動，對於清王朝統治者的思想觀念產生了極大的
衝擊波。

再次，清王朝的教育變革在主動與被動之間進行，教育的兩難
選擇經歷了西方資產階級教育思潮的衝擊，而確立了近代新的教育
制度的萌生。更重要的是，大清朝的岌岌可危很大程度正是由自身
不斷被動地調整教育體制中顯現出來的。西方資產階級的教育思想
的傳播，在甲午之戰敗兵以後加速和擴大。這首先為一大批思想家
接納，他們抨擊科舉制度，主張推行西學教育，建立新的教育制度，
諸如軍事國民教育、國民教育、實利教育、美育教育等重大改革。
洋務派的代表李鴻章最早認識到傳統教育制度培養不出適應洋
務事業的人才，他說；「小楷試帖，太蹈虛飾，甚非作養人才之
道」。[2]為此，必須實行教育改革，變通「考試功令」，另設專門學
堂，招收「資稟穎悟，根器端靜之文童」，學習西方語言文字，「測
算之學、格物之理、制器尚象之法」，[3]以便國家選用。

清王朝隨後採取了兩項重要舉措，即積極興辦新學堂和派遣留
學生。清王朝的教育改革本是想並不觸動朝政的改良，「變器不變

1　梁啟超：《論小說與群治之關係》，《飲冰室合集‧文集 10》，第 2 卷，中華
　　書局，1989 年版，第 6 頁。
2　李鴻章：《籌議海防折》，《洋務運動》（中國近代史資料叢刊）第 1 冊，上
　　海人民出版社，1961 年版，第 53 頁。
3　《同治 2 年 2 月初 10 日江蘇巡撫李鴻章奏》，《洋務運動》（中國近代史資
　　料叢刊）第 2 冊，上海人民出版社，1961 年版，第 140-141 頁。

道」可是，舉措的本身已經將其推到了鮮明比照的境地，新式學堂和留學生的大量出現，使得自身落後、閉塞、專制的封建性種種弊端受到西學的現代性的挑戰。新興的知識份子和新興的文化，正是由此生長起來。清政府以「中學為體，西學為用」的改革，突出在興辦外國語學校、新式軍事學校、專門技術學校三個方面，培養接受新學的人才，改變傳統的科舉制度下的八股、因襲、呆板，缺乏創造性思想才能的弊害。同時，又派遣大量留學生到歐美各國學習，直接感受體驗西學的先進思想。清政府維新變法以來，不僅僅留學生人數逐年增長，而且所學專業幾乎涉獵一切新知識領域，如商業、土木、醫藥、測繪、物理、外語、音樂、工業、農業、師範、員警、美術等等，都為中國留學生所追求。為此，大大打開了中國人長期閉關鎖國的視野，各式新學堂的興辦又使得這種追求和開闊的視野在中國賦予了實施，達到了普遍性的開通民智，解放思想的積極效應。作為清王朝的變革的重要舉措之一教育制度的改良，實際是其自身一系列變革的先聲。這是在其所有的變革中，最直接表現為滋生了一批新興的中國現代知識的時代先覺者。王朝衰落中的抗爭，自覺與不自覺的選擇和調整催生了「新生代」的崛起。近代中國的前現代知識份子的孕育，可以從中尋覓其成長路向。

　　自然，清王朝 1898 年的改良維新的文化思想歷史的分界，構成的結構是複雜而多方面的，並不僅僅上述三個主要的內容。社會與商業的體制變化，哲學的思想理論方法的尋求，開啟民智的教育的先行，他們從文化主體構成因素傳達了幾千年的中國社會單一形態結構轉變的資訊。文化結構的變化從這三個方面（實際還包括法學、政治學、史學、語言學、自然科學、傳播媒介學等等文化學科）

鮮明凸現出一批頭腦清醒、有膽識的先進人物，率先看到中西方兩
種文化的不同，而表現出對新文化的積極尋求和探索。一個以留心
西學為「新學」的學者、知識者群，在西學東漸的歷史潮流中，在
此刻守成、改良、革命鼎足為三的文化思路下應運而生。清王朝的
最後的努力，一系列的改良措施並沒有能夠挽救衰落的必然。風雨
飄颻的王朝帝國，走到他歷史的盡頭，是列強瓜分危機四伏，是來
自民間義和團的群起激憤的悲壯抗爭，也是思想文化戰線先覺知識
者文化結構的積極調整。一代先覺者交織著歷史傳統重負的精神困
惑，滿腔熱情地投身於新文化的建設和現代文明執著追求，重新譜
寫了中華民族燦爛文化的篇章。廢墟之上的精靈，他們帶著沉重歷
史的鐐銬，伴隨著艱澀的時代音響，跳起了並不和諧卻是自我獨立
創新的舞步。歷史將不會忘記他們艱辛的創舉，歷史也有責任反思
他們的經驗和教訓，讓我們站在新世紀的門檻回首當年豪傑、英才
志士，回眸歷史的滄桑浮雲，無序中有序，有序裏的無序的流動，
所呈現給我們的色彩斑斕的歷史啟示錄，與凝重的文化積澱的豐富
礦產資源。世紀的歷史追尋，翻開的第一頁將由王朝解體散落的碎
片，而拼接起的圖案……。

第一章　王朝解體的碎片

　　1898 年，這個值得中華民族歷史永遠記憶的編年，由它重寫的幾千年文化歷史上的新頁，鐫刻了一個不可磨滅的思想文化的界碑。

　　王朝的解體最根本最直接的生命垂危淵源，是近代鴉片戰爭到洋務運動以來文化傳統的連續性地受到衝擊，而形成了傳統文化觀念和生活習俗等無法扭轉的變更。自我封閉的舊傳統意識的動搖，是從「天朝盡善盡美」的妄自尊大的思想觀念發展到極致伊始。長期被看作「小夷」的西方，他們的「堅船利炮」的轟擊，不得不使「天朝」欽命大員們放下高貴的架子，衝破王朝嚴格限制朝廷命官與「外夷」接觸的傳統戒規。一時間，向西方學習，取長補短成為一種時代風尚。文化價值觀念從嚴格區分「夷」和「夏」之界限，到深感世界已經之大變：「天地之氣至明而一變乎！滄海之近隨地圓體其自西而東乎！」西風東進帶來了「紅夷東駛之舶，遇岸爭岸，遇州據州，立城埠，設兵防，凡南洋之要津，已盡為西洋之都會。」[1] 儘管這種「夷夏」觀念僅僅為初步的認識，充滿這阻力，但是王朝不得不面向世界已成必然。思想觀念的變更隨西方物質的

---

[1]　魏源：《敘東南洋》，《海國圖志》百卷本，平溪固道署重刊，1876 年。

輸入，尤為開現代社會生活風氣之先。西方的物質文明將一種嶄新
的生活方式傳入中國，使得經濟生活在原有的傳統色調之外塗抹了
斑斕異彩，也影響了清王朝的傳統文化的堅守。西服革履，洋樓輪
船等等捲入人們的生活領域，科學醫學改變著人們的價值觀念。王
朝解體不可逆轉的悲涼命運，恰恰由傳統文化觀念點點滴滴變更的
先導所預兆。尋蹤新思想建設者的足跡，正是在 1898 年這一歷史
的界碑上，有著最醒目的名字康有為、梁啟超……，他們是鼓噪「新
學」的始作俑者，又是勇敢的新世紀的鋪路人。

第一節　傳統藩籬的焚燒者

「天朝上國」於甲午海戰炮火中威嚴掃地，濃濃硝煙突起維新
的義旗。有仁人志士毅然決然地向清帝大膽呼籲變法，多次上書朝
廷奏摺，反覆申述必須認識依據強以「天朝」聲名文物、名教綱常
高於外邦的觀念，撐持自信或矯情自欺之害；必須看到「列國並爭」
這種「數千年未有之變」的世界局勢的重要性。一位士子曾五次上
書清帝，明確指出「當以列國並立之勢治天下，不當以一統垂裳之
勢治天下」；並且精闢分析道：

> 大地 80 萬里，中國有其一；列國 50 餘，中國居其一。
> 地球之通自明末，輪路之盛自嘉道，皆百年前後之新事，四
> 千年未有之變局也。列國競進，水漲堤高，比較等差，毫釐

難隱。故《官子》曰：「國之存亡，鄰國有焉。眾治而已獨亂，國非其國也。眾合而已獨孤，國非其國也。」頃聞中朝諸臣，狃承平台閣之習，襲薄書期會之常，猶復以尊王攘夷，施之敵國，拘文牽例，以應外人，屢開笑資，為人口實。譬凌寒而衣布，當涉川而策高車，納侮招尤，莫此為甚。[1]

敢有此壯舉而精煉的陳詞之人，乃晚清新思想的急先鋒康有為。康有為何人也？有弟子梁啟超在《三十自述》中這樣生動畫像：「其年秋，始交陳通甫。通甫時亦肄業學海堂，以高材生聞。既而通甫相語曰：『吾聞南海康先生上書請變法，不達，新從京師歸，吾往謁焉，其學乃為吾與子所未夢及，吾與子今得師矣。』於是乃因通甫修弟子禮事南海先生。時余以少年科第，且於時流所推重之訓詁詞章學，頗有所知，輒沾沾自喜。先生乃以大海潮音，作獅子吼；取其所挾之數百年無用舊學更端駁詰，悉舉而摧陷廓清之。自辰入見，及戌始退。冷水澆背，當頭一棒，一旦盡失其故壘，惘惘然不知所從事，且驚且喜，且怨且艾，且疑且懼，與通甫聯床竟夕不能寐。明日再謁，請為學方針。先生乃教以陸王心學，而並及史學西學之梗概。自是決然捨去舊學，自退學海堂，而間日請業南海之門。生平知有學自茲始。」[2] 從這少年得志的梁啟超、陳千秋能夠拜當時布衣康有為為師，可略見一斑其人之才出眾，更重要康有為代表了一種新思想風雲激蕩的感召者的形象。當年君主專制之下，康有

1 　見《戊戌變法》（二），上海人民出版社 1957 年版，第 191 頁。
2 　梁啟超：《飲冰室合集》第 2 冊，中華書局，1989 年版。

為首倡「變法維新」，實行政治革命，社會改造，豈非大逆不道！
然而，首舉義旗之狀，改弦更張深得民心，是歷史發展之必然。在
國勢日危，欲苟安而不能之時，獨有康有為敢上書朝廷言改革政
治，破數千年宗法封建社會之思想，所以，開一代新風氣，必載入
史冊。請看在《中國近三百年學術史》裏，梁公任所言：「那時候
新思潮的急先鋒，是我親受業的先生康南海（有為），他詩從常州
派經學出身，而以經世致用為標幟。他雖然有很奇特很激烈的理
想，卻不大喜歡亂講。……當時我在我主辦的上海《時務報》和長
沙時務學堂裏頭猛烈宣傳，驚動了一位老名士而做闊官的張香濤
（之洞）糾率許多漢學宋學先生們著許多書和我們爭辯學術上新舊
之鬥。不久便牽連到政局，康南海正用『變法維新』的旗號，得光
緒帝的信用，舊派的人把西太后擁出來，演成『戊戌變政』一齣
悲劇，表面上所謂新學家完全失敗了。反動日演日劇，仇恨新學
之不已，遷怒到外國人，跟著鬧出義和團事件……惟內中有件事
不能不記載：八股科舉到底在這時候廢了；一千來思想界之最大
障礙物，總算打破。」[1]由此可見，康有為的種種所為，不僅僅是
其自身價值的重新選擇凸現，而且反映了一個新的思想學派的確
立，一個歷史轉折初創期的重要人物。

　　康有為（1858-1927年）生於沿海廣州，高門望族，書香士子。
他雖在理學傳統的士大夫家庭，卻早有強烈道德使命意識。早年得
業師著名儒學家朱次琦的「濟人經世」之學和「掃去漢宋之門戶，

---

[1]　梁啟超：《飲冰室合集‧專集75》第 10 卷，中華書局，1989 年版，第
　　48 頁。

而歸宗於孔子」的主張，深受其影響，以為「聖賢為必可期」，「天下為必可為」。而他思想形成最重要的基礎，是其廣泛閱讀儒學之外的書籍：哲學和宗教著作為多。康有為認為大乘佛教的菩薩作為受難的救世主形象和儒家聖哲有其典型的一致性，他將強烈的使命感和對社會的關心與其聯繫在一起。康有為 20 歲前後，就遊歷香港和上海初識西學，既從西人書籍中瞭解了新知識，又開闊了思想境界。後居住廣州附近和香港，又親身體驗到迫在眉睫的民族危亡，西人的侵略好戰，更引發他對西學的特殊興趣和求知學習。青年康有為 1886 年就向當時駐廣州的總督張之洞上書，提議翻譯西方有關政治的書籍。他敏銳地看到科學方法與西方近代思想之間的深刻聯繫，並大膽嘗試了幾種科學方法，在中國近代思想發展中具有特殊的地位。西方科學方法的學習使他獲得了嶄新的認識論的思想武器。其大膽懷疑精神和愛國之心最終導致他 1888 年秋京都應試時，不顧朝廷禁止非官員的士子直接向朝廷上書的規定。他向光緒帝呈遞一奏摺請求「變成法」。這一大膽的政治行為轟動一時，充分表現了青年康有為濃烈地政治抱負和社會改革的激情。李澤厚在他的《中國近代思想史論》一書中，概括康有為的思想體系時，第一條就指出是其「積極的社會政治活動和《上皇帝書》《戊戌奏稿》中的變法維新思想」。[1] 這是極具慧眼地把握到了康氏思想的精髓。可以說，康有為的國家富強和君主立憲的政治指導理想，使得他調整了自己文化思想的結構，形成了自己獨特的新思想的基本內

---

[1] 　李澤厚：《中國近代思想史論》（修訂本），安徽文藝出版社，1994 年版，第 93 頁。

容。同時，他的思想建構又直接影響了幾千年王綱解體，撼動了清
王朝的統治。康有為作為一個新的文化思想的開拓者，舊文化的破
壞者，我認為主要體現在他三部著作中，所包孕著豐富而複雜的前
現代文化思想的精神，即他的《新學偽經考》、《孔子改制考》、《大
同書》著作，集中地探索了中國農業社會與西洋工業社會的矛盾，
對於中國傳統的儒學文化思想大膽地提出了質疑和破壞。

　　1891 年出版的《新學偽經考》是康有為第一部對儒學作出激
進解釋的作品，也是奠定其新儒學思想的著作。儒家學派在漢學中
影響甚廣，主要以考證學為重。然而康有為卻認為「真正的漢學不
是考證學；而應今文經學派，即早在西漢流行的儒家思想形式。他
從考據和語言學兩方面替今文經學派辯護，反對古文經學派。」[1]康
氏以此批判那些作為經驗主義研究的學派，從而確立今文經學為孔
子教義的真正寶庫。他推崇儒學制度改良，反對維護傳統教義，追
求經世致用的理想，在其首部著作中就已初露端倪。

　　1898 年他的《孔子改制考》，就假孔子建制之「王」說，為自
己更改朝綱設計新制做輿論。康有為指出，孔子是一位熱心制度改
革的「聖王」或「素王」，是以改制為務的。孔子僅僅暗示禮儀改
變的「改制」，被康氏發揮為有改變制度的現代含意。而且他認為
社會「改制」是不可避免的，便通過今文學派的（公羊學說）歷史
理想「三世說」來說明其理由。他解釋道，孔子從據亂世通過升平
世發展到最後大同之世。每一世都有與它相當的政治制度：據亂世
為專制君主制，升平世為君主立憲制，太平世為共和政體制。歷史

---

[1]　康有為：《新學偽經考》上海古籍出版社，1956 年版，第 443-454 頁。

向前三世向前，制度的變化是歷史進程中固有的現象。[1]當康有為
將孔子作為一個聖賢的政治家和制度的革新者時，也就凸現了他對
經世理想的儒家聖賢的推崇和發展。康有為思想發生變化的直接結
果，便是「戊戌變法」的壯舉。雖然這是一次失敗的壯舉，但是進
一步展示了他前現代的思想形成和理論體系建構的過程。

　　「戊戌變法」失敗後流亡日本期間，康有為完成了第三部學術
著作《大同書》。將其上述文化思想全部歸理到「大同」理想之中，
即追求理想的人類共同體的強烈道德感；與人類社會到處充滿苦難
所引發的深刻而自覺的反抗精神。康有為本質上仍然是儒家的「仁」
的理想精髓，但「大同」中間更多融合了康氏強烈社會道德的激進
主義因素。他提出家庭必須被包括在要被廢除的制度障礙之中，以
便天下大同得以實現。[2]康有為的「大同」思想還可見對大乘佛教
教義的吸收；以及眾生本一性海，人類皆為同胞，受到西方基督教
文化「博愛」理想的影響。在這種充滿著駁雜而烏托邦的「大同世
界」中，康有為既有激進的平等又有普濟眾生；既有儒家墨子學說又
有西方精神信仰。其思想內核實際為融諸子百家、中西文化之複合體。

　　總括之，康有為的這些思想價值：一是打破神聖之經典，推倒
孔子獨尊；二是會通諸家發揮中西，聚合民眾之意識。這中間尤其
包容了西域的政治文化價值觀，使得與過往的甚至同代的各類改革
家有所區別。因而，他的思想不僅僅吸引了一大批中國文人，而且
代表了一個思想文化的歷史轉折。梁啟超以後將其思想產生的巨大

1　康有為：《孔子改制考》上海古籍出版社，1958 年版，第 267-300 頁。
2　康有為：《長興學記》，上海思求闓齋 1892 年版。

反響，分別作了這樣形象的比喻：言《偽經考》是「颶風」、《孔子改制考》是「火山噴火」、《大同書》是「大地震」。[1]由此可見其重要。

第二節　「新思想界之陳涉」

　　梁啟超（1873-1929年），字卓如，號任公，別號飲冰子、哀時客、飲冰室主人、自由齋主人等。生於廣東新會的下層士大夫家庭，從小受到較好的傳統儒學知識的教育，6歲讀史，8歲為文，16歲鄉試中舉。這之前，他還入廣州學海堂學習考證學，這裏是漢學的壁壘和晚清溶和漢學和宋學的綜合運動的中心。在學海堂的三年裏，梁啟超是一位專心和優秀的學生。[2]他後又從師康有為於萬木草堂，較早接受《佛典》，西洋經世之學，思想為此豁然開朗。他後來回憶，第一次長時間與康有為會晤，動搖了他對傳統學問自以為是的接受，展示了一個他以前沒有夢想過的新的思想天地。[3]更重要的是，梁啟超受到康有強烈地政治意識的鼓舞，衝破傳統的束縛，積極改革社會，其新思想的創造既秉承師業又多有發展。梁啟超思想不僅廣博淵學，而且不固執己見，善趨時而變，常覺所學於時代為落伍。誠如自我言之：

---

[1]　梁啟超：《清代學術概論》，中華書局，1954年版，第57頁。
[2]　丁文江等編：《梁公任先生年譜長編初稿》，第1冊，上海人民出版社，1983年版，第11-14頁。
[3]　（同上），第5頁。

「啟超學問欲極熾，其所嗜之種類亦繁雜。每治一業，則沉溺焉，集中精力，盡拋其他；歷若干時日，移於他業，則又拋其前所治者；以集中精力故，故常有所得；以移時而拋故，故入焉而不深；彼嘗有詩題其女令嫻《藝術館日記》云：『吾學病愛博，是用淺且蕪！尤病在無恒，有獲旋失諸，百凡可效我，此二無我如；』顧啟超雖自知其短，而改之不勇；中間又屢為無聊政治活動所牽率，……且裁斂其學問欲，專精於一二點，則於將來之思想界當更有所貢獻；否則亦適成清代思想史之結束人物而已。」[1]

正是這種不求其精推崇了梁啟超廣博的求知欲，使得他既讚譽康有為學術思想，又超越其師，積極反思中國傳統文化，衝擊封建思想的精神枷鎖。他一度曾有「輿論界之驕子」的美譽。梁啟超在 1898 年前後，有兩次開風氣的「演出」。一是「時務報」時期，大力宣傳維新變法，一是流亡日本後的「清議報」、「新民叢報」時期，功在思想啟蒙。他由此也經歷了自我思想觀念的二次積極調整，或者說自我精神的煉獄過程。

這時期他寫的《讀孟子界說》、《讀春秋界說》、《新民說》、《新史學》、《中國專制政治進化史論》、《論中國學術思想變遷之大勢》、《堯舜為中國中央君權濫觴考》、《西學書目表後序》、《過渡時代論》等等學術方面的文章和論著，可以明顯地看到兩個突出的思想脈絡，一是對傳統儒學的文化思想的最後階段的審視，表現一個新型

---

[1] 梁啟超：《清代學術概論》，中華書局，1954 年版，第 150 頁。

資產階級啟蒙主義者（前現代知識者）的萌生；二是主要思想方法取西方自由、政治文化，尤其社會進化論，與中國封建王朝的抱殘守缺、因循守舊、夜郎自大的種種落後觀念相參照。考察梁啟超這兩種鮮明思想意識形成的背景和內容，不難發現他與康有為思想同中有異，異中有同。他們基本都是以儒家經典、中國歷史、諸子哲學、新儒家道德觀念和西學為文化接受的主體內容。師徒二人的政治主張多有共識，而思想內涵和性格迥異，康氏守成凝質、自以為是，梁氏思想活躍流動，又善變。而梁氏在中學與西學結合上，甚至在西學的闡述和引證方面走的更遠、更開放。其原因梁氏文化接受中除上述外，還包括了師傳之精髓（康有為的思想裏包容有兩種文化融合的成分）。同時，梁啟超的思想真正完成期，是流亡日本、歐遊期間（1898-1905 年），「戊戌變法」失敗之後。確切說，這段時間梁啟超宣傳西方政治知識、政治事件、政治人物，以及西方的科學技術的思想學術，要比傳統文化的清理和辨析更為積極。為此，作為王朝解體的掘墓人，梁啟超思想建構不再「中體西用」，也不再以頌揚儒學、儒教為基點。他的一些相容中西文化觀的平等意識初露端倪。梁啟超在同代知識份子中成為佼佼者，正是在於他不固守不迷信不拘一格，思想敏銳而善於填補文化歷史裂隙的缺損。誠如美藉中國近代史研究者張灝所言：「1899 年康有為因清政府的外交壓力。被迫離開日本時，梁的重要性進一步擴大了。康的離開，不可避免地使梁成為在中國和日本的改良主義分子中最有影響的人物。」[1]下面僅以他最有影響的《新民說》窺其學術思想一斑。

---

[1]　張灝：《梁啟超與中國思想的過渡》，江蘇人民出版社，1993 年版，第 94 頁。

　　梁啟超流亡日本伊始，在橫濱辦了一份雜誌《清議報》，繼續他在國內的改良主義的宣傳。1902 年又創辦了《新民叢報》半月刊，倡導通俗的新文體表達其一系列新的觀念、新的理想。他的《新民說》最初就是在此刊物連載，而引起社會的極大關注。「新民」一詞最典型地代表了此時此刻梁啟超激進的啟蒙主義的革新思想。「新民」原出自儒家經典《大學》中的一個重要概念，包含儒家經世的核心道德修養和人的革新思想。而梁啟超的轉用又更多滲透了西方文化的內涵。按照梁氏自己的話說，「新民」之道，「在採補其所本無而新之」，即更改幾千年中國封建統治下的民德民智民力，要採取西洋各國的道德思想，來建設一種中國的新道德、新思想、新精神。他認為「新民說」首要提倡的是「公德」。因為「我國民所最缺者，公德其一端也；公德者何？人群之所以為群，國家之所以為國，賴此德焉以成立者也。……我國民中無一人視國事如己事者，皆公德之大義，未有發明故也。……是故公德者，諸德之源也，有益於群者為善，無益於群者為惡，此理放諸四海而准，俟諸百世而不惑者也。……德也者；非一成而不變者也；非數千年前之古人所能立一定格式，以範圍天下萬世者也。然則吾輩生於此群，生於此群之今日，宜縱觀宇內之大勢，靜察吾族之所宜，而發明一種新道德，以求所以固吾群善吾群進吾群之道，未可以前王先哲所罕言者，遂以自畫而不敢進也；知有公德，而新道德出焉矣，百新民出焉矣。」[1]梁啟超的「新民說」從中國幾千年的宗法封建社會形態的反省切入，分析傳統的「家」、「己」、「私德」與現代「國」、

---

[1]　梁啟超：《飲冰室合集》，中華書局，1989 年版，第 19 頁。

「群」、「公德」之間的關係，一反「天不變道亦不變」的定則，明確宣言「德也者，非一成而不變者也」。順此思路梁啟超提出打破封建家族觀念，建立「國家思想」；倡導競爭進步意識和「進取冒險之精神」；確立人的「權利思想」、「自由思想」等一系列完整的「新民」學說。同時，梁啟超還大量介紹了西方的培根、笛卡兒、達爾文、孟得斯鳩、盧梭、康德等人的思想學說，廣泛吸取西洋資本主義社會文化思想為其思想武器，清洗中國傳統根深蒂固的封建宗法思想毒素。他竭力主張「興民權」，認為「三代以後，君權日益尊，民權日益衰，為中國致弱之根源」[1]，要改變中國結貧積弱的現狀，當務之急是伸張民權民德。「新民」即具備德智體諸方面素質的國民，其中尤以「新民德」為要。他的「新民說」比起康有為的改良主義對中國歷史「三世」的進化觀，甚至社會「大同」的思想，都有著明顯的進步和發展。所以，梁啟超由「新民」思想指導作出了自己對歷史的全新的解釋：歷史都是鬥爭的、競爭對抗過程，沒有什麼「大同」、「太平」。他說「堯舜禪讓為中國史上第一盛事，非特別尋常舊學所同推贊而已。既近世言民權大同者，亦莫不稱道堯舜，以證明中國古有民主制度，其意不可謂不善。吾以為民主制度，天下之公理。凡公理所在，不必以古人曾行與否為輕重也，古堯舜禪讓之事實於今日之新主義無甚影響。既使堯舜果有禪讓，則其事與今日民主政體絕異。」[2]梁啟超以全新觀點改寫了中

---

[1] 梁啟超：《西學書目表後序》，《飲冰室合集‧文集 1》，中華書局，1989 年版，第 128 頁。

[2] 梁啟超：《堯舜為中國中央君權濫觴考》，《飲冰室合集‧文集 1》，中華書局，1989 年版，第 25 頁。

國歷史，對傳統思想的否定，受到近代世界文化思想的影響，也顯示了中國前現代知識者積極應對近代世界的調整之必然趨勢，更為重要的是，正是這種調整徹底地動搖了王朝帝國的尊貴和治權；在前人改良革新多言器技和制度為主之時，是梁啟超率先提出了「人的現代化」的命題。這無愧於近代新思想的先驅者。

　　近代思想史言梁啟超的貢獻和價值之後，每每不忘論及其思想的矛盾性。因為檢視梁啟超整個學術思想的體系，確實隨處可見前後自相矛盾的言論。如，談及佛教與儒教價值觀念，時有相象之處。梁啟超一直堅持引為自豪的是，中國也是偉大佛教的許多支派的母國。他以強硬地解釋中國傳統的儒教思想方法，也去闡述佛教。還有，他在主張是否堅持「王朝革命」的方面，也是前後常常搖擺於贊成與不贊成之間。這在細讀《飲冰室叢著》文章中不難找到具體例子。梁啟超本人並不避諱，道：「啟超之在思想界，其破壞力確不小，而建設則未有聞。晚清思想界之粗率淺薄，啟超於有罪焉。……啟超務廣而荒，每一學稍涉其樊，便加論列；故其所述著，多模糊影響籠統之談，甚者純然錯誤；及其自發現而自謀矯正，則已前後矛盾矣。」[1]我覺得在今天重新審視梁啟超的思想學術的演變之時，尤其將他置於王朝解體的變更動盪時代之中，理解他的思想矛盾性，思想方法的激進性，如果不是從一般性的思維認識僅僅理解為思想的局限性，那麼，矛盾和激進的本身更能體系那個解體時代的人們精神世界的真實。特別是那些積極思考的思想先覺者，思想啟蒙者，率先傳導社會思想的變革，處於新與舊，傳統與現代，

---

[1]　梁啟超：《清代學術概論》，中華書局，1954 年版，第 148 頁。

中國與西方等等多重文化的選擇中間，一時完全地拋棄舊的和徹底
地全盤接受新的，都是不可能的，也是不現實的。梁啟超為新思潮
推波助瀾並不完全捨棄傳統儒學的精髓，或者儒學的批判和頌揚也
並不拒絕西學文化的參照，甚至，在它思想認識各自的解釋以及互
相的比較之中的矛盾，恰恰體現了衰落的王朝思想文化新舊交替的
必然情勢。當一個充滿著重重矛盾思想的時代，往往正是預示著歷
史變動的徵兆。誠如鄭振鐸後來對他「善變」的評價：「他（指梁
啟超）如頑而不變，便早已落伍，退化了，與一切的遺老遺少同科
了；他如不變，則他對於中國的貢獻於老跡也許要等於零了。他的
最偉大處，最足以表示他的光明磊落的人格處便是他的『善變』，
他的『屢變』。[1]梁啟超的偉大和歷史不可漠視的功績，是否可以說
正是其個人的矛盾呈現了一個時代社會變革期的原生態。從而代表
了既作為一代知識者的精神先導，又是新時代的先鋒。

第三節　康、梁的「新學」與新型知識份子的誕生

　　中國近代史研究的學者美籍華人張灝在論及梁啟超的思想和
貢獻時，說過一句話：「作為 20 世紀最初 10 年裏最有聲望的作者，
梁（啟超）的作用不能僅僅根據他在改良派的地位來衡量，而必須

---

[1]　鄭振鐸：《梁公任先生》，《中國文學論集》（上），開明書店，1949 年版，
　　第 152-153 頁。

放在中國知識份子興起這一思想背景下予以估價」。[1]這是很有見地的近代文化思想的整體考察。其立腳點似乎是談及梁啟超的歷史價值，實際引出了一個值得深入思考的話題。1898 年表層的社會政治的變革，流產的資產階級改良的「戊戌變法」，構成了歷史需要記載的重要年份。可是，19 世紀 90 年代末的歷史編年，更值得大書特書的是危機意識下形成康有為、梁啟超為首的「新學」的產生，一個新型的前現代知識份子群體的誕生。一種文化思想的進步和變更是永遠與創造精神的知識者的覺醒聯繫在一起的。

　　王朝解體的晚清，康有為的「公羊三世說」，「大同」理想；梁啟超的「新民說」都以維新變法推行「新政」宗旨，體現了新的政治主張，中間也不乏創造「新學」體系，作為「新政」立論根據。所以，從總的內容和思維方式上看，他們的思想形成和傳播的過程，遠的有儒學思想的血脈，近的有「西學為用」的洋務派的筋骨。而總體文化思想處於保守與激進、中學與西學、改良與革命之間。但具體的思想文化內容又超出以往守舊和改良政治的簡單分野。他們的「新學」試圖為王朝帝國的衰落注一劑生命「強心針」，揉合了更多的西方社會政治思想的因素，更重要分化了傳統的士紳階層，催生了新興的知識份子在激烈的民族危機和文化重建中的滋生、孕育、成長，探索一個全新的前現代文化思想學派，引導國民的思想啟蒙。以新的知識、新的學理、新的價值標準、新的文化觀念來闡明和論證變成法、行「新政」之必要，這恰恰是康有為、梁

---

[1]　張灝：《梁啟超與中國思想的過渡》，江蘇人民出版社，1993 年版，第
　　101 頁。

啟超等思想家，與當時各種憂國憂民的愛國志士不同之處，也正是
他們能夠呼應一批思想先覺者共鳴的原因所在。

　　早在 1895 年夏，康有為和梁啟超與一些改良思想的士紳在北
京成立了強學會，後來康有為在上海創立了一個分會，梁啟超擔任
強學會北京的書記員和《中外紀聞》的編輯。這個學會和報紙在當
時京城士紳官員中影響甚大，報紙發行四千餘份之多。儘管強學會
並沒有維持多久，但是它使得梁啟超看到了朝廷士紳階層對新知識
的渴求，第一次感受到新聞工作的魅力，現代媒體的潛在作用。這
些報紙為他閱讀屬於社會科學方面的西方譯著提供了通道。康梁也
由此認識到建立一個新的社會群體，尤其士紳階層的新知識者的群
體聚合的重要。「新政」的實施必須依靠從傳統思想觀念率先走出
來的知識精英群體。顯然，士紳既可視為傳統秩序的守護人，又可
能成為新思潮積極傳播人，新文化的開路先鋒者。康梁的「新學」
不僅出自他們自身新知識新思想的積極探求，而且還源於親歷參與
的種種社會思想文化活動的實踐。

　　在王朝解體的時代，在鴉片戰爭以來，守舊頑固派和革新的洋
務派對立中又面臨種種困惑之時，康梁大張旗鼓地興起了一個「新
學」改良運動，集中地提出作為「新政」基礎的兩個新文化思想的
基點：一是強調開放的思想文化的視野，「通世界之知識，采萬國
之美法」；一是強調「以群為體」，創造具有凝聚力的群體和社會整
合的政治理想。從而奠定了新的文化思想建設的基礎，也標誌行的
劃開了一個時代。最重要的是這些思想得到了一批新型知識份子
（即由士紳階層分化出的）的積極呼應，並迅速傳播。

首先，康梁「新學」前所未有的開放對西方文明的瞭解，破「夷夏之防」的傳統舊觀念，甚至也不滿洋務派的「中體西用」的主張，開拓以西方資本主義為模式的政治維新運動和文化啟蒙運動。這一思想的確立最為明顯的特點，是康有為、梁啟超等思想家一開始就不是站在天朝防禦的立場面向世界的，而是將天朝納入世界的整體，冷靜地分析中國與國際形勢的關係。他們並不一味哀歎中國落後，卻努力探索其被動挨打的原因，積極吸收新知識。梁啟超根據「國與國比較而強弱見，年與年比較而速遲見，事與事比較而輕重緩急見」的方法，分析當時的國際形勢指出：「自癸酉迄今，……萬國所同者有二大端：一曰學，二曰兵。日盛月新，各不相讓。……學之日盛，地球將受大福；兵之日盛，地球將蒙顯禍。然其機皆起於爭自存，其原皆由於列國並立。中國以一瘠牛，傹然臥虎之間，持數千年一統垂裳之舊法以治今日，此其所以為人弱也。《管子》曰：『國之存也，鄰國有焉；國之亡也，鄰國有焉。』嗚乎，可以自愧，可以自惕，可以自奮矣。卷端有比較表，一事也，國與國比較；一國也，年與年比較。戶口之表，中國等恒居一。疆域之表，中國等居四（昔居三，今降四矣）。國用、新興、商務、工藝、輪船、鐵路、兵力諸表，中國等居十五以下，或乃至無足比數焉。嗚乎，觀此而不知愧，不知惕，不知奮者，其為無人心矣。是故觀美國之富庶，而知民權之當復；觀日本之勃興，而知黃種之可用；觀法國之重振，而知敗衄之不足懼；觀突厥之瀕蹶，而知舊國之不足恃；觀逞羅之謀新，而知我可恥；觀德國之銳意商務，而知其將大欲於中國；觀俄之陰謀，而知東方將有大變；觀俄日之拓張海運，而知海上商權將移至太平洋；觀德、美、日之爭興工藝，而知英之

商務將有蹶衄；觀各國兵力之日厚，而知地球必有大血戰；觀土希之事，列國相持不發，而知其禍機必蓄泄於震旦。有天下之責者，將鑒往以知來，察彼以知己，不亦深切而著明也乎！」[1]梁啟超這番概括性的國際和國內形勢預測，在當時中國的文化思想界、社會政治界都是驚世駭俗的，而又深得一批同齡的年輕知識份子的認同，並一時間廣泛地引發面向世界審視國度的社會思潮。人們在這種大視野中看到了中國的落後和變更的刻不容緩。「要救中國，只有維新，要維新，只有學外國」的時代課題被更多的人接納。康梁為代表的新思想觀念，從本質上概括構成自己獨特的文化體系，主要有三個方面的內容，即：一借用西學改造中學，走出了「中體西用」的模式；二反對古文經學，倡導今文經學；三強調經世致用精神，革新務實的學風。這些也可以說是康梁「新學」的三個重要組成部分。而它們的前提都必須集中於一點：即思想文化的取向必須「會通中西」，並且不是在他們之前的魏源、王韜等人的籠統「中西交彙」。在某種程度上，他們的「會通」重心在於開始意識到「互通之會」，而非被動接受的「交匯」。在「會通中西」的旗幟下，康梁試圖做到的乃是學習西方推動變法。同時，作為「新學」能夠形成一種學派，更重要之點適應了整體社會求新變更的精神與物質要求，向西方學習旨在向世界進步先進的文化思想、政治模式之探求，來改造老中國，救亡圖強。這裏包含了康有為戊戌變法失敗後，避難東瀛於遊歷歐美的親身經歷和求索，也融入了梁啟超流亡旅美

---

[1] 梁啟超：《續譯列國歲計政要敘》，《飲冰室合集‧文集 2》，第 1 卷，中華書局，1981 年版，第 60-61 頁。

過程中新思想形成的生命體驗。「新學」孕育於王朝解體的「學問饑荒」的環境裏，在危難與困惑迷茫交加的探索中一代新興知識份子應運而生。

其次，康梁「新學」有一個重要核心內容「新民」，前所未有的「人」的觀念和「群」的意識，奠定了新知識者新道德的基礎，也為確立新的國家觀念提供了理論依據。王朝衰落的一個顯著標誌是，舊的封建倫理道德受到了極大的挑戰。伴隨著康梁的「新學」思想，是廣泛傳播「群」的概念，獲得了一批新興知識者不約而同的思想認同，並且一致認為其應該成為治理天下的基本原則。這裏「群」的概念已經不是傳統的有機和諧和道德一致的理想概念，而是一個受西方社會組織和政治結合能力的事例所激發的新概念。康有為的變法理論和西學中已有「以群為體」、「以變為用」的闡述；後梁啟超 1897 年寫一篇題為《說群》的文章，1902-1904 年間完成的代表作《新民說》中又進一步將「合群」的概念與社會政治、經世理想結合起來。在這些文章中維新變法的康梁論述「群」的觀點已經遠遠地超出了傳統的解釋，他們吸取了西方自然科學、社會科學的先進思想，梁啟超從自然界的進化現象引發出一個結論，合群在生物界的關係要大於在非生物界，人類社會要大於生物世界，在開化民族中要大於在野蠻民族中。自然界的生存競爭與人類的生存一樣，當各個不同人群處於競爭中的時候，具有更良好合群能力的開化民族總是戰勝野蠻的民族。[1] 顯然，梁啟超將「群」看作社會

---

[1]　梁啟超：《說群一：群理一》，《飲冰室合集・文集2》第 1 卷，中華書局，1981 年版，第 5-6 頁。

進化的政治的有機體，超越了傳統儒家文化道德理想個人的「仁」
和「禮」，從社會整合的政治理想和社會的凝聚力闡述「群」具有
的新的民主、民權之精神。「群」指一個近代國家的公民對他的同
胞懷有一種強烈的團結感，以及具有與他們組織公民社團的能
力。[1]作為民德表現的「群」同長期傳統文化思想過分強調「修身」
的精神要義劃開了界線。整合的社會有機體，政治共同體，公民道
德國民意識等等，都裹挾著對王朝一統天下的反思，國民理想公民
道德的張揚。更重要的是，社會的政治理想「群」的整合，激發了
國民的思想啟蒙意識的增強，尤其，在知識者中間產生了較大的影
響。梁啟超等由「說群」，到大力倡導群體組織和社團運作，展示
了「新學」迅速傳播推廣的群體情勢，蜂起的各種學會社團既積極
宣傳了「新學」，又不斷擴大了新型知識份子的隊伍。搖搖欲墜的
王朝帝國恰恰與蓬勃掀起的新知識「群」為基礎的學會形成了鮮明
的對照。梁啟超多次談到學會的重要作用。他說：「今欲振中國，
在廣大人才；欲廣大人才，在興學會」。因此他提倡各地選拔品學
兼優的士紳入會，「會中廣集書籍、圖品、定以講期，定有功課，
長官時時蒞臨以鼓勵之，多延通人，為之會長，發明中國危亡之故，
西方強盛之由，考政治之本原，講辦事之條理」，這些人一旦培養
成材即送往各分會。顯然，梁啟超學會興辦的目的重在培養人才，
同時，還在通過學會研究專業，建立專業的業務網路，或曰專業團
體。「會中有書以便翻閱，有器以便試驗，有報以便布知新藝，有

---

[1] 梁啟超：《新民說》，《飲冰室合集‧專集4》第16卷，中華書局，1989年版，
第76頁。

師友以便講求疑義」，這樣培養出的人才，才能學以致用，「學無不成，術無不精，新法日出，以前民用，人才日眾，以為國敢，用能富強甲於五洲」。[1]康梁「新學」的迅速的傳播，與此時此刻空前的學會發展有很大關係，諸如恥學會、保國會、農學會、算學會、醫學善會、測量學會等等。新的群體意識和新民思想，以及所實施的學會建設，都充分地反映了王朝解體的時代，康梁為代表的「新學」對於更替傳統的文化觀念，提高人們新的文化素質，推動新興的知識階層迅速成長都起了重要的作用。

梁啟超在其名文《過渡時代論》中，為他生活的中國下了個定語：「今日之中國，過渡時代之中國也。」從王朝解體到社會政治的革新、新的文化思想的建立，過渡時代社會形態的不確定性，自然也就表現了新舊的破與立，不可避免的反覆無常、無所不為，一切都不無可圈可點。為此，康有為、梁啟超實為時勢所造「過渡時代之英雄」，他們所倡導的「新學」也同樣帶有過渡時代特徵。他們不求守舊，只言進取；不重完美，但求創新；不顧及遺老遺少，只放縱個人和民族的自由生長、我行我素。「但開風氣不為師」。梁啟超曾經引用龔自珍的這句詩，說「吾夙以其語有妙諦而服膺之」。[2]這很能說明康梁作為過渡時代的代表，他們的文化思想的自覺意識，甚至，包括了應和「新學」的那一批新興崛起的知識份子普遍的思想傾向。譚嗣同、嚴復、章太炎、王國維、孫中山等等近

---

[1]　以上引文見梁啟超：《飲冰室合集》，文集之一，中華書局，1989 年版，第32、33、101 頁。

[2]　梁啟超：《涖同學歡迎會演說辭》，《飲冰室合集》第 11 冊，中華書局，1989 年版。

代文化思想的先驅者，最初正是自覺不自覺地同樣經歷著這樣的過
渡時代，他們追隨著康梁的足跡，又邁著自己的各自獨立的步履。
正是新興知識份子的誕生，「新學」群體的問世，康梁率先撼動了
沉重的王朝帝國的思想傳統之大門，才有了隨後轟轟烈烈、波瀾壯
闊的五四新文化思想啟蒙運動，一代又一代新知識的承傳，從未間
斷地思想文化的建設，譜寫了最壯美的先覺知識者感憤憂國、豐富
而複雜的精神華章。在他們的隊伍中，緊隨康梁其後，最值得抒寫
的一人譚嗣同，短暫而壯麗的春秋，輝映著近代文化思想史的又一
新路標……。

第二章　沖決羅網的吶喊

　　歷史自然不會忘記那些在社會變革中首舉義旗的先驅者，尤其那些為理想而殉身的具有俠義精神的勇士。彈指一揮間，百年前的「戊戌變法」的那一幕往事，歷歷在目。長夜歌哭者譚嗣同（1866-1898）義士的絕命詩：「望門投止思張儉，忍死須臾待杜根。我自橫刀向天笑，去留肝膽兩昆侖。」還有其絕命語：「有心殺賊，無天回天，死得其所，快哉快哉！」[1]浩氣凜然，長留天地。譚嗣同等「六君子」喋血，譜寫了清末王朝衰落前最為悲壯的一幕，戊戌變法以來旋升旋落的戰旗為此也更加鮮豔。譚嗣同等的獻身變法，以「苦死」而醒世，為幾千年閉關鎖國的封建統治的中國歷史翻開了新的一頁，1898 這個社會政治重要的歷史紀年，為近代中國思想文化提供了最為偉大的時代啟示錄。

　　康有為、梁啟超開風氣為先，發難改弦更張，重在思想文化的啟蒙。不乏少年中國過渡英雄的性格特徵，如「常思將來」，「故生希望心」，「故進取」，「故日新」；又「常好行樂」，「故盛氣」，「故豪狀」，「故冒險」，「故能造世界」。[2]由此，有恢宏的烏托邦「大同」

---

[1]　譚嗣同：《譚嗣同全集》（增訂本），中華書局，1981 年版，第 287 頁。

[2]　梁啟超：《少年中國說》《飲冰室合集・專集 1》第 6 卷，中華書局，1989

理想藍圖；有開闊的人文精神和科學思想的「新民說」建構。不可
否認他們身上最突出的中西會通的新視野、新方法，但難脫傳統中
國士紳的風骨氣質、精神。「格物、致知、誠意、正心、修身、齊
家、治國、平天下」的傳統儒家思想，潛在地影響著他們思想進與
退。為此，康梁戊戌變法失敗以後，先後離國流亡東洋，遊歷歐美，
另闢戰場。而同樣面對變法流產，年僅 33 歲的譚嗣同，在事發前
一日，友輩勸其東遊，卻慷慨言之：「各國變法，無不從流血而成，
今中國未聞有因變法而流血者，此國之所以不昌也。有之，請自嗣
同始！」故及難，於 8 月 13 日斬於市，就義之日，氣色不少變，
從容就戮。[1]同為變法者譚嗣同比康梁更多有維新不成，殺身成仁
的壯烈。甚至，也區別於楊秀深、康廣仁、林旭等的新政知識者的
「忍死」。譚嗣同有自己的人格，「木秀於林」。誠如熊十力先生讚
譽：「戊戌政變，首流血以激天下之動者，譚復生嗣同。……自清
季以來真人物，唯復生一人足當之而已。」[2]

　　譚嗣同與康、梁都屬於深受傳統經史教育，又都受 19 世紀的
經世風氣和西學精神影響的傳統士紳。面對王朝衰落，方剛血氣有
所不忍，亟亟思考於救國之道，以經邦濟世變法圖強慷慨自任，其
性格不同思想方式必然迥異。譚嗣同的肝膽俱在，人格完善，很大
程度出於獨到而深邃的思想內涵，超出了同輩之士。他有一部《仁
學》著述，而得思想界永垂。其主要價值在於，突破了傳統封建士

年版，第 109 頁。
[1]　梁啟超：《譚嗣同傳》《飲冰室合集》，中華書局，1989 年版。
[2]　熊十力：《讀經示要》。

大夫的思想狹隘，反映了中層士紳和下層知識份子自由主義的改良
傾向。譚嗣同由此成為 19 世紀 90 年代以來中國產生最早的第一批「無
科第，無官階」的平民化的小資產階級知識份子，也是前現代青年學
生知識群的積極倡導者。這就是我要將譚嗣同的「仁學」思想的探討，
作為清理前現代中國知識份子思想脈絡的重要一章重要之緣由。

第一節　思想的大革命與批判的立場

譚嗣同作為新型知識份子群中的獨特一員，最為重要的是在
康、梁的思想基礎上有了自己的創新思想學說，填補了思想界革命
的某些缺憾，實質上是從更大的範圍，對封建帝國的思想文化展開
了徹底的批判。他的《仁學・自敘》可謂其現代知識者的宣言：「竊
揣歷劫之下，度盡諸苦厄，或更語以今日此土之愚之弱之貧之一切
苦，將笑為狂語而不復信，則何可不千一述之，為流涕哀號，強目
舌不捨，以速其沖決網羅，留作券劑耶！網羅重重，與虛空而無極；
初當沖決利祿之網羅，次沖決俗學若考據若詞章之網羅，次沖決全
球群教之網羅，次沖決君主之網羅，次沖決倫常之網羅，次沖決天
之網羅，終將沖決佛法之網羅。然其能沖決，亦自無網羅，真無網
羅：乃可言沖決。……」這不僅僅是一代知識者的先覺的吶喊，而
且是代表了一個時代的最強音。

在戊戌變法的政治革命中，崛起的新一代中國知識份子政治家
的視野和膽識，往往弱化了他們自身文化思想的含量和理論建構，

這是現實使然。康、梁橫空越世於 1898 年的政治舞臺，雖然也一定程度的影響了思想界，但是更重一筆是為推翻中國近代帝制抒寫了新的一頁。可是，敢於喊出「沖決封建綱常名教之網羅」的口號的譚嗣同，其影響不只是追隨了康、梁的政治思想的封建王朝的批判，而更側重於思想革命的自身理論體系的建設。其思想的建構將世界各宗教、哲學及科學融為一爐；本土文化各教派、學派化為一身。這並誕生了不同於《大同》、《新民說》的《仁學》思想著作，也推出了這個時代的真正思想者，為一批自由的知識者思想追求奠定了理論基礎。

譚嗣同的《仁學》開篇就言：「凡為仁學者，於佛書當通《華嚴》及心宗相宗之書，於西書當通《新約》及算學格致社會學之書；於中國書當通《易》、《春秋公羊傳》、《論語》、《禮記》、《孟子》、《莊子》、《墨子》、《史記》，及陶淵明，周茂叔，張橫渠，陸子，王陽明，王船山，黃梨州之書」。並且在「自敘」中一再強調其「仁學」的內涵為：「仁，從二從人，相偶之義也。能為人之元而神於無者有三；曰佛，曰孔，曰耶。佛能統孔、耶而孔與耶仁同，所以仁不同。能調變聯融於孔與耶之間，則曰墨。周秦學者必曰孔墨，孔墨誠仁之一宗也。……墨有兩派：一曰任俠，吾所謂仁也。在漢有黨錮，在宗有永嘉，略得其一體。一曰格致，吾所謂學也。在秦有《呂覽》，在漢有《淮南》，若識其偏端，仁而學，學而仁，今之士其勿為高遠哉！蓋即墨之兩派以近合孔耶，遠探佛法，亦雲深矣」。這很能代表譚嗣同思想的基本傾向，《仁學》的思想構成駁雜而聚會眾家。從這裏也可以發現譚嗣同的思想之不同於康、梁之處，其學說思想蓋中西諸方面，明顯是以各家學派相容而為一體。應該說，這一代新知識者的思想最為顯著地超越前人的地方，都表現了開闊

的中西文化交融的視野和方法，前章康、梁我們已有論及，這裏不贅。譚嗣同凸現於這一批新知識者之上，最重要的是建構了自己的思想體系和鮮明的文化指向，既以西方資產階級的自由、平等、博愛等道德學說行為思想武器，又對封建主義君權、夫權和族權，以及某些封建倫理道德觀念給予大膽的抨擊。這種反叛和抨擊不僅是猛力的而且是對準了封建君主制度最核心的東西。譚嗣同的思想舉要既代表了資產階級個性自由、個性解放的思想原則，又反映了新興知識者精神追求的最基本的主體意識的張揚。而後者恰恰是譚嗣同的《仁學》最具現代思想價值之所在。它集中體現了現代知識份子生成的精神特點和追求獨立思想的理論建構。

譚嗣同在《仁學》一書中，直指封建的君主專制制度。「由是二千年來君臣一倫，尤為黑暗否塞，無復人理，沿及今茲，方愈劇矣。夫彼君主猶是耳目手足，非有兩鼻四目，而智力出於人也，亦果何所恃以虐四萬萬之眾哉？則賴乎早有三綱五倫字樣，能制人之身者，兼能制人之心，……」[1]他以新的政治思想「民權」精神，反對封建「忠君」觀念，提出了新的君、臣、民三者之間的政治關係，代表了一種嶄新的啟蒙思想家的思想標準。他說：「生民之初，本無所謂君臣，則皆民也。民不能相治，亦不暇治，於是共舉一民為君。……夫曰共舉之，則因有民而後有君；君末也，民本也。天下無有因末而累及本者，亦豈可因君而累及民哉？夫曰共舉之，則且必可共廢之。君也者，為民辦事者也；臣也者，助民辦事者也。

---

[1]　譚嗣同：《仁學一》，《譚嗣同全集》（增訂本）下冊，中華書局 1981 年版，第 337 頁。

賦稅之取於民，所以為辦民事之資也。如此而事猶不辦，事不辦而易其人，亦天下之通義也。觀夫鄉社賽會，必擇舉一長，使治會事，用人理財之權咸隸焉。長不足以長則易之，雖愚夫願農，猶自其然矣。」[1]這一闡述很清楚譚嗣同倡導的重民輕君、民本君末社會政治思想，對於清王朝乃至整個封建王朝的君主專制制度的徹底否定和批判。當譚嗣同將此思想作為當務之急的社會政治思想天朝的時候，顯然，他已跨越了康、梁「大同」和「新民說」改良理想的層面，走到了民主主義的邊緣，體現了新啟蒙思想的理論重構。而作為一代新興知識份子的精神旗幟的代表，譚嗣同可以說在真正尋找自己知識階層的話語。他為追求知識者獨立的政治力量和精神目標，從人的自由的本質中尋求民眾、民主的共鳴。《仁學》前所未有的沖決網羅的吶喊，正是從這種完全解放的自由精神下釋放出來，產生了雷霆萬鈞的戰鬥力。

除了針對君主專制制度的批判外，《仁學》還在封建道德的「三綱五常」、「忠君」、「死節」、男女平等、以名為教等等方面，對封建的倫理道德和封建政權進行了根本性的否定。如，他指出，封建綱常名教並不是「天理」的體現，也不是熱點本性所固有的東西。幾千年都是「由人製造」的，以適應封建統治階級奴役人民需要的精神枷鎖。「君為臣綱」是徹頭徹尾的謊言，「今中外皆侈談變法，而五倫不變，則舉凡至理至要道，悉無從起點，又況於三綱哉」。[2]

---

[1] 譚嗣同：《仁學一》，《譚嗣同全集》（增訂本）下冊，中華書局 1981 年版，第 339 頁。

[2] 譚嗣同：《仁學二》，《譚嗣同全集》（增訂本）下冊，中華書局 1981 年版，第 351 頁。

歷代封建統治者正是以三綱五常天經地義，禁錮著人們的思想，震懾著人們的心靈，使人們從內心深處對它「敬若天命而不敢渝」，心甘情願地承受著它的扼殺而無動於衷。不僅如此，封建的「忠君」、「死節」戒律，也被他批駁的體無完膚。「君亦一民也，較之尋常之民更為末也。民之與民，無相為死之理，本之與末，更無相為死之理，」「夫死節之說，末有如是之大悖者亦」。「然則古之死節者，乃皆不然乎？請為一大言斷之曰：止有死事的道理，決無死君的道理！死君者，宦官妻妾之為愛，匹夫匹婦之為諒也。」[1]譚嗣同從「君末民本」的思想出發，徹底地將封建統治者強加於人們身上的種種「叛逆」的罪名予以推翻，大膽指出倘若君主不善，人人都有權誅殺暴君。由此，民本意識突出平等思想，強調新型父子、人人平等的關係。父與子同為上天之子，兒子的靈魂與父親同樣，直接與上天溝通，因而二者的地位是平等的。而封建道德觀念的所謂「名教」，譚嗣同認為：「俗學陋行，動言名教，敬若天命，而不敢渝，畏若國憲，而不敢議。嗟乎，以名為教，則其教已為實之賓，而決非實也。而況名者，由人製造，上以制其下，而不能不奉。」[2]對於封建統治者的借此「神聖教條」以愚民的虛假外衣，予以了揭穿並表現了堅決的戰鬥性。

　　譚嗣同的《仁學》思想代表了新一代知識份子社會政治立場的同時，更重要的是，在中國近代史上他率先提出了自下而上地民本思想，以及對封建王朝的從根本上的批判。譚嗣同特別強調與其說

---

[1]　譚嗣同：《仁學二》，《譚嗣同全集》（增訂本）下冊，中華書局 1981 年版，第 339 頁。

[2]　譚嗣同：《仁學二》，《譚嗣同全集》（增訂本）下冊，中華書局 1981 年版，第 299 頁。

「傳統中國」思想是制約中國「近代化」的「界限」，還不如說是
推進「近代化」的原動力。這一思想的價值反映了自鴉片戰爭以來，
中國知識者的文化思想以夷制夷、西學中源，到中學為體，西學為
用，再到維新變法（維新舊體制），都從本質上未能否定王朝體制
的理想世界和現實世界分離，每一次都是意識上的變革而非行動上
的革命。譚嗣同在《仁學》裏的批判立場，實際帶來了思想界的大革
命，首次表現了開明的近代資產階級知識份子新興的民本意識，最早
以自我自由的仁——通的個體性，傳達出近代知識者的啟蒙思想。

第二節　精神內核與思想體系的創新

　　譚嗣同能夠成為近代知識份子的一面旗幟，抒寫在歷史的篇章
裏的，決不僅僅在於義無反顧的戰鬥和批判傾向。1898 政治變法
和社會革命的紀年，是由譚嗣同用生命和鮮血，續寫了歷史最為充
實的精神革命的一頁。精神表現了充滿生命活力的個體，它使戰鬥
和批判的理性獲得了新的立場。譚嗣同代表的新興知識者思想的建
設正由此顯示了自己的特色。他的《仁學》建構了自己獨立的哲學
思想體系，形成了沖決封建網羅最堅強的理論構架。

　　《仁學》第一次在中國近代知識者中提倡以「仁」為最基本也
是最高的行為準則，從而衝破了傳統的政治道德的思想範疇。在前
述譚嗣同在揉合中西各家各派的思想指導下，他對「仁」的內涵的
界定，最早引進近代西方自然科學的闡述方式，而提出「以太」的

假說，認為「以太」是一種傳播電、光、熱、磁的媒質，用以說明物質之間的相互關係和物質運動的連續性。譚嗣同說「以太」是「遍法界、虛空界、眾生界，有至大之精微，無所不膠粘，不貫洽，不莞絡，而充滿之一物焉」。它「目不得而色，耳不得而聲，口鼻不得而臭味，無以名之，名之曰『乙太』。其顯於用也，孔謂之『仁』，謂之『元』，謂之『性』；墨謂之『兼愛』；佛謂之『性海』，謂之『慈悲』；耶謂之『靈魂』謂之『愛人如己』，『視敵如友』；格致家謂之『愛力』、『吸力』，咸是物也」。[1]而他認為「仁」就是「以太」，「以太」就是「仁」。「仁」即萬物的一體相（以「乙太」為體，以「仁」為用，此意義上的體用是指實際的形質和此形質具有的作用）。所以，「仁」的作用與人體五官一樣是相通的，與天地萬物是相通的。譚嗣同在《仁學》中，最可貴從「乙太」的借用獲得了兩個嶄新的唯物辯證視野，開一代知識者的精神追求的先河。一是「微生滅」說，「求之過去，生滅起始。求之未來，生滅無終。求之現在，生滅息息。」他道出了宇宙一切事物無時無刻不在變易中，而變易卻是永久不斷，因為這樣，只有變化，而無存亡。二是「通」的要義，即具體的中外通、上下通、男女內外通、人我通四義。從而廣泛地促進中西文化的交流，倡導君臣民的平等意識，強調人與人的平等關係。顯然易見，譚嗣同的沖決網羅的強大戰鬥力，正是出自於這種「萬物流轉」、世界相通的宇宙本體認識。他的《仁學》濃重的哲學內涵很大程度，是貫穿全篇的大量文字對天地萬物宇宙的闡

---

[1]　譚嗣同：《仁學一》，《譚嗣同全集》（增訂本）下冊，中華書局 1981 年版，第 293-294 頁。

述。從宇宙的起源到宇宙的基本認識的確定，他宇宙的形成敘述之中包蘊了哲理的思辨和認識論的思想方法。他說：「吾試言天地之始；洞然，官然，恍兮，忽兮，其內無物，亦無內外，知其為無，則有無亦；知其有無，是亦有亦。俄有動機焉，譬之於雲，兩兩相遇，陰極陽極，是生兩電，兩有異同，異同攻取，有聲有光，厥名曰雷，振微明玄，參伍錯綜，而有有矣。有有之生也，其惟異同攻取乎。其成也，其惟參伍錯綜乎？天地萬物之始，一泡焉耳，泡了萬泡，如熔金汁，因風旋轉，卒成圓體，日又有分，遂得此土，遇冷而縮，由縮而乾，⋯⋯微植微生，螺蛤蛇龜，漸是禽形，禽至猩猿，得人七八，人之聰秀，後亦勝前。⋯⋯」宇宙的產生，萬物的開始，被譚嗣同描述的有聲有形，更重要有萬物生長發展的對立辯證的哲學意蘊。為此，他對宇宙的認識有了自己的基本觀點，即「地統月、與金、水、火、木、土、天王，海王，為八行星與所繞之月，與小行星，與彗星，繞日而疾旋，互相吸引不散去，是為一世界，此一世界之日，繞行星與月，繞昂星而疾旋，凡得恒河沙數成天河之星團，互相吸引不散去，是為一大千世界。此一大千世界之昂星，繞日與行星與月，以至與天河之星團，又別有所繞而疾旋，凡得恒河沙數各星團，星林，星雲，星氣，互相吸引不散去，是為一世界海。⋯⋯恒河沙數世界種，為一華藏世界；華藏世界之上，始足為一元。而無之數，則算所不能稽，而終無有已時，而皆互相吸引不能去。⋯⋯」這裏對宇宙之無窮無盡的把握，超越了在他之前的各種各樣的「中心論」觀念。沒有絕對的中心世界，只有互相吸引，宇宙為一海。既然天地無中心，人與王朝何為中心呢？大千世界一切都是相對的。譚嗣同由此進一步指出，認識的無窮盡，認識只有

「我見」，無所謂真偽、是非。他說：「虛空有無之型日，星日有無量之虛空，可謂大矣，非彼大也，以我小矣，非彼小也。以我大也。何以有大？比例於我小而得之；何以有小，比例於我大而得之。然則但有我見，世間果無大小矣，多寡，長短，久暫；亦複如是，疑以為幻，雖我亦幻也；何幻非真？何真非幻？真幻亦對待之詞，不足疑對待也；驚以為奇。而我之能言，能動，能食，能思，不更奇乎？何奇非庸？何庸非氣、庸奇亦對待之詞，不足驚對待也。……」這些構成了譚嗣同「仁學」思想最為突出的精神核心。他的思想體系在本體、觀念、認識等多方面建構了獨立而完整的新學說。50年代李澤厚就在《中國近代思想史論》中，以專節來探討譚嗣同的哲學思想，並認識「譚嗣同大概是中國近代最富哲學氣質的思想家之一。他企圖通過一個比較完整的世界觀，作為變法維新運動的理論基礎。」[1]只要通讀了《仁學》這個評價顯然是不謂過的。通篇充滿著運動、變化的宇宙萬物的生命形式，發展規律的敘述和思辨。並且相容中西社會科學、自然科學；並包古今各家各派的儒、釋、道的思想精粹。從根本上打破了舊的思想、舊的秩序、舊的思維模式對於人們已有的根深蒂固的影響，以全新的「仁」學觀念為中心，創造了最樸素的不生不滅、萬物相通之唯物辯證思想。其意義決不僅僅在於古典思想史的突破，以及政治社會革命的堅定態度的層面。我認為，譚嗣同以「仁學」闡述其社會立場和思想之時，獨特的「仁學」構架和豐富的內容，已經遠遠超過了自身思想建構的本身，它更多代表了繼康、梁之後成長的新型知識份子，如何真

---

[1]　李澤厚：《中國近代思想史論》（修訂本），安徽文藝出版社 1994 年版，第 190 頁。

正探尋自己的思想武器的路向。如果說康、梁學派的崛起最主要、最直接的因素還表現為社會政治的動力驅使，「大同」和「新民」不無濃重的革命的激進和革命的理想成分。這對一個新興社會階層的出現和脫變，是積極推動意義的。但是，作為精神思想的知識份子的更新和成長，譚嗣同的「仁學」價值，應該更重要的是在思想建設的現實立場，平民意識，從而在較廣闊的文化視野中腳踏實地的真正探尋思想自身的建設。革命的意識和政治立場恰恰由其思想的完整和辯證的本身，而獲得了大放異彩。可以說，譚嗣同的「仁學」的問世，標誌了一代知識份子精神成長的成熟，形成一個獨立的學派的內核已經完成。百年中國知識份子的精神的建構，經歷了滄桑歲月的多少大浪淘沙，風雨沖洗，民族遺恨，才有了今天堅定的憂患而不屈不撓思想品格。然而，回眸上世紀末，譚嗣同無疑是這種精神建構始作俑者。是在「仁學」的啟發之下，千年歷史變更了「天不變道亦不變」戒條，思想解放的知識者獲得了世界萬物的永恆和相對的宇宙觀和認識論。譚嗣同英年獻身，他的「不有行者，誰圖將來，不有死者，誰鼓士氣」的豪言壯語，給新思想的建設塗抹了濃重的蒼涼氣息。上世紀末，漆黑的思想界譚嗣同無疑是一顆閃亮的彗星！百年知識份子的精神旗幟的先驅者。

第三節　世紀之交的心靈放歌

　　百日維新以譚嗣同等的英勇就義，使得上世紀末的社會變革落下了最為悲壯的帷幕。當康、梁紛紛避難流亡異國之時，唯譚嗣同

最為慷慨任道，寧願為自由而死，不為屈辱而生。他一生堅定信念肝膽相照的俠義精神。故譚嗣同可謂世紀末的「敢死」、「赴死」的第一位精神戰士。所以，百年回首，尋蹤精神戰士的心靈之聲，用鮮血久久映照著的那些求道者前進的路跡，譚嗣同遇難於 1898，譚嗣同沖決封建網羅「木秀於林」世紀末政壇，是晚清思想界夜空最光亮的閃爍，還不足於揭示其真正精神的本質所在。重要的是，人格的力量，人本主義的立場，滋生培養了他的為人性情，而作為精神追求的知識者的獨立個性和思想原則，影響感召了現代中國知識份子的精神成長。

　　譚嗣同自幼性格倔強，予倩先生在回憶中說：「我小的時候常常看見他，⋯⋯文事之暇，喜歡技擊，會騎馬，會舞劍。我曾見他蹲在地上，叫兩個人緊握他的辮根，一翻身站起來，那兩個人都跌一交。他寫起字來，喜歡用食指壓住筆頭。」[1]不僅如此，他早熟而富強烈愛憎，也是其性情的重要一面。因家庭父親職處變動頻繁，而從小譚嗣同隨之足跡廣遍各地。流轉遷徙較早體味社會、人生疾苦。他的《仁學自敘》有一段自己身世的描述：「吾自少至狀，遍遭綱倫之厄，涵泳其苦。殆非生人所能忍受，瀕死累矣，而卒不死，由是益輕其生命，以為塊然軀殼，除利人之外，復何足惜。深念高望，私懷墨子摩頂放踵之志矣。」正是基於曾經經歷苦痛，才能轉引願為他人獻身；批判封建三綱五常罪惡，堅定了自由平等的追求，期盼人性之愛。由此，譚嗣同的性格，經歷溯源其思想核心，及《仁學》思想真正內核之所在。他以尊重自我主體的人格精神，

---

[1]　譚嗣同：《譚嗣同全集・附錄》（增訂本）下冊，中華書局 1981 年版。

充滿人類之愛的信念，提出了同時代其他思想家所不同的命題：「以太即性」。將歷史的批判和自由精神的追求，率先引入到對自我的肯定，成為上世紀末最先使得西方人的觀念結合於本土思想文化的第一人，開啟重重封建帷帳，唱出心靈的歌聲……。

　　讓我們再回到《仁學》的思想內容方面來，譚嗣同沖決網羅的吶喊和叛逆，仁——通的哲學思想體系，從本質上都應該歸依其人格性情的自然個性張揚，平等、博愛人的觀念的思想根基。

　　譚嗣同以「性善情亦善」的自然人性論，從其本源確立自由知識者的心靈本真世界。他從西方 18 世紀啟蒙主義思想家的人道主義那裏得到啟迪，從佛學的慈悲和平等中受到影響，像康有為一樣得孔子仁愛思想繼承，卻更傾向仁愛天下，不重聖人救世。他是這樣解釋「以太即性」的：「以太」是天地萬物的本源，而「性」又是「以太」所派生的。所以，「性」是一種自然的存在，是構成萬物的質點的自然屬性。「生之謂性，性也。形色天性，性也。」[1]這裏重要的是，譚嗣同提出了綜合的自然人性論。首先「惟性無不同」，即人性是完全平等的。大千世界萬事萬物雖千差萬別，但都是由物質具有「以太」的多少和排列的不同所構成。由此，人性的平等是先天的賦予，是從人性自然中產生出來的。其次，「性無不善，故性善之說最為至精而無可疑。」他對孔子儒學和宋明理學的性善觀，作了自己的改造和區分。「性——以太之用，以太有相成相愛之能力，故曰性善也。」「天地間仁而已矣，無所謂惡也。惡

---

[1] 譚嗣同：《仁學一》，《譚嗣同全集》（增訂本）下冊，中華書局 1981 年版，第 300 頁。

者，即其不循善之條理而名之。用善者之過也，而豈善外別有所謂惡哉？」[1]正是從善——仁自然相通的精神出發，譚嗣同認為封建三綱五常不通自然，違背「仁」而是「惡」，必清除。應該舒展符合自然的正常人性，即飲食男女、喜怒哀樂。人情人欲就是仁——善，不應該人為地加以扼殺。再次，性善情皆善，人性為自然。人情人慾如同「忽寒忽暑」是自然界「四時所不能無」一樣。所以這樣，都是出自於自然，無所謂「惡」。人性的善與惡，並不是對立的，不同的條件下，善與惡也會相互轉化。這就批駁了宋明理學人性人慾皆惡的理論，對「存天理，滅人慾」的禁慾主義提出了質疑。從人性的自然性和合理性的本源，譚嗣同充分肯定了人的本能欲望，符合於自然法則，也恰是符合於「仁」的道德準則。《仁學》的思想價值，從尊重人性本源的屬性，分析情、善、惡的一體的正當人性需求，超越了傳統儒學、宋明、朱熹、王明陽等一切思想學說，從而政治社會變革的大膽叛逆之舉，首先在人的主體思想精神上獲得共鳴。歷史的 1898 政治的年代，由譚嗣同等六君子的慷慨就義，「仁學」的傳世，精神的尋找，人的獨立自由的意志，被更多的新興知識份子所看重，自然人性的合理性是自由心靈的最基本前提。

　　譚嗣同還將「人人相偶」的人類愛，作為心靈放歌的最強音。當確立了人性自然的性善惡的本能合理性後，他進一步凸現相成相愛是人的天性自然，說：「以太有相成相愛之能力」。他由自然舒展

---

[1]　譚嗣同：《仁學一》，《譚嗣同全集》（增訂本）下冊，中華書局 1981 年版，第 300 頁。

的人性，延伸到人與人的平等，作為博愛的基礎和依歸。譚嗣同的
「以太」的博愛能力，重要的是整合了儒學的「仁愛」，墨家的「兼
愛」，佛家的「慈悲」，乃至西方基督教和人道主義的博愛等等各家
思想。由此，他提倡人的「慈悲」之心，「視敵如友」、「愛人如己」。
強調人與人之間「心力相通，靈魂平等，人我合一」，那麼，「以太
——仁」就能完全體現出來，而人性也才能完善。《仁學》中通篇
貫穿兩個基本的主題，即平等和博愛，也是他的仁學觀。平等即是
「通之象」，通則仁矣，而仁即是愛。譚嗣同反覆強調彼此之間的
互相關係，主要從啟蒙主義的立場上闡述仁，賦予仁以極新的近代
觀念和人道主義的思想，達到了徹底摧毀封建王朝種種精神枷鎖，
從根本上確立一種嶄新的人的觀念。儘管「仁」的普遍性的過分強
求，但是切實衝擊了根深蒂固的封建倫理道德觀念，尋求人的自身
本源的正確認識，開近代思想家、新興知識份子精神革命的先河。
譚嗣同思想和精神力量以愛為核心，以愛為祈求；以愛而生救世，
以愛而寧可捨命。為後來多少志士仁人所敬佩，他的「死得其所，
快哉快哉」的英雄人格，最重要獻身於人道主義的理想。《仁學》
成為百年中國知識份子十分珍視的精神遺產，是它率先豎起上世紀
末思想界的「先鋒」旗幟，是它自覺反映了知識份子在傳統向現代
轉變的急劇行程和思想狀態，新知識的如何吸收，新觀念的如何重
建，傳統的繼承和重估如何適應時勢衝擊下的心理危機，一代新興
知識份子如何創造迎接新世紀的精神家園……。這一切《仁學》並
沒有給我們多麼深刻圓滿的答案，譚嗣同的喋血也並未完全喚醒了
沉睡已久的國民。然而，譚嗣同和他的「仁學」思想，畢竟實實在
在地揭示了一種幾千年封建傳統迥異的思維和文化精神在近代的

艱難崛起。濃濃霧障的晚清王朝被一陣清和而急驟的風吹拂，漸漸綻開了層層重重密佈的烏雲，新的曙光還會被厚厚雲層遮掩，但是，長夜歌哭者已把所思所言當作歷史留於後人。百年中國知識份子從未間斷「仁學」精神的追問和充實……

百年來，中國現代化的歷史艱難進程，自始至終有「道器」為體為用的論爭；有「以太」、「以力」科學唯物和佛法唯心之討論；有「仁──通──平等」哲學體系的論辯；更不乏有「沖決網羅」激進地舊傳統之批判。譚嗣同流血菜市口成敗不論，一股浩氣足以長留天地；《仁學》無論多麼駁雜模糊，但它留給思想史的、知識份子精神追求的是永遠常新的話題。流星所曳帶的光芒，也還是閃爍的光芒。

■ ■ ■
廢墟上的精靈
──前現代中國知識份子思想文化的理路（1898～1918）

第三章　文明火種的播撒

　　回溯歷史，一百年來，中國人是如何思考「走向現代化」呢？翻開近代新思潮的第一頁，是最先覺醒的一代知識份子身體力行的變革。首舉義旗的康有為，緊隨其後的梁啟超，大義凜然的譚嗣同⋯⋯，從社會變革、君主立憲、思想革命進行了一次又一次的努力，失敗推動著進步，進步又總是聯繫著悲壯的失敗。這中間有一個歷史的史識，民族危亡愈演愈烈，每個中國人都在面對民族的生存，憤慨西方帝國主義的侵略，又不得不痛定思痛的思索民族傳統歷史的病症，尋求西方富強的原因和文化的異同。當康有為、梁啟超在維新變革失敗以後，流亡他國，身在異域文化之中，尋求往往是被動的，「無組織，無選擇，本末不具，派別不明」，人稱「梁啟超式的輸入法」，在思想上影響不大[1]。那麼歷史值得我們記憶的，不能不提到近代最先從學理和思想上系統探求西方富強的第一人──嚴復。

---

[1]　郭湛波：《近五十年中國思想史》，第 254 頁，山東人民出版社 1997 年版，第 254 頁。

第一節　西學東進的文化思想傳播者

　　嚴復是清政府派遣的第二批留學生，而且是最早派往歐洲留學的學生。梁啟超在他的《中國近三百年學術史》中指出，「清廷政治一日一日的混亂，權威一日一日的失墜，因亡命客及留學生陡增的結果，新思想運動的中心，移到日本東京，而上海為之轉輸。其時主要潮流，約有數支。……嚴又陵（復）他是歐洲留學生出身，本國文學亦優長。專翻譯英國功利主義派書籍成一家之言。」為什麼在眾多留學生中，及傳播西學之中，嚴復的能夠獨樹一幟，被以後的學術思想界所珍視，並置於十分重要的地位。我們必須尋求清王朝如何接受和過濾西學的過程，與以嚴復為代表的一代深受西學影響的知識份子精神成長的文化語境。

　　晚清以來，介紹西洋思想在嚴復之前就有明末徐光啟，李之藻翻譯天、算、水利諸書，隨後還有上海製造局，京師之同文館，及教育中之譯述甚多。而嚴復後來者居上，在近代思想界產生極大影響，不能不歸結時代之客觀和個人之主觀，雙重或多重因素的合力所至。

　　1840 年近代中國是兩種文化衝撞的起點。伴隨著軍事侵略的民族危亡，也聯動著幾千年中國傳統文化受到了挑戰。抵禦外侮，挽救民族危機，強烈地愛國主義精神，促使了明末清初的開明士大夫對西方文化採取了積極的態度，但也是從傳統的「經世致用」的務實精神出發的接納。因此，從林則徐、魏源等人伊始，積極探索域外新知，其目的是為了挽救戰敗後的民族危機，提出的「師夷長技以制夷」的口號，就明確把「制夷」作為「師夷」的目標。到了甲午之戰前後，被稱作洋務運動時期，維護清王朝統治，朝廷命官

曾國藩、左宗棠等人，又提出「師夷智以造炮製船」的建議，用李鴻章的話來解釋，就是「中國欲自強，則莫如覓制器之器」。[1]在這種思想支配下，著手經營包括採礦、冶煉、紡織、航運、鐵路、電訊等近代民用工礦交通事業。無論造炮製船還是創辦民辦企業，都沒有超出「器」的範圍，變革「器用」並不會危及「聖道」。「變器不變道」是他們共同遵循的原則。張之洞在《勸學篇》中進一步將「中體西用」的思想概括為「中學為體，西學為用」八個字。這成為洋務運動倡導者的基本信條。儘管洋務派之前的西學的接受，基本都是一個目的，即鞏固清王朝的統治，但是，他們畢竟最先以鮮明的態度肯定了西學的優越性和接受西學的必要性。近代以來兩種文化接受過程中最初的西方自然科學和技術的崇尚，完全是實用的吸取和接納，而對西方社會科學和政治制度的整體基本隔膜。先驅者們進一步積極的思考，呈現先覺正是有志者開始轉向思想文化，甚至制度的關注，便有了近代革命的重大轉折，從實用救亡走向思想維新。取以西方式的君主立憲制度取代中國的封建君主制度，吸收西方資產階級的社會科學學說傳達先覺者的維新變革思想，前述的康有為、梁啟超、譚嗣同等革命先驅者因長期在王朝重臣之位置，使得「維新」的出發點和行為思考，更多以極端方式表現出急功近利和文化觀的偏激。而此時「因不與外事，得有時日多看西書」的嚴復，他既有自己豐厚的西學積累和獨特的生活閱歷，又能正視現實國家、民族的時勢的艱難。他具有新型知識份子思想的敏銳觀察和思考，正是深切地感受到：一個國家只有發達的經濟、完善的

---

[1]　《等辦夷務始末》（同治朝）卷 25，第 10 頁。

政治還不能算做「受人尊敬之國」，只有在文化上「卓越冠絕於環球」，才可稱為「上乘之國」。學人貫公說：「人類因學而蒸蒸日進，日異月新。雖曰世界文明之進步，豈非學力哉。故敢決一言曰：不為人類則已，如為人類，必不可須臾離乎學。泰學何以強？有學也，學術有用，精益求精也。中國何以弱？失學也，學術無用，雖有亦無用。」[1]另一學人張繼熙進一步指出：當今中國文化建設的必要，「以為今日言兵戰，言商戰，而不歸之於學戰，是謂導水不自其本源，必終處於不勝之勢」。[2]

在此之間嚴復的文化思想，不僅僅看到學術文化建設的重要，更為迥異的是站在一個較高的世界文化的視野，強調中西文化的交流和對話。他從文化比較的差異性上思考問題。「西人篤實，不尚誇張，而中國人作深通其文字者，又欲知無由，所以莫復尚之也。且其學絕馴實，不可頓悟，必層累階級，而後有以通其微。及其既通，則八面受敵，無施不可。以中國之糟粕方之，雖其間偶有所明，而散總之異、純雜之分、真偽之例，真不可同日而語也。」[3]嚴復是近代較早地看到挽救民族危機，學術文化更新的至關重要。尤其在中西學術比較中的文化傳播積極實踐和探索。早在 1895 年他陸續就在天津《直報》上，發表了四篇重要文章：《論世變亟》、《原強》、《闢韓》、《救亡決論》。可以說，這些文章是繼洋務運動以後最先體現新文化策略的經典。按照美籍本傑明‧史華茲的話說，嚴

[1] 貫公：《振興女學說》，《開智錄》第 5 期。
[2] 張繼熙：《湖北學生界敘論》，《湖北學生界》第 1 期。
[3] 嚴復：《與長子嚴璩書》（一），《嚴復集》第 3 冊，中華書局，1986 年版，第 780 頁。

復在這些論文中，「振聵發聾地宣佈了一個基本觀點：西方強大的根本原因，即造成西方不同的根本原因，絕不僅僅在於武器和技術，也不僅僅在於經濟、政治組織或任何設施，而在於對現實的完全不同的體察。因此，應該在思想和價值的領域裏去尋找。」[1]近代中國的現代化意識的真正覺醒，恰恰是嚴復看到了社會危機的深層文化學術的原因。「今日之世變，蓋自秦以來，未有若斯之亟也。」「我四千年文明聲明，已渙然有不終日之慮。」「我國人不虛心以求西方真相，徒塞一己聰明以自欺。」等等，都從不同方面反復向國人提出認清形勢，把握歷史的規律，才能擺脫民族的危機。嚴復的文章吶喊標誌了一代新型知識者，開始真正跳出了科舉考場的藩籬。面向世界，面向歷史，探求民族更新再生之路。這是嚴復自己的生活人生之路的擴張和放大。

「走異路，逃異地，去尋求別樣的人們。」[2]與 19 世紀後半葉的同鄉魯迅相似的生活遭際，嚴復的世界性、歷史性的視野，孕育於自己獨特的家庭和人生道路。本是宦官之家的嚴復，1866 年卻因父親的病逝，家庭隨之從小康人家跌落下來。最重要的是，傳統的科舉致仕的憧憬，使得年輕的嚴復化為泡影。為此，不幸的選擇，成全了一個新的知識者的嚴復的誕生。在迫於生計下嚴復進了洋務學堂──福州船政學堂，一所海軍學校。特殊的學校學習內容和生活，從而改變了一個人，最主要還是一個人的文化思想得到更新。

1　【美】本傑明・史華茲：《尋求富強：嚴復與西方》，江蘇人民出版社 1996 年，第 38 頁。

2　魯迅：《吶喊・自序》，《魯迅全集》第 1 卷，人民文學出版社，1981 年，第 415 頁。

不僅僅是學堂裏的英文、算術、幾何、代數、光學、天文學、地質
學、航海學等等課程，衝擊著一個傳統文化積澱的知識結構，而且
軍艦上的實習，南至新加坡、檳榔嶼，北至渤海灣、遼東灣；還巡
歷了黃海及日本各地，拓展了一個無比遼闊的文化知識視域。嚴復
獨特的學習環境，最重要受惠於 19 世紀 60 年代洋務運動開放的大
背景。此時，先期出國留學的朝廷官員容閎，多次向朝廷呼籲「借
西方文明之學術以改造東方之文化，必可使此老大帝國，一變為少
年新中國」；「以西方之學術灌輸於中國，使中國日趨於文明富強之
境」。[1]1872 年（同治 11 年），朝廷批准曾國藩、李鴻章的奏摺，首
批派出國留學生赴美，以後每三年續派，每年 30 名。從此，長期
被動式的文化防禦，開始逐漸轉變成主動接受的態勢。嚴復作為清
朝政府派遣的第二批留學生。他畢業以後應船廠急需技術人才而推
薦留學歐洲。1877 年 3 月嚴復由香港前往英國和法國。這個時期
的歐洲正值資本主義發展到鼎盛階段，英、法社會生活所呈現的繁
榮局面，恰與腐朽衰敗的清王朝形成了鮮明的對照。嚴復身臨其
境，一方面感觸頗深，一方面如饑似渴地求知學習。他在英國考察
城市治理，旁聽法庭辯護，參觀學校，深感與中國老大封建的專制
政治和立憲政治大相徑庭。他說：在中國」謀國者以鉗制其民之私
便，必使之無所得為於其間，乃轉授權於莫知誰何，視此如傳捨之
人，使主其他，」如此國家自然難有公理，民心難以順和。嚴復在
留學生中最早透過西方資本主義繁榮的表層，積極思考歐洲社會發
展的內在原因。他廣泛地吸取西方的知識，尤其對其近代各種思想

---

[1] 容閎：《西學東漸記》，湖南人民出版社，1979 年，第 104，27 頁。

理論發生了較大的興趣。在研讀大量自然科學、人文社會科學的經典著作過程中，認識到歐洲的社會進步源於一場深遠的思想知識界的思想革命。所以，亞丹・期密、孟德斯鳩、達爾文、赫胥黎、斯賓塞等思想家，成為他崇拜的偶像。他折服於斯賓塞的「科學、真誠和正直構成正常社會的基礎」的思想主張。他先後翻譯了這些思想家的代表性著作，從而奠定了他以後倡導維新啟蒙思想的堅實基礎。

　　嚴復成為近代西方文化的傳播者，如果僅僅是在洋務運動「自富」、「求強」的背景下，獨特的留學經歷提供了條件，還很難反映出他的迥異之處。這段留學生活是嚴復的人生和知識積累的重要轉折，但是，並非是通常意義上他仕途人生的新起點。相反，歸國後他並沒有得到朝廷的重用，又經歷兩次進京應考的落第打擊，使得本就孤傲、乖戾的性格進一步擴張。我認為嚴復的啟蒙思想的一系列戰鬥檄文，可能恰恰源於此種獨特遭際下的理性思考。歐洲的西方文明理想之夢，被國內朝廷的黑暗、世態炎涼打的粉碎。「自來津以後，諸事雖無不佳，亦無甚好處，至於上司，當今做官，須得內有門馬，外有交遊，又須鈔應酬，廣通聲氣，兄（嚴復）則三者無一焉，何怪仕宦之不達乎？置之不足道也。」[1]從這則家信的言辭中，不無可見嚴復當時所面對的真實的現實狀況。然而，正是這個人的坎坷境遇，又為他潛心思想和學術，從事著譯活動創造了條件。上述嚴復在天津《直報》上陸續發表的論文，其思想的深度和獨特的視角，包蘊了他孤獨而執著的西方文化思想的追求，也有懷

---

[1]　嚴復：《與三弟觀瀾書》（4），《嚴復集》第 3 冊，中華書局，1986 年，第731 頁。

才不遇的內心寫照。文中字裏行間如此冷靜的傳統文化反省和剖
析，多少傳達了寂寞人生的精神世界。由此，他思想文化的傳播多
了些相對的、平和的立場，少了些政治家的偏激之狀。儘管不乏見
到他《救亡決論》、《擬上皇帝書》等這樣激烈地施政改革的舉措構
想，但是，嚴復畢竟與康、梁、譚的變革思想，維新意識有所不同。
他是清王朝中率先從西學文化的立場，對中學進行客觀審視的第一
人，所以他也開了新視角傳播西學的先河。中國近代真正意義的新
文化，是在嚴復別具一格的西學譯介中翻開了第一頁。後來梁啟超
在《清代學術概論》有一極中肯的歷史評述：「蓋當時之人，絕不
承認歐美人除能製造能駕駛能操練之外，更有其他學問。而在譯出
西書中求之，亦確無他種學問可見，康有為、梁啟超、譚嗣同輩，
即生育於此種『學問饑荒』之環境中，冥思苦索，欲以構成一種『不
中不西即中即西』之新學派，而已為時代所不容。時獨有候官嚴復，
先後譯赫胥黎《天演論》、斯密亞丹《原富》、穆勒約翰《名學》、《群
己權界論》、孟德斯鳩《法意》、斯賓塞爾《群學肄言》等數種。皆
名著也。雖半屬舊籍，去時勢頗遠，然西洋留學生於本國思想界發
生關係者，復其首也。」

第二節　《天演論》與近代進化觀念

　　嚴復開創近代新文化思想的先河，其意義的彰顯不是發生在維
新運動的當時，而是隨著歷史的進步愈來愈顯現出其價值和影響。

這裏就向我們提出了一個問題：嚴復的西學文化傳播，引導一代新知識份子的成長，最為核心的東西是什麼？作為精神世界的知識者往往是接受新思想、新觀念的先鋒，嚴復的西學傳播正是較早地從一般的文字翻譯介紹，進入思想文化的層面，提供一種新觀念，新思維，更改著幾千年中國傳統思想文化的錮疾，歷史永遠記載著探索者的業績。

　　1898 至 1911 年從維新到辛亥這十餘年間，是近代中國社會變革的萌發期。康、梁、譚等一代先覺的政治家以維新的失敗，喋血都門，激發了每個憂國憂民的知識者在此期間的積極思考和探索。嚴復就是這其中重要一員的佼佼者。這期間，他將其主要精力投入到對康有為、梁啟超為代表的維新變法流產緣由的反省，在文化思想的層面尋求社會變革的新路，創造了從社會科學的學術視野，豐富國人的思想文化內涵。從而一代新型知識份子的成長，與嚴復這時期系統介紹 18、19 世紀政治學、經濟學、社會學、法學、哲學、邏輯學諸方面的「西學」精華密切相關。他先後翻譯了亞當‧斯密的《原富》、斯賓塞爾的《群學肄言》、赫胥黎的《天演論》、穆勒的《群己權界論》、孟德斯鳩的《法意》等等，即其所說的西學「命脈之所在」[1]。這些翻譯不僅僅給中國人耳目為之一新，而且使一代知識份子獲得了一片新的文化天地。它們為社會思想變革，一代人精神觀念的轉變，起了積極的推動作用。

　　嚴復的這些翻譯之中最有影響、最富盛名的是《天演論》。在這部著作裏，赫胥黎以「簡短、生動和幾乎是詩一般的描述」，論

---

[1]　嚴復：《論世變之亟》，《嚴復集》第 1 冊，中華書局，1986 年版，第 2 頁。

述了達爾文的理論要旨，又介紹了從古代希臘、羅馬的哲學思想到近代西方的各種思想流派，並對人類處境進行了探討。該著以赫胥黎徹底反對斯賓塞爾的宇宙進化理論為基本思想傾向。這樣一部原名為《進化論與倫理學》的西方智慧源泉的論著，通過嚴復的翻譯介紹名稱的更改還是次要的，他的內容處理和所要傳達的思想觀念的變化，便是產生重大反響的原因所在。嚴復的譯書由兩部分構成：即赫胥黎著作的意譯和對赫胥黎反對斯賓塞爾觀點的評述。這形成了嚴復傳播西學的獨闢蹊徑的方式，而引起社會和思想界的廣泛重視，也產生了深遠的影響，

　　嚴復在譯著中側重從宗教觀、宇宙觀、倫理觀和社會歷史觀等方面捍衛了斯賓塞爾的理論，對赫胥黎提倡人類倫理觀，強調社會的發展並非一個自然進化的過程，而是一個倫理進化的過程，表示了極大的疑義。更為重要的是，嚴復譯介之中，能夠將近代西方和古代中國智性思想家們放在一起進行探討，闡述人類思想的共同性。比如，對中西方宗教觀的異同比較，很能見到嚴復在翻譯傳播中的獨到之處。斯賓塞爾認為世界一切複雜、異種、有組織的事物皆來自「不可知」；釋迦牟尼稱「奧諦」（uitimate）乃不可言語；老子也表示「萬物」皆源於「無」，等等。人類對於宇宙的認知中西方儘管表述不同但是義理相通。嚴復介紹之中重要地積極探尋其同中的異。他認為斯賓塞爾的「不可知論」即是佛教之涅槃，宋儒理學的「萬物本體」的真正宗教境界。他說「故世人不知，以謂佛道若究竟滅絕空無，則亦何有慕！而智者則知，由無常以入長存，

由煩惱而歸極樂，所得至為不可言喻。」[1]所以，嚴復積極推崇斯賓塞爾的「不可知論」，並將其進一步與中國儒、道宗教精神相融會，提出「不可思議」思想，強化人類認知的感覺作用。赫胥黎認為有客觀外物的存在，但是主觀的心有客觀的物之間總有一種相隔。但是，嚴復認為：「非不知必有外因，始生內果。然因果否，必不可知。所見之影，即與本物相似可也。抑因果互異，猶鼓生之與擊鼓人，亦無不可」。[2]他將人的知識可以排除於外界事物獲得，只要求感覺和概念的自相一致。因此，嚴復更強調面對世界萬物人的平和寧靜的心態獲取事物的感知最為重要，從而既吸收了西方的思想又對其內容做了自己的發揮。

這從更動的書名中也可見嚴復譯著特點之一斑。原著中赫胥黎直接反對斯賓塞爾和「進化倫理」的其他鼓吹者，主張「倫理的本質來自宇宙的本質，而又必然與它來源不相容[3]」但是，嚴復的譯著一開始就積極肯定了赫胥黎受啟於生物進化論，將之擴展到人類社會生活領域的價值，對其社會達爾文主義予以了充分的介紹。他以「天演論」為名，旨在捍衛和傳播赫胥黎的社會進化論思想，打破中國幾千年「天不變，道亦不變」的守舊論調。嚴復在該書「導言」中明確表述了他的天演思想：「天運變矣，而有不變者行乎其中，不變惟何、是名天演。以天演為體，而其用有二：曰物競，曰天擇，此萬物莫不然，而於有生之類為尤著。物競者，物爭自存也；

1　嚴復：《天演論》，《嚴復集》第 5 冊，中華書局 1986 年版，第 1378 頁。

2　嚴譯名著叢刊《天演論》下卷，商務印書館 1981 年重印，第 28 頁。

3　嚴復：《天演論》，《嚴復集》第 5 冊，中華書局 1986 年版，第 1334 頁。

以一物與物物爭，或存或亡，而其效歸於天擇。天擇者，物爭焉而
獨存，則其存也必有其所以存，必有其所得於天之分，……而自效
觀之，若是物特為天之所厚，而擇焉以存也者，夫是之謂天擇。」
嚴復被斯賓塞爾創造的社會進化論的思想深深地吸引。「有斯賓塞
爾者，以天演自然言化，著書造論，貫天地人而一理之，此亦晚近
之絕作也。」[1]「苟善悟者深思而自得之，亦一樂也。」[2]斯賓塞爾
的「宇宙整體觀」強調，一是將「不可知論」視為宗教、科學的源
泉；一是人類自主的本能當作進化的動力，社會道德推動群眾和個
人發揮潛能，實行自我價值，是人類進化必然的現象。達爾文的「社
會進化論」可以解釋人類社會。這些不僅僅折服了嚴復，而且更改
了一代人的傳統思想觀念。嚴復所介紹的斯賓塞爾的進化論哲學，
推崇其用智、力、德衡量民族優劣與好壞，主張「任天」反對「與
天爭勝」，乃是說明社會進步是歷史的必然。這使得中國人認識到
中西之間的差距，引導了中國一場思想觀念革命的出發點。其意義
已為後人而驗證。

嚴復所譯《天演論》出版之後，巨大影響在同時代文人學士階
層中引起震動，也在 20 世紀初的一代青年身上產生了巨大作用。
剛剛出版一年內即出現了湖北沔陽木刻刊行的版本和天津嗜奇精
舍的石印版本。胡適在他的《四十自述》中說：「《天演論》出版之
後，不上幾年，便風行到全國，競做了中學生的讀物了，……在中
國累次戰敗之後，在庚子辛醜大恥辱之後，這個『優勝劣敗、適者

---

[1] 嚴復：《天演論・自序》，《嚴復集》第 5 冊，中華書局 1986 年版，第 1320 頁。
[2] 嚴復：《天演論》上卷，《嚴復集》第 5 冊，中華書局 1986 年版，第 1328 頁。

生存」的公式確是一種當頭棒喝，給了無數人一種絕大的刺激。」而後來，從 1905 年商務印書館出版到 1921 年就印行了 20 版之多，反映了人們對新思想的極大渴求，其譯著在社會的廣泛影響。同代人晚清桐城派吳汝綸閱其譯稿後，欣然作序文，並在書信中說：「得惠書並大著《天演論》，雖劉先生之得荊州，不足為喻，比經手錄副本。秘之枕中。蓋自中土譯西書以來，無此宏製，匪直天演之學，在中國為初鑿鴻蒙，亦緣自來譯手，無似此高文雄筆也。」[1]後代人魯迅回憶，少年在南京求學時流行看新書，休息日在城南買白紙石印的一厚本，便是《天演論》，一開始便被卷首精彩文字所吸引。「赫胥黎獨處一室之中，在英倫之南，背山而名野，檻外諸境，歷歷如在几下。乃懸想二千年前，當羅馬大將愷撒未到時，此間有何景物？計惟有天對造草昧……。哦！原來世界上竟還有一個赫胥黎坐在書房裏那麼想，而且想得那麼新鮮？一口氣讀下去，『物競』『天擇』也出來了，蘇格拉第、柏拉圖也出來了，斯多珂也出來了。」[2]作為新書的《天演論》一下之吸引廣大讀者，其原因正是那個知識饑荒和時勢更替的年代，在西學宗教的「新舊約全書」的譯本，各種實用科學的書，或者歷史、法學類書籍之外，嚴譯理論著作傳播新的思想觀念讓人耳目一新。他以一種強烈的歷史感予以國人思想觀念上的振奮，更多喚醒人們在民族危亡中變更角度換位思考。胡適說：「自從《天演論》出版，1898 年以後，中國學者方才漸漸知道

1　嚴復：《吳汝綸致嚴復書》1897 年 3 月 9 日，《嚴復集》第 5 冊，中華書局
　　1986 年版，第 1560 頁。

2　魯迅：《朝花夕拾‧瑣記》，《魯迅全集》第 2 卷，人民文學出版社 1981 年
　　版，第 296-297 頁。

西洋除了槍炮兵船之外，還有精到的哲學思想可以供我們採用。」[1]蔡元培稱之謂「尊民叛君，尊今叛古」，當時目為「傳播革命」。嚴復自己在《天演論》的譯著「序言」中也如是說：「風氣漸通，士知合陋為恥，而西學之事，問途日多。然亦有一二鉅子，言也然品彼之所精，不外象形下之末；彼之所務，不越功利之間，逞臆為談，不咨其實。討論國聞，審敵自鏡之道，又斷斷乎不如是也。」嚴復西學社會進化論的思想引進介紹，順應了一支新型資產階級崛起的思想要求，可謂在近代開一代新思潮的先河。當年深受康有為、梁啟超等維新派的倍加推崇，又得後人蔡元培、胡適、魯迅等多多讚譽，無不充分肯定其對個人對社會所產生的巨大影響。

　　1898 年近代中國的歷史變革，康、梁的維新變法，其激進的社會意識張揚，固然有不可替代的歷史價值。可是，1840 年以後，伴隨著政治侵略西學同步而入，國人不斷為愈來愈多的外來思想文化浸染，中國文化思想悄悄發生著裂變，幾千年大一統的清王朝的統治動搖著，亙古不變的傳統文化思想結構更改著。繼洋務運動以後，這種變化加大加速不能不數嚴復西學傳播的貢獻了。以他的《天演論》為代表，將近代中西文化的交流引入更深的層面。破天荒地使惟之為大的中國人知道西方也有聖賢哲人，有更精當地認識宇宙世界的思想方法。借李澤厚的概括：「人們通過讀《天演論》，獲得了宇宙觀察一切事物和指導自己如何生活、行動和鬥爭的觀點、方法和態度，《天演論》給人們帶來了宇宙對自然、生物、人類、社

---

[1]　胡適：《五十年來中國之文學》，胡適學術文集，新文學運動，中華書局 1993 年版，第 106 頁。

會以及個人等萬事萬物的總觀點總態度，亦即新的世界觀和人生態度。晚清末年以來，中國封建社會和封建家庭加速地瓦解崩潰，一批又一批、一代又一代的不同於封建士大夫的新式青年學生和知識份子在學生湧現，嚴復介紹過來的這種鬥爭、進化、自強、自立……的資產階級世界觀，正好符合他們踢開封建羈絆，蔑視傳統權威，鍛煉身體與自然界鬥爭（傳統社會是不講體育的），走進人生戰場，依靠自己力量去闖出道路來的需要。」[1] 嚴復被後人稱著「介紹西洋的近世思想的第一人，」[2] 這是不為過的。

第三節　追求民族富強的「浮士德」精神

　　追蹤嚴復對西學文化思想的傳播，並不僅僅是對一個先覺者思想歷程的清理。那是因為在上一個世紀之交的歷史情境中，他的努力和追求更多地體現出兩種思想文化的對抗，即傳統中國與 18、19 世紀西方的思想文化對抗。嚴復與那個時代前輩和同輩人一樣，對歐洲的軍事、政治、經濟、文化的奧妙抱有極大的興趣，但是他又與他們不同，他更注重西方思想文化的領域，並且認真地思考西方思想與中國的密切聯繫的問題。最重要的是，嚴復關注西方

---

[1]　李澤厚：《中國近代思想史論》，安徽文藝出版社 1994 年版，第 259-260 頁。
[2]　胡適：《五十年來中國之文學》，胡適學術文集，新文學運動，中華書局 1993 年版，第 106 頁。

思想，關注其本國社會的困境。他始終注視的不僅僅是「西方文化」和「中國文化」這兩個實體。19 世紀末中國社會、政治和思想的特殊狀況，一直是嚴復在兩種文化思想對抗中的背影，在探尋解決中國社會的現狀，表現出對西方思想文化的積極應對。嚴復在近代中國傳播民族富強之路中，走了自己的一條獨特的道路，也再現了一種中國式的「浮士德」精神。從而抒寫了近代中國知識份子在現代化進程中的第一頁。

嚴復的《天演論》以新的社會思想觀念，開啟了一個嶄新民力、民智、民德的國民思想境界。顯然，比激進的維新派的康、梁「仁學」、「新民」學說，更有思想的力度。但是，嚴復成為近代新知識的代表，是與他的《天演論》等一系列西方經濟學、政治、哲學、社會學、法學的論著譯介相輝映的。它們既構成了嚴復傳播西方文明的思想文化的整體內容，又代表了近代中國知識份子思想成長的一條十分重要的內在理路。早在 60 年代，美國研究中國歷史的學者本傑明・史華茲撰寫過一部嚴復的傳記，就以「尋求富強：嚴復與西方」為題，很是獨具慧眼。尤其，在書中提到嚴復的西方文明的傳播，體現了對西方文化的浮式德性格的認同，更值得我們細緻地去體味嚴復在兩種文化撞擊的時代，提供給一代中國先覺者精神財富的思考。

1897 年後的三年間，嚴復花了較大的精力研究經濟學，很早關注到英國作為發達資本主義國家空前繁榮，最深層的原因是其堅實的經濟力量。他說：「晚近歐洲富強之效，識者皆歸功於計學。計學者，首於亞當・斯密氏者也。其中亦有最大公例焉，曰：大利所存，必其兩益。損人利己非也，損己利人亦非；損下益上非也，

損上非下亦非。其書五卷數十篇，大抵反復明此義耳。[1]」為此，嚴復翻譯了亞當・斯密的《國富論》，並將譯本更名為《原富》，加數萬字的按語，介紹英國古典政治經濟學。他從西方經濟學的智慧之源的視角，清理和認識該著的價值所在，並對中西的經濟進行比較分析。在譯著弁言中，說：「此二百年來，計學之大進步也。故計學欲窺全豹，於斯密《原富》而外，若穆勒、倭克爾、馬歇爾三家之作，皆宜迻譯，乃有以盡此學之源流，而無後時之歎。[2]」譯著不僅僅向國人較為清晰地梳理了西方古典主義政治經濟學的理論的發展線索，而且探尋西方資本主義經濟發展的重要思想動力。他充分地肯定亞當・斯密提倡的個人自由的經濟發展，但是，更強調「國富」聯繫著國家的財富和權力。群體、國家的利益高於一切。正是以此對照形成了強烈反差，中國當時恰恰缺乏自由個人經濟的活力。清王朝傳統之下，國債日漸增多，人民稅收加重，社會經濟呈現分崩離析的局面。嚴復深刻地看到民眾的活力是與國家經濟的增長息息相關的，當務之急是要發展國家的經濟財富。嚴復可謂在近代中國最早從經濟學的角度，引導國人開發民智，伸展民權的一人。激發人們在更深的思想領域認識國家富強的必由之路的本源何在。

　　1904 年前後，嚴復還翻譯了《法意》和《社會通詮》兩部西方社會政治、法律的理論著作。他又從國家富強的經濟基礎轉入上層建築政治文化領域的思考，吸取西方建立社會——政治框架的法

---

[1]　嚴復：《天演論》卷上，《嚴復集》第 5 冊，中華書局 1986 年版，第 1349 頁。

[2]　嚴復：《譯《斯氏計學》例言》，《嚴復集》第 1 冊，中華書局 1986 年版，第 98 頁。

律程式，以及瞭解人類社會政體發展的歷史。前者《法意》是 18
世紀法國啟蒙思想家孟德斯鳩的代表作。後者《社會通詮》是英國
的政治學家愛德華‧甄克思的著作。這兩部西方法學的經典著作可
謂姐妹篇。孟氏曾經「居倫敦者二稔，於英之法度尤加意，慨然曰：
惟英之民可謂自由矣。[1]」所以，他在該著作中明確指出英國民主
自由的最本質的根源是建立在法律基礎之上的。嚴復的翻譯從中西
方政體的比較中，介紹西方法律的民眾意識下的永恆性、非人化
性，對照了在中國封建專制主義的君主制下，一切法律乃「以賢治
不消」，「以貴治賤，故仁可以為民父母，而暴亦可以為豺狼」。[2]接
著，他又在《社會通詮》中，進一步對英國憲法制的政體予以讚揚，
並且從介紹甄氏勾畫人類社會政治進化的三個階段中，充分肯定英
國政體是當今最好的形式。這部著作最重要地傳達了譯介者的一個
思想，即人類社會進化與生物進化是相似的。他將甄氏提供的政治
進化的圖景看著一種人類普遍的、共同的發展模式。誠如嚴復在譯
著序言中所說，「此其為序之信，若天之四時，若人身之童少壯老。」
而中國的古代、近代漫長的封建社會，表現了一種與西方社會正常
進化發展的非常態性。自秦朝以來，「君此土者不一家，其中之一
治一亂常自若，則猶然一宗法之民而已矣。……乃世變之遷流，在
彼則始遲而終驟，在此則始驟而終遲。」[3]嚴復的這兩部譯著既是

---

[1]　嚴復：《法意‧孟德斯鳩傳》，《嚴復集》第 1 冊，中華書局 1986 年版，第
　　145 頁。

[2]　嚴復：《法意‧卷 11 案語》，《嚴復集》第 4 冊，中華書局 1986 年版，第
　　969 頁。

[3]　嚴復：《譯《社會通詮》自序》，《嚴復集》第 1 冊，中華書局 1986 年版，

體現了他對西方民主政治的理想追求，又反映了他對當時清政府社會改良的響應。清王朝 1905 年前後致力於預備立憲的姿態，使得新興的資產階級知識份子有了思想活躍的氛圍。為此，嚴復一方面表現對西方民主政治的歡呼，一方面又以保守的態度堅信社會政體逐漸進化的思想。這典型地代表了改良思想指導下的知識者，社會變革面前的兩重性的價值傾向。嚴復的可貴之處，是在這種普遍的改良思潮面前，西方文化思想的傳播從科學到政體的雙重關注，並且強調兩者之間的內在聯繫性。除了上述譯著以外，嚴復還翻譯了《群學肄言》、《群己權界論》、《穆勒名學》等等，有關政治、形式邏輯科學的論著，表現了他較廣闊的西方文化思想的知識，及積極傳播介紹的探索精神。他既積極接受新知識、新思想、新方法，又充分利用獲得的新思想方法對西方文化思想進行評析，將文化的傳導過程變為一個文化更新再造的過程。從而形成了近代西學傳播的一道獨特的風景線。這給我們有許多文化意義的啟迪。

　　首先，他的文化傳播代表一種新的學理之風和嶄新人格的張揚和崇尚。嚴復在傳播譯介西方文化思想時，無論是原著的直譯和還是意譯，都在選擇物件和方式上突出西方自由、平等的精神意識，即代表西方文明的浮士德式的性格。嚴復成為一代開明知識者的佼佼者，其首創價值並不只在於第一個譯介西學之人，而是譯介的過程中其姿態最先將中西學放到平等的位置上。他一方面充分肯定西學資本主義文化較之中國傳統封建文化的先進性，一方面又不「遽分其優絀」，視中西文化的平等的關係。他在西方先進的學術政法

第 135 頁。

的文化思想中，看到中國富強的必由之路。但是，從其思想本質上又力求避免「存彼我之見」守舊，或「今之稱西人」維新的極端化傾向，積極地尋求兩種文化交融中最關鍵的的思想基礎。這之間他推崇的西方文化的自由、平等的意識，正是從此思想基礎上立論的。西學的先進，中學的落後，也是由此而言的。所以，某種程度說，嚴復是近代最早以西方人文精神的自由、平等、尚賢等文化思想，尋求民族精神思想富強的第一人。

第二，他創造了一種孕育現代精神和科學相融合的宇宙觀、方法論。嚴復的譯介著作如果僅僅在西方人文精神的層面，那麼，其近代史的意義還是單一的。他能夠運用近代資本主義的科學見解，即達爾文的進化論、斯賓塞爾的社會學，以及其他國家的政治、經濟的科學知識為武器，剖析中國落後的聖賢遺教、君道臣綱，發現歐洲現代文明的內在深層基因。嚴復既從純自然科學的生物進化論辨析斯賓塞爾的社會進化論，又更注意西方政治學、社會學、邏輯學等理論的科學化的學問。譬如，他翻譯《穆勒名學》的邏輯學著作，推崇穆勒的科學歸納論。「蓋天生人，與以靈性，本無與生俱來預見之知能。欲有所知，其最初必由內籀。內籀，言其淺近……但內籀必資事實，而事實莫由閱歷」。「是故歷史者，不獨政治人事有之，但為內籀學術，莫不有史。」[1]而中國傳統思想恰恰缺乏這種觀念，多保守和無為，少科學歸納，往往導致了思想的僵化。社會思想的變革與社會科學的發展是一致的。嚴復的譯介西學重在闡發，西方科學革命的成功，是由於精神的力量使然，而這種精神是

---

[1] 嚴復：《嚴復集・政治講義》第 5 冊，中華書局 1986 年版，第 1243-1244 頁。

在良善的社會政治設施下所自發產生的。顯然易見，他開啟了一代知識者現代科學思想的新思維，會通、融合了科學一體化的新的方法論。

　　第三，他確立了文化交流的整體觀。平等、自由的民主社會意識是嚴復接受了西方「浮士德」精神的重要內容。這不僅體現了他文化思想傳播的基本動機和目標，而且開創了近代西學文化思想引進介紹的新文化策略。嚴復一改清王朝以被認可的「中學為體，西學為用」，或「西學中源」等文化方針，而大膽提倡「自由為體，民主為用」的文化接受原則。以一種開放的文化視野尋求中西文化平等對話的多元化格局。他除了從語言表達的角度強調譯著的信、達、雅的完整性外，還在具體譯介過程注意創造性文化的移植和文化多樣化的追求。正是按照今天所說的直譯、意譯、意述不同方式，他翻譯了西方八種文化學術名著。並且這些著作內容涉及門類之多、學科之廣泛，在當時和以後的新知識者中也並不多見。無疑，嚴復是翻開近代文化交流史新一頁的人物。他在文化傳播的過程中率先樹立「由內至外」的意識，以自由的個性接受西方民主社會政治的現代文明。國家的富強與個性的自由平等是一體化的。所以，何種譯著在嚴復的筆下都有自己重新闡釋的創造性發現。以《天演論》為代表的譯著傳播了最新的自然科學知識，更給人耳目一新的，還是他在其中的關於社會進化論的辨析。

　　嚴復不是一般意義上的翻譯家，也不是一個普通維新知識者。他以民族富強為己任，以強烈的主體願望和睿智的眼光，求「他山之石」，借火種來燃燒自己和激發同胞。民族的危亡刺激著每一個熱血的知識青年，嚴復身在動盪的時代，維新意識高漲，卻以自己獨特文化積累表現出冷靜的姿態，尋求民族富強的真正之途。在洋

務運動的防範策略中創新，在戊戌變法激進中反省，嚴復廣博的西學文化知識和漸進的文化態度，從一個全新的角度對傳統中國舊的基本價值觀念提出了挑戰，從而成為放眼世界尋求新智慧的第一代。

第四章　傳統與現代的抉擇

　　近代中國新型知識份子的成長，是清王朝的瀕臨崩潰，中日甲午之戰的失敗，現實的迫壓，便有了康、梁的激進的君主立憲，譚嗣同大義凜然的喋血街頭，嚴復文化接受的思想啟蒙……。這一批新知識者都在民族危亡的關鍵時刻思考著共同的問題，即他們都切身感受到必須建立一種徹底改變傳統思想的文化基礎，才能進行社會政治改革。為此，借思想文化以解決問題的途徑，鮮明地呈現了他們從不同視角探求社會變革的要求。前述嚴復的社會進化論的文化活力，譚嗣同的以「仁」代「禮」的思想轉變，梁啟超的「群」的觀念意識，康有為發展觀的歷史闡釋等等，新思想的孕育和產生充滿著時代變更的急切需求，傳統思想觀念受到前所未有的挑戰。然而，歷史的進步並不完全依賴激進行為方式。一代知識者的生長形態應該呈現的是更為豐富多彩的精神成長的心路歷程。尤其，作為從傳統向現代蛻變的知識份子。中國文化傳統中的「士」是一個相對的「未定項」。所謂「未定項」，就是承認「士」（知識者）「有社會屬性但非社會屬性所完全決定而本能超越者」（余英時語）。中國傳統的文人不乏有「入世和出世」的兩難選擇，無論廟堂之上朝廷盡忠，還是民間之下悠然見南山，都難以擺脫「國家興亡，匹夫有責」、「先天下之憂而憂，後天下之樂而樂」的憂患。近代民族災

難愈加深重，深受傳統文化積澱的一代知識者，愈加受到精神的和現實的兩重的擠壓。在迎接新的文化思想的挑戰的同時，他們除了部分激越的先覺者義無反顧的大膽反叛外，更多的知識者困擾在「切近與騰離」的精神迷茫的兩難之中。為此，我們看到了近代知識份子生長中又有了另一種景觀：學者與志士、知識與道德、求是與致用、激進與保守、中學與西學等等，在一系列頗難調和折衷的悖論、問題中的求索者。這便產生了章太炎、王國維、辜鴻銘、蘇曼殊等一批二重姿態的知識者。他們既凸現了時代可以決定人的選擇，又反映了人也可以創造時代之互動情境。他們在歷史之勢的推波助瀾中，以不囿流俗的特色，呈現自己的成功和失敗，從而抒寫了近代知識份子的又一支思想發展的內在理路。

第一節　章太炎：真與俗的雙向流程

近代章太炎可謂是最有多議難以定論，而又必載史冊的文人志士。有後人稱：章太炎則「一閭巷之人發為不平之鳴，亦不免去國流亡屢仆屢起，正是平民中一有識之士。」[1] 深受其遺風影響的現代文化巨匠魯迅先生，尊稱章太炎為業師。弟子之言最耐人尋味，說太炎先生是「有學問的革命家」，「考其生平，以大勳章作扇墜，臨總統府之門，大詬袁世凱的包藏禍心者，並世無第二人；七被追

---

[1] 吳方：《世紀風鈴──文化人素描》，人民文學出版社 1992 年版，第 32 頁。

捕，三入牢獄，而革命之志，終不屈撓者，並世亦無第二人：這才是先哲的精神，後生的楷範。[1]」考其章太炎一生，大體經歷學者──革命家──學者的人生路線。多少年來，人們對章太炎先生的認識，誠如魯迅所言：「我以為先生所業績，留在革命史上的，實在比在學術史上還要大。」其原因正是上述魯迅的說明。為此，相當長的時間近代思想史、文化史凸現的正是章太炎的革命派的先驅者的形象。先人梁啟超的《中國近三百年學術史》與後人郭湛波的《近五十年中國思想史》，都從不同角度強調章太炎的第一貢獻是種族革命的思想。通覽章太炎的革命經歷，青年時期就有排滿思想，曾參加強學會，擔任維新派刊物《時務報》的編輯，參與變法運動。維新流產後到日本，經梁啟超介紹認識孫中山。1900 年參加唐才常國會，因勸唐放棄「勤王」口號被拒絕，遂割辮與絕。1902年在東京因有排滿革命言論而遭被捕。1906 年參加同盟會後，擔任《民報》主編。後又重組光復會，任會長。辛亥革命至五四期間思想更為激進，不斷為民主革命吶喊。但是，章太炎的一生，其思想的路徑，作為完整的人，自然，在革命意識中還包容更豐富的精神因素。他活動於 19 世紀末 20 世紀初的中國歷史大舞臺，生於一個世代宦官，遺老遺少的書香之家，又飽受傳統文化和國學的薰陶。「學者的革命家」的評價多為中肯。其中也道出，章太炎思想、人生豐富和複雜雙重或多重之狀的並存。這是一個有個性秉賦的人物形象，既有顯身手之時，也有坎坷、落伍之經歷。

---

[1] 魯迅：《且介亭雜文末編‧關於太炎先生二三事》，《魯迅全集》第 6 卷，人民文學出版社 1981 年版，第 547 頁。

　　我個人認為章太炎在近代思想史的價值，與其革命仁人志士的
意義並駕齊驅。而某種程度上，在學者和革命家之間，太炎先生多
以學術器重，博學傳統而自得，又倡導「吾愛吾師尤愛真理」文人
剛直不阿的風骨。他強調倫理道德可以影響國家和民族的盛衰，由
學術的人心、善惡的探討研究，增進了革命的意識。他也與康、梁
這一代人一樣，比較早的接受了西方文化科學的先進思想，但是，他
既不是社會激進的為我所用，也不是為外至上。在一個變革的年代，
開放求新的文化氛圍中，章太炎是最早以古文經學宣講種族革命，也
是最早成為捍衛儒學的「國粹」代表人物。他有自己獨特的文化思想
的追求，誠如錢穆所述：「少時治經，謹守樸學，遭世衰微，不忘經
國。尋求政術，歷覽前史，獨於荀卿韓非所說，謂不可易。囚繫上海，
專修慈氏世親之書，以分析名相始，以排遣名相終……居東釋《莊
子》，癸甲之際，厄於龍泉，始玩爻象，重說《論語》。又以莊證孔，
知其階位卓越。古近政俗之資訊，上海都野之情狀，華梵聖哲之義諦，
東西學人之所說，操齊物以解紛，明天倪以為量，割制大理，莫不遜
順……」[1]他本人在《菿漢微言》一書中說：自揣平生學術，始則轉
俗成真，終乃回真向俗。[2]」這一代知識份子中間可謂太炎先生思想
學術之廣博，傳統儒學之精當，以及阡陌縱橫，自鑄體系，龐雜紛呈，
都是別具一格的。「真」與「俗」的分途並進，本身就很能說明在此
豐富的文化內涵中包容的思想矛盾的起點：真為理想，為無我；俗為

---

[1]　引自錢穆：《餘杭章氏別記》，《章太炎生平與學術》，北京三聯書店 1988 年
　　版，第 29 頁。

[2]　轉引自梁啟超：《清代學術概論》，《飲冰室合集・專集 34》第 6 卷，中華
　　書局，1989 年版，第 70 頁。

歷史片斷,為眾生之我。「真」與「俗」分別表現為求是和致用。二者本不可分離,只能相互依存。章太炎的思想流程,在此矛盾中呈現了自己的學術旨要。

章太炎是近代以來,最先立足於民族自尊的人類學文化思想,提出了「歷史民族」的觀念,民族的形成和發展是一個自然的人類歷史發展過程。他將日本明治維新時期的一個新詞「國粹」,引入自己的著述中。在代表作《訄書》中,強調中國歷史最早階段原始的、古代的特徵與正宗傳統的決裂。在他看來民族是以共同的地域、血緣、風俗和文化聯繫為基礎的有機體。並且把民族作為特定的民族的積累起來的精神遺產與文化精華。他認為家族制度及其井然有序的家系建立了中國的的種族統一體。在這個有機體裏起源比發展更重要。民族歷史的傳統精華被視作「國粹」得到倡導和保存。在《癸卯獄中自記》中,他說:「上天以國粹付余,自炳麟之初生,迄於今茲,三十有六歲。鳳鳥不至,河不出圖,惟余亦不任宅其位,繄素王素臣之跡是踐,豈直抱殘守闕而已,又將官其財物,恢明而光大之!懷未得遂,累於仇國,惟金火相革歟?則猶有繼述者。至於支那閎碩壯美之學,而遂斬其統緒,國故民紀,絕於余手,是則余之罪也!」[1]因此,章太炎的思想根基無疑傳統的恪守。這恰恰開了近代承襲和發揚光大傳統文化學派的先河。從尊孔讀經到考證經學史學,從考證經學到考證諸子,從到考證諸子之書又到研究諸子學說思想,從秋秦漢以前諸子學說思想起,而推翻孔孟學說思想

---

[1] 姚奠中、董國炎:《章太炎學術年譜》,山西古籍出版社 1996 年版,第 83 頁。

之獨尊，這是集清代考證學派之大成的路徑。在其駁雜的古文經學思想中，章太炎學術思想的重點是歷史的考核和論證，浩如煙海的歷史典籍成了他出入自如的依據。一部《訄書》所論及的對象、問題、議題、主張十分豐富，大都從歷史的溯源去引古論今，重評古代思想學術。如在《訂孔》、《原學》、《學變》、《清儒》篇什中，對孔子的分析認為是古之「良史」。孔子「次《春秋》，料比百家」（《訂孔》），對古代文化的保存和傳播做出了自己的貢獻，但其總體思想理論水平不高，遠不能跟荀照相比。後來的統治者們不顧事實，「虛譽奪實」，一味抬高「孔學」而貶低「荀學」，結果造成了中國社會的停滯和保守。在傳統儒學與墨、道、法、俠等諸家學派比較中，章太炎能夠較為充分地肯定諸家學派之長。儒學正統的學術將董仲舒作為孔孟以後的儒家的代表，但「董仲舒以陰陽法令」，儼然「教皇」一般，「使學者人人碎義逃難，苟得義祿，而不識遠略」（《學變》）故不得不為揚雄的《法言》讓位。還比如，章太炎以《世本》和《堯典》等著作的記載為據，通過對姓氏的研究，指出了中華民族和其他民族一樣，也經歷了由野蠻到文明、從母系社會到父系社會的發展階段，民族的同化在中華民族的形成過程中起著重要的作用，這是「歷史民族」的自然融合，是社會歷史發展的必然。

章太炎的思想路徑：回真向俗與轉俗成真。除了在古文經學方面，建構了自己的理論體系。同時，又在一個更廣闊的文化視界中凸現其思想的複雜性，表明與其整個時代生活的知識者有著相似相近的文化取向。讀他的《訄書》、《盛世危言》、《變法通義》、《俱分進化論》等論著、論文，雖是佶屈聱牙的古文詞，但不乏近代西方自然科學和社會學說的知識介紹和解說。章太炎的傳統經學的考

證，「國粹」的治學方法，並未影響他對外來文化思想的吸收，相反，形成了自己獨特的新儒學思想模式。他也接受了西方生物進化論和社會生存競爭說，自己勾畫了一個礦物──菌、藻──魚──猿猴──人的進化順序。強調進化的動力是競爭，「滄熱燥濕之度變，物之與之競者，其體亦變。且萬族之相扎，非直滄熱燥濕之比者也」。(《原法》) 但人與萬物有差別，人能群，能組織成為社會，「人之相競以為，以器。……石也，銅也，鐵也，則瞻地者以其力辨古今之期者也。」(《原法》) 他又突出了工具和兵器在人類社會進化中作用，並且指出人只能在社會中才能增進其智力，否則將不可避免地退化：「人之怠用其智力者，萎廢而為猿猴。人迫之使入幽谷，夭於天明，令其官骸不得用其智力者，亦萎廢而為猿猴」。這裏章太炎既承認了「優勝劣敗」的自然法則，又認為人是反抗這一法則的依據。歷史考證的學術態度，與其科學的認識論哲學思想，就是這樣如此統一在章太炎的學術世界裏。他的社會學說思想傳統道德善惡與西方平等、自由個性也結合在一起，並且有自己闡發的獨創，並非人云亦云。他從社會生活和道德規範的聯繫中，個性與群體的關係，生活是由人群組成的。「群必以獨成。大獨，大群之母也」。宗法社會的分離往往正是個性的扼殺，個性變成家族、宗派、地域等宗法關係的附屬品。所以，「小群，大群之賊也」。(《訄書·明獨》) 章太炎批評社會上「入世則以獨為郵」的偏見，強調個性的獨立才滋生新的「大群」，即新社會的母體。即便是普遍追求的自由、平等的西方新潮，也表示出自己獨立的認識。他說，西方國家「始創自由、平等於己國之人，即實施最不自由、平等於他國之人」。這有同情被壓迫民族的一面，更主要出自他的「天下無

純粹之自由，亦無純粹之不自由」（《讀佛典雜記》）的思想命題。對平等的理解也是如此，認為不平等是絕對的，平等是相對的。他將「天地之道，無平不陂」的古代辯證法運用來論證「政平而無威，則不行」，為君臣、父子、男女的不平等辯護，提出所謂「平等難」、「平等非撥亂之要」（《平等難》）的觀點。當然，在他辯證思想的合理一面裏，也包含著模糊的因素。如，他將政治的平等限制於法律的強制和評價的褒貶上，忽視了民族、階級之間的不平等。章太炎的學術思想的獨立品格，建立在文化思想的廣博，乃至龐雜的基礎之上，形成了一代知識者中有個性的學者風範。

總體說來，章太炎作為近代一個獨立學派的學者，作為一個學者革命家的志士，都可謂一個兼有代表性和特殊性的「士」。我們從思想文化內在理路清理出發，更關注前者獨立學者的代表性和特殊性。章太炎整個一生的多彩人生，經歷了學者、革命家、落伍者的轉變和起伏沉浮。我認為唯其人生第一階段的學者品格，是奠定他思想性格的關鍵所在。即便後來落伍者的章太炎，從其骨子裏還是學者章太炎的個性。落伍有其學術品格中矛盾因素極化、膨脹的必然。在其自述「真與俗」的雙向流程裏，實質是追求絕對的是非和價值，與現實割裂和世俗矛盾的衝突。這最真實地決定了章太炎人格本質的孤傲和悲劇的命運。為此，章太炎不僅凸現了自己與同代的知識者康、梁的傳統思想主體有區別，與嚴復的西方英國文化有對立，而且表現了又一獨立思想文化的價值取向和追求，展現了這一代新型知識份子多元文化思想，豐富精神追求的景觀。章太炎作為「清代思想史的押陣大將」（引胡適語）。崇傳統，保國粹，倡百家諸子和佛學，率先創新儒學。他在清王朝衰落之前，來自「士」

階層，最後一位清王朝傳統文化精神的捍衛者。無論是其個人，還是論及王朝，這是一位時代和人生的悲涼歌者。章太炎自謂的「真與俗」的雙向互動，無疑這是一種人生追求的過程，也是一個近代思想文化變革中不可缺少的過程。落伍的章太炎值得我們反思，檢索這個「過程」的成因更為必要。

第二節　王國維：真與美的理想人生

近代中國王朝解體的時代，新與舊的更替，傳統與現代的變革，造就了各式各樣的的時代弄潮兒。章太炎的學者、革命家、落伍者的人生序列，是一種值得思索的知識者精神之路。而近代另一位學人：王國維，有學者稱「世紀初的苦魂」[1]，他是以另一種獨特的自我人生形式，抒寫了紛繁複雜的近代知識份子又一多彩的精神世界。

王國維，字靜安，號觀堂。古人言：文如其人。推而廣之，可否說姓與名的代碼裏也有人格的意象呢。靜安先生觀堂而求靜求安，自律人生，稟性謙和而沉鬱，可見一斑。再看他的人生歸宿，正值人之壯年五十有一，投湖自沉，難思難解其謎，又見其性格一面。最重要的還並不在此方面，王朝的衰落，廢墟裏滋生的精靈，近代新思想文化的探尋者，清理了康有為、梁啟超、譚嗣同、嚴復、

---

[1]　夏中義論著的書名，上海文藝出版社 1995 年版。

章太炎之後，不能不提到王國維。近代思想文化的新思潮的流程中，靜安先生的自我人生的層層迷霧，也是在孕育新思潮時代探索中的縷縷思緒。我將王國維先生納入傳統和現代抉擇的論題下，最主要從維新變法到辛亥革命之年間，靜安先生獨闢蹊徑地走了一條純學者化的思想文化之路。他五十餘年的學者生涯，專著、譯著有六十餘種，而他親手校批的書籍近二百種。他所涉及的學術領域主要包括史學、美學、詩學、戲劇學、文字音韻學、考古學等等方面。這中間許多領域靜安先生是具有開風氣之先的。更重要的是，在這條學者之路上，王國維的學術領域的更變和調整顯得那麼急遽而大起伏的跳躍，他從最初文學哲學突轉為考古學；從早先崇尚人文精神，激揚人本價值，而終未剪掉前清的辮子，最後選擇投水自盡的歸宿。這給我們思索的問題，決不僅僅是王國維本身的思想演變之迷，而是這個典型個案提供了整體近代知識份子成長的豐富層面。

　　王國維的學者治學方式上與章太炎不同是小，更值得關注的是，同為學術研究起步，為什麼章氏成為政治家、革命家，王氏卻溺於考古不能自拔？前者考古落入舊藩籬而後者卻能以新的眼光整理古史、研究甲骨。還有接受西方近代自然科學和社會科學的思想方法，王國維不同於嚴復那種膚淺的經驗論，提倡外來思想文化的接受和介紹，要有一種創造的精神，批判國故傳統，以建立自己民族的思維方式。尤其，在哲學思想方面，王國維比起先覺的康有為、梁啟超、譚嗣同等知識者，也顯示出同樣較高的素養，特別是他對西方文化思想的科學性有了更進一步的理解。但是，王國維一生重學術輕政治，人生跌宕，在這一代知識者中也是不多見的。為

此，探求王國維的思想文化的脈絡，我更傾向將其置於近代知識份子整體成長之中，考察其獨特的思想變更的內在理路。

　　王國維學術研究之途和思想文化傾向的選擇，是尋求哲學和文學轉變中的「無我之境」，一代知識份子在向西方的同時更注意本土傳統的「會歸」。王氏的哲思想主要來源西方哲學的譯介，他是繼嚴復的西學介紹之後，在哲學譯介方面，努力堅持自己學術個性的一人。他不僅譯有《叔本華遺傳說》，而且之後相繼推出了《叔本華之哲學及教育學說》，《叔本華與尼采與叔本華遺傳說》等研究作品，還直接受到叔本華哲學影響的學術著作《紅樓夢評論》。這些研究和譯介不僅僅對西方哲學或叔本華思想的接受、理解後的傳播，而是以一種天才情結，心靈感應，將接受變為自我哲學美學思想的資源。同時，譯介的過程也是他體驗痛苦與解脫，執著與寂寞的過程。王國維努力探求學術的「會歸」之境。他說：「學之義不明於天下久矣。今日言學者，有新舊之爭，有中、西之爭，有有之學與無之學之爭。余正告天下曰：學無新舊也，無中、西也，無有用、無用也。凡立此名者，均不學之徒，即學焉而未嘗知學者也。事物無大小、無遠近，苟思之得其真，紀之得其實，極其會歸，皆俾於人類之生存福祉」。（《觀堂別集·國學叢刊序》）學術研究不分河漢之嫌，正是王國維以此心態接受了叔本華的哲學思想，並反思中國哲學思想的狀況，從而表現出自己的學術個性和獨特眼光。他在閱讀過程中，作為一種人生體驗去接受叔本華的思想，而不是像嚴復在其原理、方法上思考的譯介。為此，他強調對西方哲學從更廣更深的意義上探求的精神，才是一種「會歸」的境界。王國維的《紅樓夢評論》和美學建構的《人

間詞話》，成了中國近代最早的生命哲學的範例之作。叔本華說，
人的生命感悟是一種表現人優勝於動物，但人的生存是比動物更
痛苦的內在東西。而正是這些痛苦使人才神往「那高於一切理性
的心境和平，那古井無波的情緒」，「那深深的寧靜，不可動搖的
自得與怡悅」。[1]王國維在接受過程中本就抱有一種「安得吾喪我，
表裏洞澄瑩。纖雲歸大壑，皓月行太清」之志向。心有相通叔本華
的情愫，由此，在《人間詞話》中創造了「無我之境」的美學理論。
心靈溝通的體驗性思考，也使得他對傳統中國哲學的把握一語中
的，「蓋吾中國之哲學，皆有實際的傾向，而此性質，於北方之學
派中為尤著。……故生活主義者，北方哲學之一大宗旨也。……此
足以見理論哲學之不適於吾國人之性質，而吾國人之性質，其徹頭
徹尾實際的有如是也」。（《戴阮二家之哲學說》）不只是這種「實際
傾向」的哲學特點區別於西方的哲學理性，並且他還指出中國哲學
家多兼政治家的特色，也是有例可尋的。對當前的康有為的學術研
究思想，就認為「康氏之學術，非固有之興味，不過以之政治之上
手段。……彼等言政治則政治已耳，而必欲瀆哲學文學之神聖，此
則大不可解者也」。（《論近年之學術界》）由此，中國哲學的認識，
表現的是王國維的治學和人生態度，也使他在一代知識份子中間顯
示出獨樹一幟。他不苟同康、梁的經世學風，及「文章合為時而用」
的要求，反對學術急功近利。他也並非迷戀「國粹」而像一往不返
的辜鴻銘、林琴南等人一樣，自律守成的崇尚而又有限度。但是，

---

[1]　（德）叔本華：《作為意志與表像的世界》，商務印書館 1982 年版，第
563 頁。

他又不同於嚴復「國粹」式的保守來反省中國文化思想，建立一種文化接受的新方法。王國維並非在學術上推拒新思潮，其主要在於堅持清者的沉潛和治學的自律，對一切事物都抱有一種自己的尺度，有自己的理想追求，從而奠定了他學術研究的個性。

王國維的學術個性化，具有一代知識份子的特殊標識的意義。他的精神追求和時代選擇，雙重人生形式中王國維的獨特性格，透視了近代人文精神的另一種走向。王國維作為學者的獨特性格，許多的研究者已經予以了總結，對其悲劇的人生和自律的治學方式均有精當的剖析。比如，較早有分量的是加籍華裔學者葉嘉瑩的《王國維及其文學批評》[1]專著，國內是青年學者夏中義的《世紀初的苦魂》[2]論著。他們在側重論析王國維的文學、美學、哲學思想的獨特個性和藝術價值的同時，更注意了人格形成和演變的過程，及來自心靈世界的內在諸多因素的清理。前者葉著有專章分析王國維性格和時代的關係如何影響學者之路的。然後，再細緻清理王氏的文學批評的建樹。後者雖先理性透視王國維的美學、哲學的思想王國，但特別注意整體性地辨析王氏學術之路的經驗，人生發展的成敗得失。這兩部專著研究者強烈的主體意識，顯示出對王國維研究的深入。但是，我認為認識王國維的學者人格，尤其是他的這種人格所代表的一代知識份子人文精神追求的典範性，尚被研究者注意的還不多。

近代中國知識份子感時報國，民族憂患特別凝重，這是深受傳統文化影響有關。所以，鴉片戰爭以來的有識之士都是愛國主義

---

[1]　河北教育出版社 1997 年版。
[2]　上海文藝出版社 1995 年版。

者，而戊戌變法以來，新型知識者的誕生，更是以最鮮明的「急務」近利姿態，調整著文化思想的思路。即便對外來文化的傳播介紹，也多少是一種務實的取捨、吸收。上述論及的康、梁和嚴復，就是兩類較為典型的新型崛起的知識者的代表。我將章太炎和王國維列入傳統和現代抉擇中另一類知識份子，是說作為學者起步，面對文化困境，他們有相似相近之處。實際上他們之間同為學者型也是有較大區別的。章太炎是屬於性格剛直不阿型的學者，王國維卻是情感纖細內省型的學者。兩位都處於大時代急變下的矛盾困境的選擇，前者多為理性的反思，後者崇尚理想之天性。章太炎為狂士俊傑，王國維是性情中人。最重要的是他們，獨特人生前半期，即辛亥革命前都經歷了從學者生涯的追求到人生的急變過程。而在這個轉變過程中，作為學者面對傳統與現代的更替，一個以求真求俗，一個求真求美，表現了人文學者的不同價值取向，精神追求的豐富人生世界。在那個多亂、多變的時代，王國維的執著追求心目中至真、至善、至美的理想，並且一生之為學與為人所表現的也便正是對這種理想的持守。這應該說，對於一個學者確實不易。因為，他是以一種個人與時代緊張對立下的生存。王國維的文哲之學的獨特感悟，充滿痛苦、憂鬱的性格秉賦，最終的赴水而去的歸宿。有人將其歸納為「憂生——憂世」的人生之路。王國維的選擇，固然是人文學者的悲劇，但是他能夠產生一種值得我們思考的精神祈向。我們發現王國維二個獨立精神奇觀：一是他學術造詣極高的爆發期，恰恰是民族危難深重之時。1904 年發表處女作，1905 年有《靜庵文集》問世，1907 年刊行《靜庵文集續編》，1908 年又完成《人間詞話》……。可以見的王國維的學術精華與一個禮崩樂壞的王朝

解體幾乎相同步。「國家不幸學家幸」，危境憂患之中倒有人文精神自由空間的並存現象。這是很值得耐人尋味的現象。二是王國維一生鄙薄功利，輕視任何有目的之欲求。他唯獨尊學術，又深深地陷入純學術之迷中不能自拔，每每談到自己文哲研究時苦痛難脫。「余疲於哲學有日矣。哲學上之說，大都可愛者不可信，可信者不可愛……知其可信而不可愛，覺其可愛不可信，此近二、三年中最大之煩惱。」（《靜庵文集續編・自序二》）靜安先生不為時勢所動，不以政教之見雜之，並且又表現出以生命的真誠唯問學術。學術追求伴隨著痛苦、寂寞，又來源於人生的體驗和智慧。這是一個真正的曠世哲賢。近代人文學者面對解體王朝的廢墟，身置大變動的時代，能夠擺脫一切利害得失之念，沉潛於至真至美的境界，追求「顯顯焉力索宇宙之真理」（《叔本華與尼采》）的精神。可數之列的也只有王國維一人了。

王國維的學術求真求美，就治文哲之學的前半生言，在生命的體驗中建構了現代詩學的雛形，開這一代知識份子理性化的生命哲學之先河。近代以來與王國維同時代，或前一期的學者治學之途，不外乎政治驅導下的前實，或外來文化的接受模仿。強烈的現實感很少能使學者有更多的心靈淨化，再加上中國傳統文化的重倫理載道輕人文個性思想潛移默化的影響。我們看到在王國維之前的學者有自己獨立美學思想的並不多見。

王國維獨特的學術思想首先在於他堅信萬事萬物的不確定性，尤其文化建設的深與遠的大視野。「夫天下之事物，非由全不足以知曲，非致曲不足以知全，雖一物之解釋，一事之決斷，國深知宇宙人生之真相者，不能為也。……故深湛幽渺之思，學者有所

不避焉，迂遠繁瑣之譏，學者有所不辭焉。事物無大小，無遠近，苟思之得其真，紀之得其實，極其會歸，皆有裨於人類之生存福祉。己不竟其緒，他人當能竟之；今不獲其用，後世當能用之。世之君子。可謂知有用之用，而不知無用之用亦。」[1]王國維的學術眼光顯示了他在那個文化轉型的時代，為思想文化的建設立在實處，而不是浮於表層的獨特價值。

　　為此，我認為王國維的個人學術之路，實際提供了近代思想文化建設的兩種非常重要的思路：其一，傳統文化的解體，外來文化吸收的價值轉型期，王國維文化眼光確定了文化取捨的無為平等的原則，旨在尋找自我與文化轉型的契合點。這一思路能夠看到王國維無論在評述中國文化、文學，或戲劇等具體的現象時，還是在叔本華、尼采等崇尚的外國文化、文學家的介紹接受過程中，都呈現不同於別人的獨立思考。儘管他在自己的圈子裏有時是自我的迷失，但是他能夠在主體的世界中個性化得到充分張揚。個性人格的凸現，即便是憂鬱的、困惑的，也是學術探索的正常現象。轉型期他的中西共融的學術姿態，既是打破封閉，又是開放的守成。這在那個時代的知識者中確屬不易。他說：「中西二學，盛則皆盛，衰則俱衰，風氣既開，互相推助。且居今日之世，講今日之學，未有西學不興，而中學能興者；亦未有中學不興，而西學能興者。」「故一學既興，他學自從之，此由學問之事，本無中西。彼鰓鰓焉慮二

---

[1]　周錫山編：《王國維文學美學論著集》，北岳文藝出版社 1987 年版，第 180-181 頁。

者之不能並立者，真不知世間有學問事者矣！」[1]正是這種態度和視野，王國維批評康有為的《孔子改制考》，譚嗣同的《仁學》等著述，以為他們「於學術非有固有之興味，不過以之為政治上之手段。」(《靜安文集‧論近年之學術界》)甚至對當時影響極大的嚴復思想也表示了自己的不同認識，並且所指他的外來文化接受的偏頗，也是十分中肯的。如說，嚴復僅僅是對英吉利的功利論和進化論之感興趣，而非真正純哲學化的科學理解。獨立的學術品格正是創造性文化建設的基礎。其二，在吸收西學更新知識的時代，王國維獨尊西方人文主義思想，率先在近代中國傳播生命哲學，建構中國文學批評的理論，從而強調了文化思想建設的本體意識。中國傳統的文化思想的體系性不強，文學批評的理論更是如此。王國維可以說是最早用西方的理論建構中國文學批評體系的之人。他的《紅樓夢》評論的重要論文，是把叔本華的悲劇的生命哲學直接引入對中國文本的分析研究之作。並且闡述中首先將哲學和美學的思想體系的建構放在第一位。這在他之前的研究者，甚至古文論中也不多見。隨後，他的《人間詞話》論著，更是以開拓性的文學批評理論「意境說、境界說」，體現了中國文論體系化完成之典範。這部以西方人文主義精神為基點，吸收中國傳統文論之長，開創近代中國現代詩學、美學理論的先河。它從表明上看來與中國相沿已久之詩話詞話作品體式，實際上假借西方之哲學，所致力於運用自己的思想見解，嘗試將某些西方思想中之重要概論融會到中國傳統文學理

---

[1]　周錫山編：《王國維文學美學論著集》，北嶽文藝出版社 1987 年版，第178-179 頁。

論中來。最重要的地方，這些開創性的理論與他的學術人本主義意
識密切相聯繫。悲劇人生的「紅樓夢」思想探微；主觀抒情詩人與
客觀之詩人的區別分析，詩詞的本體與抒情藝術的心靈觀照，都可
見王國維將自己生命、情感、思緒、稟性、心靈的感應等等，融入
詩學的建構之中。學術探索的孤苦追蹤，與人生意義的探尋，人的
生命終極關懷，緊緊地聯繫在一起。王國維是最早注意到近代思想
文化建設的歸宿和意義的一人。從這個意義上說。他的一切學術理
論、思想體系的之不足，都可以因其思想文化的獨特貢獻而為理解。

　　王國維一生追求人生的終極關懷，沉溺於純學術的精神世界，
性格的憂鬱和仕途的沉浮，以及開放的視野，都集於一身而重重疊
疊。矛盾、困境、痛苦、感傷的情懷，孕育了獨立的個性和學術品
格，也有意無意地提供了思想文化建設的一條新途徑。

第三節　蘇曼殊：新舊徘徊的「斷鴻零雁」

　　王國維的現代詩學、美學的理論建構，已使我們看到那個解體
時代的知識者對思想文化建設的深入。學術品格的個性化建築了獨
立詩學體系的大廈，王國維給思想文化提供了更為豐富的建設層
面。如果說王國維是以生命體驗建構了哲學的理性世界，那麼蘇曼
殊是以生命體驗表現了一個鮮活的獨立感性世界。王國維學者的執
著中的孤傲苦痛到自沉的獨特悲劇人生。蘇曼殊年幼父母離異，幾
次出家學佛，又多愁善感，因病而英年早逝。雖然他們表現了獨立

思想家、文學家共同的生命之不幸，但是，蘇曼殊是一位大悲哀大智慧的性情中人，天才的文學家。他以感悟人生的詩文，首創中國現代文化建設的詩意象徵。

被柳亞子評為「不可無一，不可有二」的蘇曼殊，「性情奇，行止奇，思想奇」，而「文章藝術尤奇」。[1]他有詩集《燕子龕詩箋》，有文集《燕子龕隨筆》，「燕子龕者，曼殊所以自名其漂泊無定之住處也」。他還有成名作小說題為《斷鴻零雁記》。這些作品的名字都有曼殊人生的象徵。無論無定所的「燕子龕」，還是「斷鴻零雁」，都是離群的候鳥，恰恰是蘇曼殊一生三次出家，多次出海尋母，漂泊人生的意象。這一人生意象不僅僅是身為近代知識份子精神困境的象徵，而且更重要是在近代中西文化交彙中滋生的一種新的精神現象。它不是以文化激進或守成表現出思想文化的革命派和落伍者，也不是以學者文化重建的執著表現為理性和感性的互相調節或孤守己見。生命意象的本身還說明，蘇曼殊追求的是自我個體世界的精神家園。一方面他有自己獨特的人生境遇：生於日本橫濱，父為旅日華裔，母為日本人。但自己是並沒有名份的私生子，父母後又離異，幼小的心靈從未得到父母的慈愛。6 歲隨後母返鄉，又多受封建家族的種種冷遇。13 歲至上海，現象英文。1898 年再度赴日本，入橫濱大同中學，1902 年入東京早稻田大學。這中間曾以反叛之舉投入佛門，但很快因犯戒而被逐。1903 年輟學返國，歸國途中，以假遺書，託辭投海自殺，從此浪跡江湖，又二次受戒為僧，法號曼殊。從小身心受到壓抑，成長之路又多有坎坷，青年便

---

[1]　馬以君箋注：《燕子龕詩箋注・前言》，四川人民出版社 1983 年版，第 1 頁。

多愁多慮多病，年僅 35 歲便離世而去。另一方面他不滿 20 歲時，在日本就先後加入青年會、義勇隊、學生軍等革命團體。回國後，在上海任《國民日日報》翻譯，與陳獨秀同譯世界名著雨果的《悲慘世界》。其中多有改動，意在影射晚清社會，借翻譯之名一吐心中積鬱。1904 年曾欲暗殺康有為。1907 年還與章太炎等在日本發起組織「亞洲和親會」。著《梵文典》8 卷。1908 年出版《文學因緣》，譯《拜倫詩選》；同時，著後來影響極大的成名作《斷鴻零雁記》等自傳體小說。他還加入「南社」，發表過《討袁宣言》，自稱「革命和尚」。蘇曼殊自己的這種特殊人生之旅，是個人的不幸和積鬱，民族的危難和憂患；出家與愛國，個人悲歡與民族尊嚴，中國傳統文化和西方文明等等多重矛盾中的或有意為之的選擇，或無可奈何。選擇本身就是一種艱難。蘇曼殊不同於他的同代人，是以個體的「其哀在心，其豔在骨」的方式，纖細情感，人生苦痛和心靈哀傷，全化著了文學的精神象徵。他以人類之愛，人性的張揚，表現出個體對群體的回歸和國家的維護。由此，他的思想文化的路向，並非有意為之的急功近利之激進或保守，也不是純理性化的思想體系之建構。他憑著自己的心靈感應，真切的獨特人生苦痛體驗，由文學的感悟和表現反映出思想文化的一種精神生態。這是那個新舊交替的時代，人文知識者的普遍生存狀態。具體說來，更多是一種充滿矛盾的精神世界，真誠地袒露多重文化選擇中困惑的心態。

蘇曼殊的短暫人生之旅，不幸的家庭和個人境遇，代表了那個變革的時代，傳統文化的演變在活生生的中國知識者身上所作出的典型反應。我認為蘇曼殊的文化人格考察，比起單純的一個文學家的蘇曼殊，更具有思想的價值。他不僅僅在於後人從某一個角度，

冠其「詩僧」、「情僧」、「風流和尚」、「革命和尚」等稱號，而且也不在說他一生極富傳奇性的經歷。蘇曼殊作為一代知識份子的典型現象，尤其新舊文化轉型的時代，他恰恰以一種文化綜合的整體體現了自己獨立的文化人格。他處處表現出亦新亦舊、亦僧亦俗、亦俠亦儒、亦中亦西等等一系列的困惑和矛盾。美籍學者李歐梵曾在他的《中國現代作家的浪漫一代》的長篇論文中，通過與林紓的比較非常中肯地指出，蘇曼殊在舊文人中已離「儒生的典型相距很遠了」，「他概括了這個過渡時代的晚期」。「蘇曼殊通過他的作風和藝術，不僅『體現了舊時代的這個文學和西方的新鮮的鼓舞人心的浪漫主義的巧妙融會』，而且體現了他那個過渡時代，這個情緒的無精打彩，動盪不安和張惶失措。[1]」李歐梵的評論最重要地予以了蘇曼殊一種文化歷史的定位，便由此而對其進行的文化人格心理狀態的逼真透視。這種概括很是耐人尋味。將此思路進一步引申，就不難發現蘇曼殊浮於表層的種種悖論現象了。

　　先從他的內在性格到天賦稟性上看，作為一個私生的中日的混血兒，生理上就帶有父母的優質血液。但是，蘇曼殊的稟性一開始就包含著天才的聰慧和精神的憂鬱的雙重基因。他學詩作畫，悟性極高，許多知識才能的學習是無師自通。據陳獨秀介紹：「曼殊是一個絕頂聰明的人，真是所謂的天才。他從沒有好好兒讀過中國書，初到上海的時候，漢文程度實在不甚高明。他忽然要學做詩，但平仄和押韻都不懂，常常要我教他。做了詩要我改，改了幾次，便漸漸的能做了。在日本的時候，又要章太炎教他做詩，但太炎不

---

[1]　轉引楊義：《中國現代小說史》第 1 卷，人民文學出版社 1986 年版，第 61 頁。

曾好好的教，只由著曼殊自己去找他愛讀的詩，不管是古人的，是現代的，天天拿來讀。讀了這許多東西以後，詩境便天天進步了。[1]」蘇曼殊 26 歲就寫《本事詩》，在其組詩中與當時詩壇高手陳獨秀、柳亞子等不相上下。學做畫有記載，蘇曼殊六歲畫的輪船就維妙維肖，到 17、8 歲就能為教科書繪圖並兼教美術。所以，蘇曼殊不只是有極高的美術作品，並且對繪畫理論也有建樹。他的《畫跋》、《畫譜·自序》和小說《斷鴻零雁記》中都可見一斑。比如他評西村澄的《耶馬溪夕照圖》就說：「有唐人之致，去其纖；有北宋之雄，去其獷；誠為空谷之音也」。這種繪畫理論素養非一般人能夠達到的。蘇曼殊的天賦與他的藝術家的纖敏、沉鬱又總是聯繫在一起。他天性的純真，易變的情感，多慮的神經，時常動情亦哭亦笑。他傷感的身世和失去溫暖的家庭，總是刺激他的神經，心頭長期的積鬱著痛苦，觸發他時而感傷時而激憤。這就有了他「春雨樓頭尺八簫，何時歸看浙江潮？芝鞋破缽無人識，踏過櫻花第幾橋！」（《本事詩·之九》）的自我寫照的詩篇。他客居異邦的僧人，浪跡天涯、孤獨的漂泊者。在蘇曼殊的世界裏，文學的詩篇詩他「尋愁覓恨之具」，寺廟佛門是他逃避之處。「禪心一任蛾眉妒，佛說原來怨是親。雨笠煙蓑歸去也，與人無愛亦無嗔」。（《失題·二》）為此，蘇曼殊學習梵文，研究佛學都有很深造詣。無論到祗垣精舍任教，還是撰《告宰官白衣啟》、《儆告十方佛弟子啟》以及編譯《梵文典》，為婆羅門僧當翻譯，籌辦梵文書藏等，都說明對宗教佛學十分投入，

---

[1] 柳亞子：《記陳仲甫先生關於蘇曼殊的談話》，柳無忌編：《蘇曼殊年譜及其他》，上海北新書局 1928 年版，第 283 頁。

並且企求從中覓得理想境界的「桃花源」。他在《梵文典・自序》中曾說:「抑今者佛教大開光明之運,已萌於隱約間,十方大德,必有具奮迅勇猛大雄無畏相者。」可以見的,蘇曼殊的佛學研究與僧人生活對形成其文化觀,鑄造其性格是有內在聯繫的。蘇曼殊的天才秉賦,從其知識結構的語言方面看,他精通漢文、梵文、西文等多種語言,在同代人中是唯一的生命的血緣就聯繫著多種文化的積澱,天才的智慧一開始就是文化的撞擊和交流中的抉擇、篩選。他的文化策略和文化態度、心理,也由此呈現出選擇的迂迴,篩洗的睿智和困惑。這主要表現為蘇曼殊受戒求佛,潛心文學藝術的人生表現,以求得文學精神世界的自我完善。

　　蘇曼殊的主要的文學實踐活動:一是譯介西方浪漫主義文學的先驅者,二是自成風格的詩歌、小說創作。他以開放的視野形象化地揭示了過渡時代的文化心態:傳統與現代、中與西、新與舊的多重困境中的抗爭。蘇曼殊天性浪漫,風流倜儻,不受世俗禮儀的束縛,寫詩感懷或美的追求,或苦澀心境的袒露,或寄情山水……。蘇曼殊的詩創作並不多,但深得好評。在晚清社會的沉悶時代氛圍中,他以抒情小詩別開生面。有人說:「全以真誠的態度,寫燕婉的幽懷,不染輕薄的習氣,不落香奩的巢臼,最是抒情是中上乘的作品。」晚清最大的社團——南社,蘇曼殊就是該社的一個重要詩人。但是,我覺得蘇曼殊詩的才能,浪漫主義的情懷,是蘇曼殊的歐洲一大批詩人詩作浪漫主義作品的介紹,並且是以心靈的感應對拜倫、雪萊、歌德等為人為文的推崇。比如,從拜倫的個性解放,崇尚真情,狷介孤高,憤世嫉俗等人格精神追求中,看到蘇曼殊詩風和人格的效仿。1908 年出版的《文學因緣》就是以開放的文化

觀去譯介歐洲浪漫主義的詩人詩作。蘇曼殊用傳統的漢魏古詩之風格譯詩，雙向交流於兩種文化之中，全景觀照中國作品與外國詩人的異同。在「自序」中說：各種文化氛圍的詩歌具有不同的民族語言特質，「夫文章構造，各自含英，有如吾粵木綿、素馨，遷地弗為良」，「況詩歌之美，在乎族長短之間，慮非譯意所能盡也」。[1]

蘇曼殊的《文學因緣》是最早用比較的方法，將中國文學和西方文學置於平等的地位，從一個世界文化系統來考察不同民族文學的。書名題為「因緣」，可見蘇曼殊的假佛學之名，逼真傳達探源文學的形成和認識文學的條件。所以，蘇曼殊一方面對拜倫等浪漫主義情性、氣質、文采推崇倍致，一方面又保留漢魏古詩的古色古香，清麗拙樸之語言特色。他的譯詩被人稱為近代三種格式之一，不同於馬君武的格律式和胡適的白話式，而以格律較疏，則辭義皆達，雖不拘五七體，但漢詩之形貌依存。蘇曼殊從譯介詩歌的選擇中，從兩個方面表現了文化過渡時代，個性精神的取向。一是傳統的「詩言志」轉向內心自我心靈的率真表露；一是突破格律重視自成體式，亦新亦舊的形式徘徊。從而預示了一個大變動的前兆，文學變革自覺承擔了文化變革的載體。蘇曼殊的小說雖問世於辛亥革命之後，但是文化轉型期的探尋卻在政治革命之前運作。他的小說創作過去文學史僅僅從創作內容和形式上強調其自傳體的愛情本真描摹，而忽視了運作文學文體的文化價值和意義。

他的成名作《斷鴻零雁記》，文學史記載刊行 1912 年《太平洋報》，實際上從醞釀、寫作到發表都是在辛亥革命爆發之前，或者

---

[1]　馬以君編：《蘇曼殊文集》（上），花城出版社 1991 年版，第 294 頁。

確切地說，正是孕育這場革命的高潮之中。[1]這就給我們一個提問，為什麼蘇曼殊在革命高潮之時，選擇了一個哀淒動人的愛情故事，一種自敘傳的方式呢？這個期間蘇曼殊在日本思想較為活躍，與反清的革命派光復會、同盟會過往甚密，自己也參與其中。但是蘇曼殊並沒有把這種思想情緒帶入其創作中，相反，選擇的小說文體卻傳達出內在精神的另一面。這裏看到的不是他思想的激進，而是情緒惆悵和寂寞的苦痛。一種他鄉異客漂泊者，對現實的形勢不甚明瞭的茫然。所以，細讀小說中三郎的愛情悲劇和個人飄零經歷，及迴旋於作品中陰沈、哀怨的氣氛，實際構成了更為貼近現實生活一代知識份子的心靈歷程。小說中三郎東渡日本尋母，與日本表妹靜子的愛情，又使得人物心靈歷程融於一個較大的文化背景裏，從而有了更深的文化意蘊。在就文學史小說發展看，蘇曼殊的者這部作品也不是簡單的情愛故事。在蘇曼殊嘗試小說創作之時，中國文壇正以言情小說替代晚清的譴責小說，《青樓夢》、《九尾龜》等一類作品佔據讀者的閱讀視野。蘇曼殊的作品有言情之嫌，但裏挾著情愛的外衣，是作家文化接受的再創作，是作家對傳統文化的反思。一種中國傳統小說所未有的自傳體形式，宣洩著一個獨立自我的主觀情緒。哀怨、悲泣、纏綿的情緒，卻是真實的心靈之聲。一個時代的結束，一個王朝的解體，最先是來自先覺者的心靈振盪，知識者的心靈感應。蘇曼殊儘管沒有理性的文化思考和體系化的文化建構，但是文學的作品的精神導向提供了一個活生生的文化載體，形象地揭示了文化轉型的生命形態的典範。他的《斷鴻零雁記》一舉

---

[1]　見毛策著《蘇曼殊傳論》，中國人民大學出版社 1995 年版，第 84-86 頁。

成名，被稱為近代的《紅樓夢》廣為流傳。隨後，蘇曼殊又完成類似的系列小說產生較大影響，最重要的不僅僅是在小說本身，而是其保留著一種文化過渡印跡。無疑，這應該進入我們文化思想史清理的視線範圍。

綜上所述，章太炎、王國維、蘇曼殊三位近代知識者的代表，從文化思想史的角度說，並不在於他們獨特的學術個性所具有的位置，而是他們共同地反映出歷史過渡時代，變革來自文化學人精神主體的困惑與矛盾、徘徊等真實心態。尤其，精神追求的不同，還真實地反映豐富多層面的心態。章太炎的學者與志士，王國維的多變時代與忘情世亂，蘇曼殊的傳統道德與個性人格，都在不同層面揭示了一代知識份子在新與舊、現代與傳統的交替之時，自我獨立的個性追求和張揚。他們比起前述康有為、梁啟超、譚嗣同的直接參與政治變革，或輿論干預社會，更具有文化人格精神思想的價值和意義。甚至，與嚴復的學術救國，立志向西方尋求民族富強為己任相比，這三位「士」，或曰「學人」也罷，最主要他們對學術、對國家、對政治，都本著「歷高節，抗浮雲」，「不從流俗」的獨立文化人格是第一位的。歷史的徘徊，時代的轉型，造就了這一批知識份子，而他們的存在恰恰反映了時代與歷史的進步。精神獨立的人格與文化思想的品格，才有社會歷史的穩健步履。20 世紀初葉的這批中國知識群體滄桑躊躇又朦朧覺醒，大都以雙重（甚至多重）人格，矛盾心態，迎接著新世紀的到來。

第五章 群落聚散兩由之

　　歷史的演進發展總是與傑出的文化思想偉人的卓越貢獻聯繫在一起的。一部近代精英知識份子的文化思想發展史，自然，是同上述康有為、梁啟超、譚嗣同，嚴復、章太炎、王國維等等文化思想代表人物，新觀念、新思想、新知識的自覺建設和重構分不開的。但是，近代中國社會文化思想的歷史進程，不同於傳統的中國封建社會的王朝更替，一個重要的文化思想因素，就在於文化思想先導的啟蒙運動中，近代以來，傑出才能的文化思想偉人受到了歐風美雨的洗禮，個體到群體的現代意識逐漸增強。在王綱解鈕的時代，擔當推動歷史前進的一代先覺的知識者們，以不同地獨立思想建構的個體，率先接受西方新思潮的影響，不僅僅自覺地鑄造了自己新的文化人格，而且也自覺地參與了文化群體的建設。恰恰是一種自覺與不自覺的文化群落的形成和發展，即聚合與散落的過程，將中國新一代知識階層推向了與傳統徹底決裂的漫漫旅途。在痛苦的精神蛻變中，形成了新型現代知識份子群的雛型，便由此透視出一種新的文化思想走向深入的徵兆。

第一節　新知識界從個體到群體的演變素描

　　19 世紀 80 年代末的中國，康、梁為代表的變法維新壯舉，儘管是一場流產的革命，但是它確確實實地引發了中國幾千年社會價值觀的根本轉變，而且也涉及到人格理想和道德觀的根本轉變。當人們開始向傳統秩序、向傳統文化價值、文化制度提出挑戰的同時，我們非常高興地看到這場思想變革的震盪已經逐漸地影響到中國士紳階層，不再是少數知識者的個人行為，新的思想革命的衝擊波已擴大到更為廣闊的士紳知識階層。其主要標誌還不在於範圍拓展的層面，而是來自整體知識文化界內部自身階層的分化，一個新的重要的社會群體——中國現代知識份子群體的真正崛起。他們是新思想和價值的傳播者，更是現代群體觀念的最先倡導者和實踐者。

　　現代新中國知識份子群體從嚴格意義上講，主體是一批最先接受西學的開明士紳，其次是廢科舉建學堂以後的新式學堂的學生，再次是走出國門的留學生，由這三部分人組成。顯然，以群體形式出現的現代中國新型知識群體，從綜合的共同因素看，主要是受西學東漸的影響最為直接。這個階層的個體代表康有為、梁啟超就是最好的例證。但是，仔細清理從傳統士紳到新知識者，就會發現有一個過程，尤其，文人士子、士紳階層的群體意識的認識，中國傳統社會觀念和文人的群體意識，是有自身發展線索的。俗話說：「人以群分」。這是真正來自民間最早的群體意識，而群落方式和群合行為自然也是最先流行於市井民間。通常所說的地緣、血緣，家族祠堂、同庚同鄉等等人與人相處的關係和紐帶，「群」的概念基本局限在這個範疇。從統治者上層來說，相當長的時間對群體加以制

約規範，以使群體不侵犯統治者的利益。「君子朋而不黨」，孔子的意思非君子而群，必形成朋黨，從而禍患國祚。甚至，到了清末保守人士還在大肆反對群體，就有人說：「天下之大患，曰群」，若師道不嚴，學生則囂；市井相聚，則變為哄鬧罷市，這都是由於群的緣故。[1]一直到明末以後，對群體認識才得到較為廣泛的社會支持，而至清季，中國歷史上結社的倡導和社會群體的組織，相應地有了較多地肯定之聲。這時雖然仍有保守勢力維護君主獨裁，但是在維新人士的崛起，維新變法的大趨勢下，高漲的群體意識更為深得人心。康有為說：「夫物單則弱，兼則強，至累重什佰仟萬兆京陔之則益強」；「故一人獨學，不如群人共學；群人共學，不如合什佰億兆人共學」。又說：「學則強，群則強」[2]。另一位維新人士梁啟超也看到「道莫善於群，莫不善於獨。獨故塞，塞故愚，愚故弱；群故通，通故智，智故強」。[3]正是由維新變法的社會政治思潮和維新人士的積極倡導，傳統的群體意識在近代中國有了長足的進步，突破了傳統封閉性、排他性的朋黨，也從民間的宗族祠堂、血緣、地緣紐帶的結社成群中解脫出來。康、梁的資產階級政治改良、君主立憲的主張，大大加速了群體意識的政黨化組織化的進程。1895 年康有為等在北京創立「強學會」，開近代中國群體化政黨的先河。以政黨化鼓蕩民眾變革的情緒，「強學會」的宗旨，「專以中

---

[1]　王先謙：《虛受堂文集》卷一，《群論》。

[2]　譚嗣同：《康有為全集》（2），《上海強學會後序》，上海古籍出版社，1992
　　年版。

[3]　中國史學會編：中國近代史資料叢刊《戊戍變法・論學會》第 4 冊，上海
　　人民出版社，1957 年版。

國自強而立，以中國之弱，由於學之不講，教之末修，故政法不舉。今者鑒萬國強盛弱亡之故，以求中國自強之學」。[1]可見，聚合時以圖中國自強，是代表民眾之意。隨後「強學會」雖被清王朝封禁，但恰恰更激發了群體聚合的要求。1898 年康有為上書求變法，在更大範圍掀起了群體聚合的願望。不僅有較大的保國會，而且還引發了各地學會也紛紛創立，諸如粵學會、閩學會、陝學會等等。如果說這些「學會」群體聚合目的還主要是各地倡導君主立憲的保國保皇，參與政治的範圍，那麼，清末的最後 10 年間，群體開始跳出了官僚統治的政治圈子，擴大到文化思想、商業經濟的學會社團。據桑兵引張玉法的《清季的立憲團體》的統計，這 10 年裏國內各地及海外各埠的社團達 668 個，其中 1900-1904 年間成立的僅有 37 個。但是，桑兵進一步考據，這期間商會就有 900 個，到 1909年，各地還共建成教育會 723 個，而上一年僅有 506 個，可見數量之多，速度之快。[2]這些社團的出現標誌著新的社會群體意識的加強，而它們不同的群體類型又反映出社會關係的重新分化組合的變動意向。這恰恰體現出社會大變動的積極因素在醞釀著。社團組織作為新的社會關係的紐帶，既表現了傳統的血緣、地緣紐帶的完成，又顯示了現代的新型社會結構的孕育和滋生。更重要地推動了社會整體性的變革，為思想文化的啟蒙運動提供了廣泛的社會文化基礎。

---

[1]　康有為：《上海強學會章程》，《康有為全集》（2），上海古籍出版社，1990年版。

[2]　桑兵：《清末新知識界的社團與活動》，北京三聯書店 1995 年版，第 274 頁。

　　與這些寬泛性的保國會及各地的學會相聯繫的,是這些社團組織的成員動向和文化選擇的問題,更值得我們細緻清理它們的類型和流變的線索。19 世紀 90 年代,是中國清王朝的最後解體之時,新知識群從變革的政黨及地方自治的商會、學會為先導,開始逐漸地注意到群體文化思想內容與形式的建設。這個過程從其演變軌跡上,是對洋務運動的批判和繼承。以地方自治的各種學會,將社會改革的重心由期求外國技師,熱衷引進國外軍事工業為中心的近代洋務運動,轉變為立足從鄉村出發謀求中國全體的富強。這就是前述譚嗣同的「仁學」思想的重要內容之一。譚嗣同把世界作為「仁通」的一體性,其把握天本的立場,與維持共同體的村落的目的是相應的。他強調:「仁以通為第一義」,「仁」既是萬物之源,天地之始,又是人際關係的原則。「仁從二從人,相偶之義也」(《仁學・自序》)。因此,譚嗣同在湖南創立強學會為會長,聚合開明鄉紳組織學會,推進改革。他說:「大哉學會乎!所謂無變法之名,而有變法之實者此也。黃種以之為靈,中國以之而存,孔教以之而明」,[1]而且,人生最重要的是平等、自由之權。顯然,譚嗣同對學會性質的認識,代表了鄉紳階層從傳統的鄉村秩序裏走了出來。當譚嗣同強調維持鄉村共同體的村落,追求自治經濟,自由平等的發展等「仁學」思想時,標誌著在中國封閉的鄉村也有了資本主義萌動的資訊。

　　19 世紀 90 年代的中後期,近代中國新社會集團的誕生,即一支新型的知識份子隊伍的崛起。正是這種萌動的資訊得到廣泛性擴

---

[1]　譚嗣同:《譚嗣同全集》,《壯飛樓治事篇第三・學會》,上海古籍出版社,1992 年版,第 93 頁。

展的效應。其特徵表現為這個群體的組成完全脫離了傳統的士紳集團，主要成員多為其中殺出來的一批叛逆的開明士紳，與剛剛在新式學堂裏培養的青年學生。這兩部分人最大的特點為：首先，在西學的傳播過程中自覺地接受新思想，探求新路徑。其次，他們大都呈現雙向互動的方式，以較為開放的視野，進行著一系列雙向的多方位文化思想的交流。比如，新的群體成員之中開明士紳與學生的結合，經商與辦學教書結合；城市與鄉村的交叉，沿海與內地的交叉。再次，這些新知識份子階層主要出身於中、上層階級，至少受過一定的傳統教育。而且他們比較年輕，大都有外出遊學的經歷，具有新的世界觀。在舊傳統剝離的過程中，他們從個體走向群體。如果譚嗣同是從樸素的天本立場意識到自由組合的群體價值觀，那麼，嚴復則是借近代西方人文思想表現出對合群的新闡釋。嚴復的《群己權界論》論著，集中代表了新的人文精神的群體意識。他較早地接受西學，以科學的進化論和人道主義的民主思想為武器，論述個體與合群、自由與合群之間的關係。強調「鼓民力、開民智、興民德」與合群的一致性。「民」即代表群體的特性。而在個體與群體的關係中，嚴復認為「以自由為體，民主為用」，所以，自由乃是民主的精神及其基本特徵。他通過接受赫胥黎和斯賓塞的進化論思想，在其《天演論》裏，天才地闡釋了自由與群體之間的矛盾關係。群與群爭，能群者存，不能群者滅；善群者存，不善群者滅。天演競爭包括內部與外部兩個方面相輔相成的有機互動。個體之合力將凝聚為強大的群體。嚴復的合群思想與梁啟超籠統地獨立人格的「新民說」相比，是將個體發展和國家強大合而為一，更有了意味深長的深層文化內涵。而不是浮於表面的社會政治功利。從而將

康、梁為代表的維新變法和流產的政治變革，從思想觀念的變更出發，重新引導歸理到思想啟蒙的正途。就上述兩支獨立的新型知識份子群體而言，譚嗣同代表了蛻變中的士紳，由封閉、保守到開放、開明。嚴復體現了新式學堂的青年學生或留學生，在思想文化上人文精神的獨立追求。後者更集中地承擔了王朝解體的掘墓人。

　　但是，尋其留學生的實例，真正地從個體到群體的文化走向，嚴復式並不是最為典型的。從早期留日學生眾多社團中，不難發現這個群體成長與近代中國實際要求，更直接地制約了現代文化價值的選擇和走向。留日學生群體化，其發端期是一個學術爭議的問題。但有一個史實：維新運動以後留日學生進入了高潮，其社團群體不斷湧現，可列出名字的就有勵志會、國民會、廣東獨立協會、開智會、青年會，及影響較大的軍國民教育會等。至 1903 年留日學生人數增加到 900，十分可觀。因為 1900 年創立於日本東京的勵志會，被稱為留日學生組建社團，「實為留學界創設團體之先河」[1]，當時的留日學生還不足百人，短短一、二年人數激增。這標誌著中國近代新型知識份子階層的迅速成長，一是進一步加速了清王朝舊的傳統秩序徹底土崩瓦解；一是表現了社會新力量生長的文化價值取向的調整。留日學生從日本明治維新的成功經驗中獲得了啟迪，自覺反思甲午戰爭和戊戌維新失敗的原因，又從西方人文精神思考轉入眼前最緊迫、更實際的救國革命。這個轉捩點在 1904 年底的《外交報》一篇題為《論近代日派譴留學生之利害》中有清楚的概括和分析：「我國自道光 23 年、咸豐 8 年兩次敗於歐人，於是驚心

---

[1]　馮自由：《革命逸史》初集，中華書局，1981 年版，第 98 頁。

動魄於西洋之文明，而謀有以輸入之，乃有派西洋留學生之事。然此後二三十年間，派往之人，為數甚少，而其人歸國，亦無影響於國家。其上等者，閉戶讀書，不與世事，彼無所干於社會，社會亦不知其人。此等人與向來之讀書人無異，世未之奇也。其下等者，持其所學之語言文字以為羔雁，營營於利祿之途，除此則皆所不計。此等人與向來之流俗人無異，世亦未之奇也。故留學生遂與社會相忘，社會不蒙留學之利，亦不蒙留學之害，遂若無此留學生者然」。「自光緒 17 年大敗於日本，於是驚心動魄於東洋之文明，而謀所以輸入之，乃有派東洋留學生之事。論者猶以為與前之派西洋留學生等耳，而豈知其後之效，乃與昔大異。昔之留學生，絕無所表現於社會，而今之留學生，則嶄然現其頭角，為通國中之一種新人物。」[1] 顯然，是維新運動的激勵，當時青年選擇接受了東洋文明，直接吸取了日本明治維新的經驗。一時間日本留學生社團的濫觴，也推動了國內群體和社團的發展。最初主要在中國維新變法的失敗和日本成功的經驗的對比思考下，以流亡日本的維新志士和留學生為主體的一批資產階級的革命團體應運而生，如中興會、支那亡國紀念會、東京青年會、日知會、華興會、同仇會、愛國學社、光復會、同盟會等等。正是國家觀念的昇華，進一步刺激了國內「自小群成大群」[2] 的生長發育，由單純革命團體發展為多元的文化社會團體。隨著 1901 年，清政府複行新政，對維新事業的各種禁令大都不宣而廢，國家皇權移轉民權，各地方性的新知識界文化社會

---

[1]　刊於《外交報》，第 99 期，1904 年 12 月 21 日。

[2]　《天津青年會緣起》，《大公報》，1902 年 7 月 5 日。

團體，也紛紛湧現。如率先從沿海地區發端，逐漸向內地擴展，先集中在學堂由學生組織的演說會、體育會、音樂會、體操會、師範講習會、通學會等，後來便創立了影響較大的中國教育會，及各類商業會館聯合的全國性商會、開智會、國民總會、南社等等。這些新知識界團體的迅速增進，普及了群體意識，更重要的是民智、民德得到進化，新知識得到傳播，新風氣由此而開通。然而，真正代表這支近代新知識界的知識份子隊伍的成熟，是社會整體的「合群」觀念與國家意識的內在聯繫，是文化思想的知識界的民權思想與革命團體激勵地推翻封建專制，建立民主共和的追求，兩者達到對流會通。可以說，近代中國知識份子的形成，尤其作為一個新興社會階層的崛起，從個體到群體，既是來自社會歷史的外部動力，經歷了維新、立憲、保皇、革命激勵的社會鬥爭過程，又與自身的蛻變進化，由開明士紳、新式學堂學生、教育會、講習會、南社等群體發生發展有密切相關。他們在政治文化或文化政治的雙重互動中，自覺承擔了一個時代解體過程中「先鋒」與「橋樑」的歷史重任。

第二節　群體的個案：「中國教育會」、「南社」

新知識界的團體，由個體到群體的流變，粗線條的勾勒還僅僅是宏觀的認識視域。他們在中國近代知識份子的自身建設和發展過程中，最本質最活躍的群體生存形態，自然還呈現在對其群體內部自身微觀考察中。王朝解體的 1898 之後，擔當社會主角的知識份

子，無論是仁人志士的知識份子革命者，還是思想性的革命知識份子，都凸現了與那個時代精神密切聯繫的價值追求。從其自身的文化思想內在理路看，文化思想群體的具體實踐活動，及其價值取向，更值得我們細緻透視。選擇「中國教育會」和「南社」是在同一範圍類兩種不同文化取向的群體個案。作為鮮活生動的每個個體，恰恰是豐富多樣化的整體存在的前提。那麼，讓我們一同走進他們的世界吧！

　　「中國教育會」創立於 1902 年春的上海，主要發起人蔡元培、王慕陶、蔣智由、葉瀚等，參與其中的主要成員「或為學校師，或為編譯員，或為新聞記者，或為學生」[1]，「都是上海及內地頂有名望的人，總共也聚了一百多人。[2]」這個群體從總的社會性質說未能超出改良的教育救國範圍。但是，重要的並不在無法脫離社會時代變革維新的潮流，而是如何尋求這個潮流的途徑及方式。中國教育會在戊戌變法失敗以後興起，以新型的知識份子為主體的構成，反映了個體曲折迂迴奮鬥中的思索，知識群體的聚合發展，形成獨立的社會力量，以擴大整個國民對新知識的認識。所以，考察中國教育會的緣起和性質，並不是單純教育救國，或文化團體，或革命團體可斷言的。一個群體的組合因素是多方面的，參與其中的成員也是十分複雜的。1902 年 7 月 5 日《選報》第 21 期《中國教育會章程》稱：「本會以教育中國男女青年，開發其知識而增進其國家觀念，以為他日恢復國權之基礎為目的」。後來又在一次聚會中，他們明確表示：「我等所以設立此會者，實欲造成理想的國民，以

---

[1]　《告中國教育會》，《俄事警聞》，1903 年 12 月 22 日。

[2]　《文明介紹》，《中國白話報》，第 7 期，1904 年 3 月 17 日。

建立理想的國家」。「我等理想的國家絕非俄羅斯，絕非德意志，乃
純然共和思想，所以從國民做起」，「我輩欲造共和國民，必欲共和
的教育；要共和的教育，所以先立共和的教育會。」[1]但是，這樣
一個名曰群體的「章程」，實際上並不代表團體大多數人的主旨。
教育會重要骨幹蔣維喬則極力強調，該會「表面辦理教育，暗中鼓
吹革命」。而另一成員吳稚暉又對蔣說表示否定。我覺得無論是章
程還是某一成員的表白，都並不能說明實質性的問題。一個群體的
屬性關鍵還是在他真正做了些什麼。同時，就其成員的表白和分歧
看，多樣而不同的意見的本身，也從一個側面反映出群體醞釀與運
作都非單一的，蘊含豐富複雜的內在底蘊和聯絡著千絲萬縷的外在
關係。群體可以多視角的闡釋，恰恰說明這個群體從文化意蘊上更
值得尋找新的思想內涵。

其一，中國教育會的組織機構和創會基本主旨探源。其中心立
足上海的中國教育會，在各地均有支部。就是上海中心的成員也並
不都是本地人，而是來自全國各省份。中心與地方時而聚合時而分
散。用蔡元培的話說，教育會溝通內外的功能，「上海全國交通之
轂幅也，內之可以輸進文化，外之可以聯絡聲氣，非於此設一教育
會以媒介之，尤不可。[2]」中國教育會下設教育、出版、實業三部，
最有成績的是教育部，分別辦了男女兩部，即男女學校。女校即愛
國女學校，男校即愛國學社，這是清末影響甚大的兩所學校。他們
的成員和主要活動，乃至思想傾向，實際代表了中國教育會的基本

---

[1]　《愛國學社之建設》，《選報》第 35 期「教育言六」（1902 年 11 月 20 日）。
[2]　《蔡民友演說紹興教育會之關係》，《蘇報》，1903 年 3 月 12 日。

思想取向。愛國女學校的宗旨是「教育女子，增進其普通知識，激
發其權利義務觀念[1]」。蔡元培在以後的《在愛國女學校之演說》一
文中說：「蓋當時一般志士，鑒於滿清政治之不良，國勢日蹙，有
如人之罹重病，恐其淹久而至於不可救藥，必覓良方以治之，故群
起而謀革命。革命者，即治病之方藥也。」另一文說得更為直接「革
命止有兩途：一是暴動，一是暗殺。……暗殺於女子更為相宜，於
愛國女學，預備下暗殺的種子。[2]」從其鼓吹的辦學思想看，愛國
女學校在當時特定的歷史條件下，所從事的「革命的特殊教育」，
是十分顯著的。中國教育會以革命替代教育也非是空穴來風。蔡元
培在其自敘年譜中，就寫道：「那時候，我以女學作為革命黨通訊
與會談的地點。各教員中，與聞此事的，以從弟國親及龔君未生為
最多。龔君本隨陶君煥卿（成章），屬往金（華）、衢（州）、嚴（州）、
處（州）等地，運動會黨，勸他們聯合起來，待時起事。而紹興又
有一批秘密黨，則為嵊縣王君金發、祝君紹康所統率，而主動的是
徐君伯蓀（錫麟）。此兩派各不相謀，而陶、徐兩君均與我相識；
我就約二君到愛國女學，商聯絡的方法，浙東兩派的革命黨，由此
合作，後來遂成立光復會。」[3]另一成員俞子夷也回憶說，當時往
來愛國女學校的革命人士「難得有間斷的日子」，他印象中常常見
的人物有徐錫麟、黃興、秋瑾等革命黨人。[4]愛國女學校的革命反
清性質，明顯地比後來的愛國學社鮮明。

---

[1]　《選報》第 27 期（1902 年 9 月 2 日）。

[2]　蔡元培：《蔡元培全集》第 3 卷，中華書局，1984 年版，第 7 頁。

[3]　蔡元培：《蔡元培全集》第 7 卷，中華書局，1984 年版，第 294 頁。

[4]　全國政協文史資料委員會編：《辛亥革命回憶錄》(7)，中華書局 1981 年版，

同樣是在蔡元培的積極支持下成立的，但是，愛國學社在「昌言革命」之時，更側重民權女權的宣傳，並以此為指導而強調求學求知，注意教育與革命的相結合。愛國學社的宗旨是：「略師日本吉田氏松下講社、西鄉氏鹿兒私學之意，重精神教育，重軍事教育，而所授各科學皆為鍛煉精神，激發志氣之助。」[1]學校分普通與高級兩類，各以兩年卒業。教員都是學有專長，學社總理蔡元培講授倫理學，學監吳稚暉教授《天演論》，章太炎教三四年級的國文，吳丹初講歷史地理。高年級英文由西洋女子擔任，普通英文則由社員分任。俞子夷回憶道：此時學員學習態度大起變化，靜心好學。大家都醉學於新學。為了獲得更多新知識，踴躍參加日文班，譯書風氣盛行。學生面對內憂外患，希望通過充實自己，努力掌握新知，以改變國家貧弱的面貌。中國教育會教育就是革命（反清），就是新知識，就是新民。總之，中國教育會三部之首的教育部所辦兩學的基本方針和思想取向，不無可見其團體在當時時代環境中，辦教育和革命兼而有之，甚至後者指導前者。一說倡革命勝過求學，一說辦理教育，提倡民權，改變國家。顯然，兩者並非截然分開的。從維新變法失敗的教訓中，一代先覺者意識到必須從個體走向群體的聯合，必須注意培養人才，從而開始聚合組織團體，興辦教育。同時，教育的興辦又推動了革命活動的開展。就思想傾向言，正是改良、立憲的維新流產，在反省中提供了倡導民權的契機。重視學生的愛國教育，突出反清革命教育，探討資產階級革命的道路，成

第 517 頁。

[1]　《愛國學社之章程》，《選報》第 35 期（1902 年 11 月 20 日）。

為中國教育會的基本指導思想。中國教育會在當時眾多的群體中，率先以培養人才為中心，是將革命與教育結合起來的團體，並且產生了較大影響。這個群體的發展代表了一部分知識者思想成長的動向。

其二，在近代新型知識群體的發展中，全面考察中國教育會的思想價值和歷史地位。近代新型知識份子成長的歷程，從個體覺醒的維新改良到資產階級的民主革命。群體的這一發展過程典型地表現為兩條線路：一是從興中會、華興會、光復會到同盟會；一是由愛國女學校、愛國學社、中國教育會到同盟會。前者明確提出要推翻君主專制統治，建立民主共和政治，並且主要以激烈革命的方式來達到這一目標。後者儘管內部有部分近似前者的激進派，但基本上仍是主要強調以教育為本，培養人才、倡導民權多有溫和革新的制衡。在這兩條發展線路中，如果清理近代中國知識份子的思想理路，後者更有典型意義。中國教育會的教育為先的思想傾向，不僅是力量的制衡，而且反映了其總體思想追求既體現了當時革命化的趨勢，又表現了自己新興知識階層本體的獨特要求。尤其，以培養人才，辦理教育，倡民權女權為中心的溫和主張，在當時社會中較為能夠得到廣泛認同，有普遍性的影響，產生了較大的感召力。他們能夠比較集中地反映出中國新興知識份子的崛起，主要來自沿海開明的士紳階層，他們最直接的身份不是上層的仕，而是較普遍生存於民間從事文化教育的士。在他們身上不可避免地烙有時代政治風雲的特色，又有士的精神理想追求。中國教育會的這種雙重屬性恰恰提供了中國近代知識份子群走向過渡性的典範。在變革維新，反清革命的大趨勢中，革命派的新興勢力在整個社會並不占主導地位，社會最大多數人雖傾向反清革新，但並不重視政治派別的爭

鬥，對各派政治主張和行為有所權衡取捨。中國教育會從民權女權的角度應合革命的要求，多少有社會革命整體的平衡作用。更重要的是，這個群體將過渡期的中國新興知識階層的多元化的複雜關係予以了充分表現。從普及發展教育的中心輻射，旨在提高廣大國民的思想，也代表了當時大多數人的觀念與行為的社會要求。

中國教育會從 1902 年底成立到 1908 年解體。前後整 6 年的時間，經歷最初的組織開創期，愛國女學校、愛國學社建立的全盛期，及《蘇報》案後的恢復期，1905 年前後的中興期，最後以蔡元培的離滬為標誌的結束。這個過程正是近代中國從維新立憲到民主革命的重要轉折階段，中國教育會自覺地擔當了一個承前啟後的歷史重任之使命。從新興知識份子的社會階層的崛起成長看，他們打破了以梁啟超為代表的維新派個體壟斷新輿論和新知識界精神世界的局面，而是直接在民權女權思想的感召下，接受共和、排滿的革命言論，走向了反清道路，擴大了社會民主自由的政治主潮的影響。不僅如此，中國教育會還突出地表現跳出了傳統狹隘的畛域之見，擴大影響普及教育一開始就力圖建立全國性的組織形式。為促進新知識群的組織發展，一方面注意各地方自治群體的革命性引導，一方面又「愈加老練，把大團體散了，化成無數小團體，各人分頭辦事」[1]在各地建立地方分支機構，由會員組建一批週邊團體，將基層社會各種開明人士聚合起來，形成一種趨新勢力。中國教育會公開地發展教育，培養革新改造的新國民，使得成為新知識群的中樞。這從根本上打破了傳統普天之下，莫非王土的專制思想。而

---

[1]　《文明介紹》，《中國白話報》，第 7 期，1904 年 3 月 17 日。

是靠文化教育凝聚民族，作為文化載體的知識的人始終是國體命脈
所繫。傳統士人的天下已任抱負轉變成國民意識，全民結成統一整
體。可以說，中國教育會是最早以新知識傳播的一體化，動搖了幾
千年的封建專制王朝統治。由教育會主辦、編輯，或參與編輯的《選
報》、《少年中國報》、《中國白話報》、《俄事警聞》、《女子世界》等
刊物，廣泛傳播自由民主平權思想和科學知識，既有先期維新派《時
務報》、《清議報》、《新民叢報》的酣暢淋漓的抨擊批判的革命戰鬥
精神，又有稟承《蘇報》、《革命日日報》、《警鐘日報》的旗幟鮮明
的激情宣傳和精闢深邃的社會分析。但是，我認為中國教育會的新
知識的傳播，更重要的是藉著這些刊物所傳達的新的觀念、新的知
識，掃除了舊制度舊思想在國民身上的塵埃，深化了國民的思想啟
蒙，使得他們真正認清禮教和臣民的毒害，將國民的政治思想和輿
論宣傳向著民主共和推進。這就為大規模的資產階級民主革命準備
了條件。

　　總括之，中國教育會在近代新興知識份子成長過程中，他們並
不代表純新知識界的團體。他們的過渡色彩，雙重及多重屬性，表
現了歷史和文化發展中較為複雜的現象。但是，往往跳出對象的絕
對視角的考察，更能使得我們深入透視對象本質的內核。中國教育
會給我們近代新興知識份子的觀照正是如是。作為個案的選擇，其
意也在其中。

　　「南社」是一個極具政治色彩的文學團體。其創設時間柳亞子
曾回憶道：「這樣，南社之名目，開始於 1907 年的冬天，是沒有疑
義的了。南社的人物，除掉後來作為發起人的陳巢南、高天梅和我，
次第加入的黃晦聞、朱少屏、沈道非、張聘齋以外，還有劉申叔、

何志劍、楊篤生、鄧秋枚四人。篤生和秋枚後來始終沒有加入社籍。[1]」柳亞子與陳巢南（去病）、高天梅（旭）三人為南社最早的創社者。該社正式成立雖為 1909 年，但淵源可追溯到主要發起人陳去病的早年社會活動，即他從 1898 年開始參與雪恥學會、神交社、秋社等活動再到發起南社。，可窺南社的由來和其性質之一斑。就「南」與「北」相對而言。當時的革命者常鄙稱清王朝為「北庭」，每每以南、北喻示對峙之意。陳去病在《南社長社雅集記事》中說：「南者，對北而言，寓不向滿清之意」。後來柳亞子在《新南社成立佈告》中說的更明白：「它的名字叫南社，就是反對北庭的標誌了」。與朝廷對立，追求民主革命的思想傾向，從南社主要骨幹都是 1905 年成立的革命團體同盟會的會員，也不難見出。許多史料表明南社實際上是中國同盟會的週邊組織和宣傳機構。後來魯迅先生也說過：「屬於『南社』的人們，開初大抵都是很革命的」[2]。有人還做過這樣的統計，從 1903 年到辛亥革命前後，活躍於當時思想界、文化界、新聞界、教育界、科技界的著名先進人士，後來大都加入過南社。[3]

　　但是，僅以上述就判斷南社的性質和思想傾向還較為粗疏。南社作為近代新興知識份子的一支獨特的群體隊伍，他們不同於純粹的革命團體有著激進的言論和系統的革新變法的主張，也不同於綜合的文化教育團體的多重思想追求。就其成員的基本層次，南社屬

---

[1]　柳亞子：《我和南社的關係》，《南社紀略》，上海人民出版社，1983 年版。
[2]　魯迅：《對於左翼作家聯盟的意見》，《魯迅全集》(4) 人民文學出版社，1981年版，第 233 頁。
[3]　任訪秋主編《中國近代文學史》，河南大學出版社，1988 年版，第 396 頁。

於文人雅聚，社員逾千，能詩者也有百數人。柳亞子後編印《南社詩集》6冊，選入343人的詩歌作品。所以有人稱南社為詩社，也不無道理。柳亞子、陳去病、高天梅、蘇曼殊等主要社員，都是首先在詩文創作上，不僅有較多作品的數量，而且在藝術上也有開拓前人的獨特造詣。可是，南社的詩社性質，雖也屬文人士大夫鬆散聚合而成的文學團體，以及團體成員志趣的自由合一，但它有很規範的條例和章程。南社不是傳統中國士大夫的詩酒風流，不是朝廷官員的政務之餘，打發閒暇而結詩社，也不是士人為切磋詩藝而結社。南社在長達13年的時間裏，共有18次雅集，每年兩次春秋季。雅集是南社的主要活動方式，最多一次為近60人到會。主要活動地點在蘇州、杭州、上海三地。在南社第三次修定的條例中，就有13項6個方面內容，入社推薦、社金，及基本工作程式等等；社稿的徵集、刊物的編輯、社內職員人數及推選規則、雅集的時間、費用等等，也十分周道細緻，在此之前的文學團體中是不多見的。

那麼，依據這些南社是否就是一個典型的文學詩社呢？似乎問題也並不如此簡單。我覺得南社的屬性實際並不重要，因為取決於從那個角度去看，以那一種價值標準去衡量。如果從我們選擇的王綱解鈕時代說，探尋的是中國近代新興知識份子群體的自身發展的線路，尤其他們精神成長的內在理路。南社醞釀於1907年，成立於1909年，這個時間中國近代知識份子經歷了王朝變革一系列的曲折和奮鬥追求，有了比較自覺的思想文化目標。他們初步地形成了自己文化形態，表現出率先覺醒的士紳文化階層，與立志革命，獻身革命的仁人志士，取得了精神上的溝通和心靈感應。他們為一場即將到來的暴風驟雨，創造了「雷雨」前綜合的文化氛圍。南社

的社員絕大多數往來於革命與文學之間。詩是他們精神理想的象徵，詩又是他們言志的載體；革命需要宣傳，革命也需要充滿戰鬥激情的活生生的人。南社的詩人實際就是肩負著這樣的使命，開始了他們自己獨特的思想文化的歷程。我從這個角度清理和把握南社的思想價值取向，更看重的是他們在文化思想的層面，考察其如何以文學的形式表現革命的內容，或者假革命的方式來傳達文學的精神的。

　　一代新興的知識份子的崛起，從封建專制走向民主的進程，他們並不都是一味的埋頭經學，也不是都熱衷於功利的致用。南社社員身上最突出的是，戊戌變法以來，反叛封建專制，改弦更張，爭取民主自由的意識，已達到全民日益高漲的程度。而作為社會精英的知識者，不僅自覺承擔了鼓蕩民眾的宣傳者的角色，而且以豐富性的精神追求表現出自身的成熟。「世上本不應該有什麼皇帝，不要說無道的皇帝要殺，就是有道的聖人天子也要殺；你要說別種的強盜來做皇帝要殺，就是我們漢種的來做皇帝的也要殺，總歸不許有個皇帝罷了！」（白話道人：《黃帝傳》）還有更集中地抨擊傳統文化思想，反對封建家族制度，提倡「不肖主義」，公開傳達「我言為子者，慎勿肖其父；我言為孫者，慎勿肖其祖」（高天梅：《不肖》）。柳亞子也明確表示「君臣桎梏，世所不容」（余十眉《寄心瑣語》序）。這些從一個側面反映出南社社員強烈的叛逆精神和民主色彩，已經遠遠地超出了維新改良的層面。自然，重要地是追尋南社社員思想演變的過程，從其幾個骨幹成員身上可見一斑。柳亞子、高天梅、陳去病三位主要發起人，在醞釀和成立南社的過程中及最初的時間裏，表現了許多相似相近的思想取向。傳統的地緣關

係聚合這些江蘇人，更是現代的新思潮、新知識將他們志同道合走到一起來了。柳亞子少年就對歐美資產階級思想家和政治家盧梭、華盛頓、拿破崙等倡導的人權、民約十分傾心，故先後更名為「人權」、「亞盧」（亞洲的盧梭）自命。陳去病和高天梅二人，較早出國東洋，尋求救國之路的思想武器。1903 年前後，他們在日本結識民主革命的先驅者孫中山，「與諸少年喋血同盟，誓恢黃胤」。不僅先後加入了中國同盟會，而且歸國後積極在江蘇創辦分會，以及參與其他各種革命團體，如匡社、越社、神交社等的活動。他們在南社之前均有過組織革命團體的經驗，並且也是借革命的聲望和地位，擴大了南社的號召力。柳亞子被人視為「南社靈魂」的重要核心人物，固然與他大量詩文創作有關，但主要的還是其最初的幾年裏積極籌畫組織南社，及連續在當時報刊《江蘇》、《復報》等處，發表《中國革命家第一人陳涉傳》、《中國立憲問題》、《哀女界》、《中國滅亡小史》等宣傳革命的文章的緣故。他在傳播革命思潮的過程中贏得了很高的聲譽。這是南社群體形成的一個非常重要的原因，也是其文化思想的一個重要特色。

　　南社的大多數社員是一群血氣方剛的熱血青年，他們既面對現實滿懷強烈的愛國的革命之志，又有充滿理想的浪漫情趣。他們時時在文學藝術的浪漫玄想中，賦予了文化思想的思考和精神自由的張揚，更多在言與行中突出獨立個體的精神，甚至將此直接影響到革命的態度和方式。南社往往被理解為浪漫主義的詩社，骨幹分子柳亞子、高天梅、陳去病、蘇曼殊等文學史又稱為浪漫主義的詩人。除了他們遠繼傳統浪漫文人莊子、屈原，近承龔自珍；又從西洋學習雪萊、拜倫等外，他們更多表現了青春年華的「活潑淋漓，有少

壯朝氣，在暗示中華民族的更生，那時的年輕人愛讀南社的詩文，就因為她是前進的革命的富於民族意識的」，是「富於革命性的少壯文藝」（曹聚仁：《紀念南社》）。柳亞子、蘇曼殊當時醞釀南社時不足 20 歲，陳去病、高天梅稍為年長，也不過 30 歲剛剛出頭。積極向上的革命熱情，與青春浪漫的情懷交織起來，形成了他們鼓蕩革命的戰鬥檄文，也激發了他們文學創作的靈感。柳亞子自述：「我論詩不喜歡艱澀，主張風華典麗；做詩不耐苦吟，喜歡俯拾即是。」（《我對於創作舊詩和新詩的感想》）「在短時期中間神經興奮，像火一般的狂熱，甚麼事情都高興做，並且一天能寫幾千言的白話文和幾十首的舊體詩」，「這是屢試而屢驗的事情」（《南社紀略》）。所以，在南社社員的身上的革命豪情，與抒發情懷的詩文豐富多彩，構成了南社不同與其他社團的獨特文化底蘊。南社詩人的詩風有豪情激蕩，汪洋姿肆，縱放橫行；也有個人情致，感傷纏綿，歌泣無端，低迴婉轉。綜合南社詩風大有龔自珍的特性：即亦簫亦劍。這個比喻十分貼切地揭示了雙重互補的南社個性。也極形象地凸現了南社的整體人格文化內涵。南社的詩人們和南社的革命家們，是近代以來最早將革命與文學結合起來的群體典範。如果統一在一個詩人身上，表現在一部作品之中，那麼，南社社員絕大多數應該是「劍態簫心」。這個比喻最為形象，最能說明南社的文化人格。

　　總之，前後 10 餘年的時間，南社又經歷一場並不徹底的辛亥革命。在革命前的醞釀聚合，憑藉革命的八面來風而轟轟烈烈，革命後的散落，革命流產的痛定思痛之反省。遂造就了轉型期一代新興知識份子成長的獨特選擇。文學群體的南社和革命團體的

南社有機地統一，實際上真正代表了知識者追求現代自由的民主
進程。

第三節　開智合群導引著新思潮的走向

　　「中國教育會」和「南社」兩個群體的粗略辨析，並不在團體
的完整構成的清理，而是側重在群體的基本線索的勾勒中把握其文
化思想的內核。尤其，作為近代中國知識份子正處在這個轉型期，
無論是出自外部社會的雙重或多重原因，還是來自自身的豐富內在
精神世界的揭示。他們都具有典範性，將其先覺知識者的成長和演
變予以了一個橫斷面的展示。自然，聚散兩由之，潮起潮落的鬆散
群體流派，與有規範條例章程的團體，實際面對的都是整體性的民
眾普遍要求。所以，群體一旦產生也是普泛性的象徵。從這個意義
說，聚合的群體現象必然具有整體的思潮流向，一個時代文化思想
精神也就由此得到了凸現。

　　1898 年至 1911 年前後，中國近代思想文化史中作為新興知識
份子群體的崛起和生存發展，實際表現了中國傳統的從士子童生到
新學師生的轉變過程。知識者從來就在扮演著文化載體的角色，文
化傳統的生生不息地被知識者經過自身的內化而得以聚散分合、延
續、繁衍。我們正是從這個時期大大小小，各式各樣的群體和社團
中，不僅僅觸摸到一代新興知識份子成長的脈絡，而且由此所能感
受到他們的聚合散落，更生繁衍的文化思想意蘊。

第一，這個時期群體的聚合由自然生態到社會化生態的轉變，促進了新興知識者群的誕生、組合，並揭示了新文化萌動下的社會變動的新趨勢。19 世紀 90 年代以來，在社會政治變革的強烈欲求下，與日趨擴大的外來文化的浸染，清王朝從上至下都面臨著傳統文化大解體的動盪。來自西洋、東洋異域之聲，不斷侵擾著「睡獅」的沉眠，於是由沿海向內地的延伸，是率先覺醒的知識精英，打破了傳統血緣、地域的身份、關係紐帶，以一種新的生活方式，擴大了人們的社會交往，促使了新型文化思想孕育和成長，從而加速了社會資產階級民主化的進程。這個時期我們發現掙脫了封建傳統宗法祠堂、家族血緣聯繫的會與社群體結構，經歷了重新分化組合的大變動，新的群體社團基本集中在這樣三種大的範圍和類型裏：一是因民族國家觀念的空前高漲，變革求新的刺激，而應運滋生的社會革命團體，如興中會、華興會、保皇會、強學會、亡國紀念會、光復會、同盟會等等。二是因傳統的士紳發生重大變化，受西學東進的影響的開明士紳與國內外新式學堂培養的青年學生，由他們組合起來的團體，旨在改變傳統中國文化思想的知識結構，更新國民思想素質。如開智會、軍國民教育會、中國教育會，以及各地的教育分會，與近代科學的各類專門學會、研究會等。三是因近代社會從沿海開始的都市發達，商品經濟衝擊著傳統的封閉化的小農經濟，新型的農會和商會日益增多。如經行會、會館、公所繁衍而來，這時有了大的商務總會，分佈於主要的大都市及沿海口岸。據統計，到 1905 年，全國共設商務總會和分會約 70 個，而次年，一年

之內所設的商會就達 108 個。[1]可以說，這三部分的社會團體構成
了整個社會變動的基本力量。最主要形成了舊的文化傳統變革和新
的文化建構的基本條件。商會團體聚合散落從經濟基礎的市場化形
式，更改了封閉狀態下的民眾生存關係。新的士紳階層的出現加速
了社會知識結構的調整和更新，正是開放的商業經濟提供的基礎。
那麼，在社會上層的思想精英群體的革命舉措，造成的激烈的政治
改革和王朝的顛覆，又與前兩者緊密相連。譬如，同盟會之前孫中
山就把聯絡新知識界作為興中會的組織方針，主張「聯絡四方賢才
志士」[2]，明確革命行動計畫二種，「一聯絡學界，一開導華橋」[3]。
顯然，在這種三者互動的群體聚合散落中，整個社會變動的大趨勢
已是不可避免了。每一種群體的分化組合都實質是一種文化的制衡
現象，積極地調整和創造了新的社會結構。

　　第二，這個時期的群體的興盛和繁榮，一個最重要的文化思想
的價值和意義，是新知識者肩負了全面改造國民性的歷史使命。從
根本上說，「合群開智」構成了一代知識群體的中心思想和行為準
則。前述三種類型的群體社團形成互動的社會文化結構，他們之間
實際隱含著一個共同的主旨規範，即聚合的目標旨在社會進化，開
通風氣，啟迪民智。社會文明思想的灌注，新知識的傳播，必須擴
大社會群體意識。各式教育會的成立，社團的組織者明確指出：「世
界當 20 世紀之初，由兵戰商戰之時代，一變而為學戰之時代。生

---

[1]　陳寶良：《中國的社與會》，浙江人民出版社 1996 年版，第 237 頁。

[2]　劉成禺：《先總理舊德錄》，《國史館館刊》創刊號。

[3]　馮自由：《革命逸史》，初集，中華書局，1981 年版，第 31 頁。

於此時，立於此國，入於此社會，人人為造就人才之人，即人才負造就人才之責」。[1]「彼學堂者，持教育之一部分而為全部發達之中心點，然則進化之理不明，合群之礎不立，國家之觀念不起，權利之思想不達，其影響至於民族萎縮，國勢頹敗，而教育實當其衝」。[2]新知識群體的劇增正是與此重視教育，培養人才相關。而功利性的革命團體和經濟性的商會，實際提供了人才實踐的場所，使得傳播新知落實到具體內容。在群體社團的主要活動中，從東洋留學生傳播而來的尚武精神的培養，軍事訓練和體育活動的突出強化，及宣傳革命的思想，秘密結社，鼓動式的政治集會演說。這些活動將剛剛蛻變的新知識群體，又進一步分化出一部分進步的革命的愛國知識者，他們成為社會變革直接參與者和實踐者。章太炎、柳亞子、陳去病、高天梅，乃至孫中山這些民主革命團體的重要發起者，首先是先覺的新知識的接受者和傳播者。再就開明的士紳主體的各類商會發展看，他們擺脫狹隘的地域限制的小農經濟，從流通經濟到擴大興辦實業，從而改變了行幫、官商合流的原始性。科學化的資本經濟形成的大團體的實業，專門的技術實體代替了手工業的作坊。由此，新知識群裏湧現出一批學有專長的科學家。社會整體的發展和國民精神的提高，正是在這些不同層面群體聚散兩由之中，知識得到更新，隊伍得到擴展，從而影響全社會的民德進化，國民素質的增強，推到了思想啟蒙運動的進程。

---

[1]　《揚州師範學會啟》，《蘇報》1903 年 3 月 18 日。
[2]　《教育會支部研究會序》，《蘇報》1903 年 3 月 2 日。

　　第三，這個時期新知識群體社團從其自身內部結構檢視，群體的亦聚亦散的模式表現出一種新的群體意識的建立。新式團體的合群無論組織結構比較鬆散的，還是具有嚴密的組織結構的社團，其內部普遍實行民主原則和程式。他們將制定章程作為團體的首要任務。共同的宗旨的確立以表明社團成立的具體目標所在。新知識團體強調共同制定章程，又注意各種不同的群體意識表現，反映出對傳統宗教信仰，或個人興趣群體聚合原則的超越。這個時期從維新到立憲，再到民權女權的民主共和，實際上正是一條清晰的民主化的群體意識逐漸形成的過程。通覽一些大大小小的團體內所立章程、規約內所定下的宗旨，均是為同一群體成員所共同遵守的規範，即群體意識的宣言。小到文人結社，士大夫市場的閒適追求，崇尚簡樸、率真，大至同盟會的三民主義、立憲團體的君主立憲意識，都是典型群體意識的反映。重要的是，近代新型知識群體通過其共同宗旨的規範原則，傳達了自身民主思想的資訊。譬如，《兩浙女學會簡章》明確要求會員「皆可干涉會內事務」，「會長會員均平等相待」[1]。《中國教育會章程》更有明文規定，會內上下「不問厚薄高下之別」[2]。一般會務由大家公決，重大問題則須經全體會員大會討論表決等等。甚至有的團體制定了具體的內部組織形式，像職員由會員以無計名、計名和舉手等方式選舉產生，再由職員推舉職員長以及內部分工。組織結構形式的民主化，推動了新型知識群體的不斷重新分化組合，增加了社會進步發展的活力。這個時期

---

[1]　《警鐘日報》，1904 年 8 月 25 日。
[2]　《選報》，第 21 期，1902 年 7 月 5 日。

團體林立，種類繁多，更替迅速，每個群體力求在大環境下保持小團體的特色，而一個個小團體的獨立存在，本身又是對大一統的封建專制王朝的疏離。民主化的新型知識群體提供了建構新的社會秩序，新的文化思想的基礎。當這種新秩序、新文化群體意識得到大多數群體外的社會成員的認同和共識時，便形成了時代潮流。1903年孫中山提出「驅除韃虜，恢復中華，創立民國，平均地權」的16字綱領。隨後他又進一步擴大與新知識界的聯繫，將其三民主義的內容，在1905年《民報》發刊詞中，正式歸納為民族、民權、民生三大主義，作為同盟會的旗幟，從而點燃了一場資產階級的大革命的火種。同盟會思想逐漸明確化的過程，既反映了群體意識逐漸形成過程的代表，又表明了新型知識份子民主化的群體意識的集大成。除了組織結構的民主意識增強外，新型知識群體意識還表現為國家民族利益的強化，帶有明顯的地域色彩的一些團體，也逐漸地並不以畛域自囿。甚至有的知識團體試圖超越特定群體成員對象或階層的範圍。中國通學會在其宗旨中，就提出「對內開通學識，研究名理，對外則擴張運動，抵禦外敵，組織一鞏固秩序之社會，養成我高尚國民之資格。」[1]這時期新型知識群體意識從不同層面予以了擴大和增強，使得整個社會民心離散地域所改觀，初步形成了國難當頭民眾必須合群的普遍共識。

總括上述，這個時期新型知識群體的聚合散落形成了社會變動的一個重要的文化現象。她以「開智合群」的基本宗旨，促進了整個社會文化思想的進步，推動了全社會國民精神的提高。但是，我

---

[1] 《政藝通報》，第13號，1903年8月7日。

更認為她自身的文化現象，即組合分化的活動過程；群體組織方式
與內部結構；不同思想屬性的團體間的關係；群體在整個社會歷史
環境中的作用等值得認真審視。一代新型知識份子的成長，其文化
思想層面的豐富形態，群體組合形式是一個重要的方面。由此，知
識群體的生存土壤，及價值取向，在更大的文化層面的探討，會
使得這個新興社會階層的誕生和演變的軌跡，展示的更加充分和
清晰。

第六章　改弦更張的匆匆過客

　　19 世紀末 20 世紀初，中國清王朝已進入內外交困的巔峰。儘管 1898 年康、梁維新變法在頑固守舊勢力的屠刀下失敗了，但是，流產的革命畢竟帶來了新興知識界的萌動和覺醒。一代新的知識份子階層由個體到群體，由沿海都市向內地向全國，由學堂到社會，以不同的方式迅速地成長和蔓延，表現出一種社會大變動的先鋒性探索的預兆。這個階層的生長步履滄桑，不僅僅本身作為新興的力量，還在被民眾認識的過程中，而且其階層在整個社會也屬於極少數的上層精英者。為此，他們的社會影響和奮鬥尚處於先聲和超前，必須與整個社會政治和文化的變革聯繫起來，才能真正顯示其階層獨特價值所在。當然，這時期不應該忽視一支滋生於民間的義和團力量的存在。但是，這支剛剛從自發抗爭轉變為自覺反抗的義和團隊伍，很快在八國聯軍的槍炮中失敗，又一次從反面激發了民眾對搖搖欲墜的大清帝國政權的懷疑，促成了一場文化政治上革命風暴的早日蒞臨。首先直接觸動的是，八國聯軍將光緒皇帝和慈禧太后實實在在地趕離了金鑾殿，當朝者、為政者切身地體味到國家和個人、政治與制度都受到了前所未有的威脅。從而也激勵了知識份子先鋒性文化思想的活躍和大變革的熱情，這更使得上層社會統

治者的坐立不安，不得不作出應對反應的迴響。1900 年中國王朝
歷史翻開了新的一頁。

第一節　革故鼎新：晚清「新政」系列舉措

　　20 世紀初，中國遭受著空前的帝國主義列強之欺辱。以「門
戶開放」，「利益均沾」的思想原則保全朝廷，清政府不過是充當了
帝國主義列強在華利益的代理者，從而更加重了我們民族的災難。
面對中國歷史最黑暗的日子，戊戌變法的失敗所引發的中國思想界
革命的烈火再度重燃，而來自民眾的義和團自發反抗帝國主義的鬥
爭慘遭鎮壓，更加助燃了烈火在全社會的燎原之勢。先覺的愛國志
士奮勇鬥爭，廣大民眾人心思變，全國上下一個更深刻更廣闊的思
想解放風潮勃然而起。

　　這場思想運動的巨大聲勢，是維新失敗流亡國外的康、梁積極
主動地重新組織力量，重新思考政治變革的良藥，先由外部推波助
瀾，再逼迫到長期以「禁」「殺」為基準的朝廷內部，也開始被動
地接受新的思想文化，並使其嘗試一系列的社會改革。

　　1901 年 1 月 29 日，經太后准，皇帝宣佈上諭，稱「我中國之
弱，在於習氣太深，文法太密。庸俗之吏多，豪傑之士少。無法者
庸人借為藏聲之固，而胥吏倚為牟利之符。公事以無牘相往來，而
毫無實際。人才以資格相限制，而日見消磨。誤國家者在一私字，
困天下者在一利字。」對此弊端必要有所反應，上諭接著宣稱，中

國向外國學的只是表面的語言文字，而非「西政之本源也」。因此
要求在朝者「各就現在情形，參酌中西政要，舉凡朝章國故，吏治
民生，學校科舉，軍政財政」等情，考慮「當因當革，當省當並，
或取諸人，或求諸己」[1]，向上奏報。此朝廷之策雖為萬般無奈，
但畢竟政治改革得到朝廷的注意。以海外日本為主要基地湧動的政
治改革新思潮，終於在國內有了回應。一時間各家主張，各種改革
意見，全部圍繞到一個中心點：禍難頻仍，面臨危亡的祖國已經到
了必須尋起死回生的良藥了。此時眾說甚多。1901 年 4 月，清政
府創立政務處，以便接納和處理各種救國之策。這一機構的誕生並
不能挽救清王朝的江河日下。可是，一系列應急的政府改革規劃又
確實產生和修正於政務處。晚清「新政」由此發端，多少為病入膏
肓的封建王朝注入了一劑強心針。正是從這一角度說，晚清「新政」
與近代即將到來的一場資產階級民主革命獲得了某些思想上的密
切聯繫。同時，資產階級中的先鋒知識份子群體迅速地壯大成長，
也與這一社會背景有著內在的思想文化的淵源關係。

　　晚清政府的「新政」改革從本質來說，不是「富國強兵以防禦
列強的侵略」之舉，而是「為了保住清王朝」的苟延殘喘。但是，
最後的抗爭也是思想文化全方位的努力。晚清「新政」所涉及的範
圍相當廣泛，包括了行政、司法、法律、軍事、外交、商務、教育、
經濟，甚至社會上層的特權、民間下層生活的舊習等均在其改弦更
張之列。但是，清政府只需要製造「開明」形象，而對實際內容則
毫不關心。如擇其要旨，在這些變革中最為切實的內容和取得成效

---

[1]　《大清德宗實錄》，卷 476 刊佈。

的是清政府的教育改革，及對於「西學「較為開明的接納和學習。
其他方面的變更即在此觀念下的推而廣之（下兩節將專門探討教育
和「西學」改革，這裏從略。）。因此，很早學術界以其「虛偽改
革」之辭簡單地強加評判，甚至也簡單認同梁啟超當年過急否定之
語。他說清政府「新政」，既無立法，所用又非人，這種「新法」
不但不能使國家進於文明，相反地卻只會像「披綺羅於嫫母，只增
其醜；施金鞍於駑駘，只重其負；刻山龍於朽木，只驅其腐；築高
樓於鬆壤，只速其傾」。顯然，類似民主主義的激進言論和簡單化
的認識歷史，均不便於深入透視這一來自上層更新舉措的真正文化
思想的內核。

我們可以從兩個宏觀的視角來把握晚清政府「新政」的利弊，
其一，從「新政」改革的實際內容來檢索，尋其清王朝統治者面對
現實的複雜心態。其二，綜合探討由「新政」改革所產生的真正社
會文化的效應。

先看晚清政府的「新政」系列舉措。如果暫且不說教育改革，
那麼，晚清政府「新政」中提出，從立憲政體深化行政機構改革的
決策最有代表性。1905 年至 1906 年間，清政府派遣官員赴西洋、
東洋考察學習外國的立憲政體後，便開始了國內整飭吏治和改組舊
官僚機構，此行政改革首先決定簡化各官署的公文形式，取消書
吏。同時，撤銷一些有名無實的舊衙門，重設一些新的官署，如改
組總理衙門建立外務部，以利政府的外交活動的開展。這一政府部
門的常設機構，也只設一名大臣和兩名副大臣。這便打破了自隋唐
以來的傳統的六部建置。除此重大部門改體外，還增設了商部，以
促進提高人民的物質生活的水平；增設了巡警部（後改民政部）和

學部,以改變過去軍營和學校的體制。並且進一步對行政、司法部門和省一級的官僚機構進行改革,主要減少冗員,明確官員的職責,清理協調各部、各省之間的相互關係,建立各部、各省相對獨立的政體。這些改革方案使得原清王朝的一統天下的格局受到分化,以至逐漸潰崩,推動了民國民主共和的進程。1908 年清政府宣佈它準備實行憲政計畫、頒佈憲法大綱。並且先期實施省立法機構諮議局和全國政府部門的審計機構資政院,及地方自治會。以此從上到下形成政府議員、地方官員、基層紳士的各級監督機構,作為憲政的基礎。清政府的這些變革企圖,正式認可各級行政機構的管理權限,將各級機構置於政府的控制之下,以此來鞏固它的統治。可以說,晚清政府上層的政改實施帶來了朝廷新的統治管理,但是大部分取保守的維持統治的姿態和方式,以期這萬般無奈之舉,在一個動盪轉型時代保持他們的政治權力的延續。

晚清「新政」在這些上層革新的同時,政府還推行了一些全民社會的改革方案,在全社會樹立「新政」形象。清政府對全民改革具體措施有:在 1905 年以後,政府聘請外籍專家幫助編纂民法和商法,以改變長期政法代替刑法,及政府發展工商業需要必有的商法。這一工作實際在清王朝時代並沒有完成和實施。其動意的本身表明了一種姿態,更可見清政府大勢所趨民心民願不敢違的心態。

在整個社會引起巨大迴響的改革中,要數政府下令革除陋習的系列舉措最為突出,主要集中在這樣幾個方面:早在維新變法時期康有為就有《請禁婦女裹足折》奏請朝廷下詔嚴禁婦女裹足,已裹者一律寬解,違抗者科罰。自 1902 年政府公開反對裹足陋習。此為社會習俗改革第一要舉。接著 1906 年,皇帝下詔禁止鴉片,具

體落實到鴉片種植、生產、進口，及開設煙鋪等全面禁止。詔令要求在十年之內徹底消滅鴉片種植。還進一步在社會風俗上反對繁文縟節的虛禮，主張移風易俗，認同西方習俗。特別是婦女和婚姻方面破除封建性和迷信色彩，積極倡導新風新俗，得到全國上下的應和「湖南不纏足會」制訂了一個嫁娶章程，規定婚事以簡省為宜，「女家不得絲毫索聘禮」，「男家尤不得以嫁妝不厚，遽存菲薄」。同時期裏，1907 年《上海女子世界》就刊登過新式婚禮的新聞：愛國學社的王雅（男）與吳震（女）「在錫金學務處舉行婚禮，屏除一切舊俗，參用文明規則，新郎新娘，皆服西裝，首行結婚禮，次見家族，次受賀，競志女學生及單墊女士合唱自由結婚歌，歌畢而散」。[1]

總之，清政府的這些自上而下地廣泛改革舉措，就其「新政」本身說，充滿著複雜朝廷無奈困境的生存矛盾。這些從上層到下層社會的改革措施和方案，實施的或準備實施的，多少反映了一種順其民意的心願，多少表示朝廷內部也有積極回應之意。而另一方面看，朝廷上下對此改革之要害也並不十分清醒，又多有苟且之意，不得已而為之。誠如梁啟超當時所言：「夫今之朝野上下，所以汲汲然崇拜新法者，豈不以非如是則國將危亡乎哉？而新法之無救於危亡也若此，有國家之責任者當何擇焉？」當局重病在身，亂投醫而求助「新政」，實際並非知其所以然矣。為此，梁啟超以激進之言，道出「救危亡求進步」之唯一道路，「必取數千年橫暴混濁之政體，破碎而齏粉

---

[1]　《婚禮一新》，《上海女子世界》2 年 6 期，1907 年出版。

之」[1]。這一言論雖有極端之處，但也可見「新政」複雜成因之一斑。

再則，從晚清政府「新政」之外，觀其這些改革舉措的實際效果，宏觀的整體把握「新政」成敗得失。《劍橋中國晚清史》的作者評述清政府這場改革特點時，明確指出朝廷的改革缺乏誠意，「首先，在改革方案中有很多自取失敗的矛盾」。「其次，所有參與制訂改革方案的人都各謀私利」。「滿州朝廷實行改革方案的目的究竟何在？清朝統治者是否真的相信需要改革？」「清政府開始搞改革時姿態很消極，但隨著時間的流逝，特別是在日俄戰爭之後，它對改革的活動就越來越認真了」。[2]這些就其清政府「新政」本身價值意義的追問，是完全必要的，但是，最重要的是「改革為了保住清王朝」這一核心點，更應該從多視角來辨析其思想內涵。

其一，清王朝的「新政」改革，從某種程度上講，是面對帝國主義列強，朝廷在政治、軍事、外交等方面認識上和心理上的一次重大調整。「新政」從表面看是一個個具體實施的條款，然而它們實際凝聚著近代以來（即 1840 年以來），深受帝國主義列強欺辱的上上下下，尤其是在朝當權者文化思想發展的曲折經歷。從最早「夷夏之辨」觀念；到提出「師夷長技」口號，並付諸實施主張「變通自強」，通過「師夷」而自強；再到「中學為體，西學為用」基本準則；直至康、梁開放的維新變法。這些都從一種新的思想文化的思路，反映了清王朝末期接受「新政」的內在思想線索。

---

[1]　梁啟超：《飲冰室合集》專集之 4，中華書局，1981 年版，第 63-64 頁。

[2]　費正清、劉廣京編：《劍橋中國晚清史》（下卷），中國社會科學出版社 1993 年版，第 473-474 頁。

　　除此以外，西方列強八國聯軍攻戰京城，民眾自發抗爭帝國主
義侵略的義和團遭到鎮壓，使得清政府天然地滋生了視外國為夷狄
而長期無法擺脫的潛在心理恐懼症。可以說，從一開始清王朝對西
學就是進而遠之。所以，推行「新政」的目的，「敝國現議力行新
政，正期圖報各大國之惠於後日，……借得稍蘇喘息，整頓內政，
將來中外必能益加修睦，與各大國永享無窮之利益。」[1]因而「新
政」舉措從思想演變過程到實施決策，從本質上代表著清政府的一
種文化心態的大調整。表面對內實施新政，實際更改外交策略。有
評論者認為清政府這些改革措施是從最初的「排外」轉向「媚外」。
然而，我覺得「新政」的內容和形式並不單純表現這種絕對化的轉
換，而是作為心理變化調整的過程，實際表現了清王朝一種較為複
雜的心態。它既反映了朝政中間尖銳複雜的政治鬥爭，一方面為了
平衡和緩解保守和激進兩派之間的矛盾衝突，另一方面又是為了擺
脫帝國主義列強政治、軍事面前屢屢被動挨打的困境。還有來自社
會演變過程中，新興知識份子思想運動的迅速發展，與國內各種社
會矛盾的關係，以及物質生產的急遽變化等原因的遙相呼應，形成
了全社會趨新思變的潮流。由此，「新政」系列舉措反映出的清王
朝的心態很難說對外對內，很難講就是虛假之態，未有改革誠意。
複雜矛盾纏於一身的晚清政府以無可名狀的心態，頒佈各項「新政」
綱領，才有了中國社會政體前所未有的劇烈震動，其影響力甚至使
得朝野上下、一些外國列強也都有些始料不及之感。

---

[1]　朱壽朋編：《光緒朝東華錄》（四），總第 4614 頁，中華書局，1958 年版。

　　晚清政府的「新政」縱觀整個過程，無論其當朝者思想心態如何複雜，「新政」帶來的實際社會效果應該得到正視和客觀評述。在短短幾年裏，講求西學成為風潮，新式學堂劇增，各種新知識群體疊起。這裏先就「新政」期間，中國的經濟改革和社會發展，特別在建設事業上切實的發展，進一步探討其對思想文化的間接或直接影響。以此從另一角度考察清政府的「新政」，中國當時經濟的發展有人做過統計，從 1900 年到 1911 年晚清最後的十年裏，有大約 600 個中國人興辦的使用機器的製造業和礦業企業；已經鋪設的鐵路約 5600 英里長。[1]這個建設速度大大地超過了洋務運動時期社會發展的規模，甚至也遠遠地超過了夭折的「百日維新」時期。晚清政府最後的幾年裏，儘管處在內外交困的尷尬境地，但是，「新政」舉措或遲或早的出臺，多少付諸實施，最直接地帶來一系列的社會建設項目在合法條件下得到發展。諸如闢商埠、修鐵路、開礦山、辦實業、以及有關電力、通訊等多種社會建設。這主要是在「新政」的背景下，又經歷了洋務運動以來，商人地位的變化，官方逐漸擴大了對現代工業的支持。這中間從官督與商辦的不協調，到漸漸的官商合夥，最後支持創辦私人實業、私營鐵路。比較突出的有幾個大企業的加速發展。上海的榮氏兄弟（榮宗敬與榮德生）興辦的茂新麵粉廠，從大約 1900 年開始到 1905 年，它向政府的註冊資本已增至 6 萬兩。浙江的湯壽潛 1905 年被選為修建滬杭鐵路的總辦，是當時商辦的滬杭甬鐵路公司的總代表。1906

---

[1]　費正清、劉廣京編：《劍橋中國晚清史》（下卷），中國社會科學出版社 1993 年版，第 478 頁。

年實業家鄭觀以應地方行會和慈善堂領袖組成的組織委員會，被
選為粵漢鐵路公司總辦。1907 年清政府任命詹天佑為京張鐵路
中工程師兼總辦。這時期幾乎形成了創辦私人企業的運動，尤其
私營鐵路開始出現，以擺脫外國人長期控制鐵路企業的局面。

　　在「新政」的背景下，私營企業較多地獲得國家政府的保護。
政府在京師新設各局，制定了關於確定商人的身份、組成私營公
司、確立專利權和破產程序等方面的行政章程和法律。清政府設立
農工商部，後又分出鐵路、船舶、郵電的管轄權為郵傳部，以及中
央與地方省之間也有比較明確的管轄機構。同時，國家還發出一系
列新的經濟文化政策，也使得先前的一些憲政之議逐漸付諸實施。
這些都大大地推動了當時中國現行經濟的發展，乃至整個社會的進
步。這種實際的效應，是在關注中國經濟發展中，清王朝也不得不
暫緩對思想文化的嚴酷控制。其主要表現為西方近代文化和先進思
想再一次隨著經濟和商貿的流通大舉湧入中國，使中國的文化觀念
和社會風氣急劇變化，逐漸地形成了一種新的思想文化的氛圍，與
清王朝的專制文化統治形成了鮮明的對立，這也是當朝者始料不
及的。

　　清政府的「新政」可以說是應急之下的舉措，無論是社會經濟
的發展的正面效應，還是開放的思想文化的「負面效應」，都越來
越清楚地暴露出王朝瀕臨敗落的內外之困境。這種局面的造成應該
說，與晚清「新政」中最大力度的教育改革關係尤為密切。那麼，
我們不妨順此線索進一步的尋覓，由教育變革呈現的內在思想發展
的軌跡。

第二節　教育為本：京師大學堂

　　晚清政府的「新政」真正付諸實施並產生巨大影響的，無疑首推教育改革。這中間最有聲勢的是「創辦學堂，變通科舉」一事，清末十年社會各行各業的發展當數學堂發展最快，學生數增加最為迅速。僅 1901 年統計全國學堂為 42696 處（各省 42444 處，京師 252 處）；全國學生 1300739 人（各省 1284965 人，京師 15774 人）[1]。清王朝的教育改革的成果，以學堂科舉為突破，成為整個「新政」的重中之重，此舉與維新以來的思想文化的變革；與一支新興知識份子群體的崛起；與西學的廣泛地傳播等方面緊密聯繫。所以，它的價值也不僅僅是單純諸多改革中的一種，而是對整個社會思想文化變革有著極為重要的積極意義。

　　清末的教育改革實際可以追溯到維新變法以來的思想啟蒙思潮。1895 年甲午之戰失敗，空前的民族危機強烈地刺激了中華民族的覺醒，出現了愛國救亡和思想啟蒙為宗旨的維新運動。康、梁為代表的維新派將變革教育，興辦學校提升到關係國家興亡和變法成敗的戰略高度。1896 年，梁啟超在《變法通議‧學校總論》一文中，明確指出：「亡而存之，廢而舉之，愚而智之，弱而強之，條理萬端，皆歸本於學校。」「今國家而不欲自強則已，苟欲自強，則悠悠萬事，惟此為大，雖百舉未遑，猶先圖之」。[2]維新派還就洋務教育的弊端提出了批評，認為洋務派雖然辦了同文館、水師學堂、自強

---

[1]　劉錦藻編：《清朝續文獻通考》。
[2]　梁啟超：《飲冰室合集》文集之 1，中華書局，1989 年版。

學堂等新學校，但是成效不大，未培養出理想的人才。其原因在於對外國思想文化的學習只是皮毛。中國教育的現代化改革目標，應該是培養新政事業有用人才。教育內容提倡西學，重視政學，廣派留學生。教育制度必須改革科舉，廢除八股，普及學校，發展師範，倡辦女學。維新派變法之中已有了這樣一整套教育改革的初步設想和規劃。

在其維新運動日益高漲的 1898 年初，維新之舉開始得到年輕的光緒皇帝的認可，與其抱守殘缺不如孤注一擲實行變法，「幸則可望收政權而報國土，不幸亦可大開民智而得之將來」[1]。這年 6 月（光緒 24 年 4 月 23 日）頒佈《定國是詔》正式將維新變法定為國策，推行新政。在此份詔書中，光緒皇帝下達的第一項新政改革舉措就是革新科舉，廢除八股文，興辦學校，設立京師大學堂，各地大小書院改為兼習中學和西學的學堂。詔書強調「京師大學堂為各行省之倡，尤應首先舉辦。著軍機大臣、總理各國事務王大臣，會同妥速議奏」。將此作為一項國家行為置於新政之首位，大大推動了全國教育及其他方面的變革與現代化的進程。

但是，維新不過百日便流產了。義和團運動和八國聯軍入侵後，顛覆維新的慈禧太后政府面臨著更加嚴重的政治危機。為維護自己的統治地位，清政府不得不打出宣佈「新政」的旗號。1901 年 1 月，朝廷頒佈上諭，表示要「破錮習」、「求振作」、「變成法」，要求內外臣工，「各就現在情弊，參酌中西政治，舉凡朝章國政，吏治民生，學校科舉，軍制財政，當因當革當省當並。各舉所知，各抒所見」。[2]

---

[1]　《戊戌政變記》，中華書局，1954 年版，第 47 頁。

[2]　朱壽朋編：《光緒朝東華錄》第 4 冊，中華書局，1958 年版，第 4602 頁。

教育改革在「新政」中作為重要內容之一，與「百日維新」的僅存碩果京師大學堂，有著密切聯繫。彼此可以說互相影響加速了延續 1300 年之久的科舉制度的壽終正寢。因為無論是維新的光緒還是保守的慈禧，都從維護自身統治的利益出發，深感最重要的是培養人才，「大學堂為培養人才之地」；而京師大學堂的保留又促使了一系列教育的變革。所以，朝廷上諭頒佈後，同年 7 月兩江總督劉坤一、湖廣總督張之洞聯銜會奏變法事宜 4 條，即設文武館、酌改文科、停罷科舉、獎勵遊學，都是關於改革教育和選拔人才的問題。1904 年，張之洞、張百熙等奏請遞減科舉取士名額，以學堂畢業生代替，改管學大臣為學務大臣。廢除科舉制更成大勢所趨。1905 年 9 月，直隸總督兼北洋大臣袁世凱等奏請立停科舉，推廣學堂，呼籲「科舉一日不停，士人皆有僥倖得第之心⋯⋯學堂決無大興之望。」迫於形勢清政府下詔「自丙年（1906 年）科為始，所有鄉會試一律停止，各省歲科考試，亦即停止。」[1] 當年朝廷便成立學部，作為統轄全國學務的正式教育行政機構，並把舊有的國子監併入。為此，標誌了舊教育科舉制的徹底衰亡，開始著手建立新的教育制度，促成了一代新興的知識份子的旋即誕生和迅速成長，他們很快獲得了相對合法的社會政治環境。

中國傳統文人主要以科舉考試的方式達到仕途的追求。相當長的時間，朝廷的高級文職官員就是從此途徑產生，中國歷代統治者往往將此作為鞏固擴大統治的思想文化之源。所以，科舉考試在歷代統治者那裏已經形成了一種制度被確定和延續下來。清末的朝廷

---

[1] 朱壽朋編：《光緒朝東華錄》第 5 冊，中華書局，1958 年版，第 5390-5392 頁。

在內外交困的逼迫下，不得不廢除已經陷入了形式主義泥沼的科舉制，尋求順應新形勢的文人知識者培養途徑。於是，「創辦學堂」、「興學育人」的「新政」教育改革的方案提到了議事日程。

　　如何建立新式的教育制度，清政府的「新政」一方面在維新派批判科舉制的基礎上，尋求「中學為體」的教育新模式；一方面積極大膽地引進東洋西洋國外的教育體制。它們推崇外國教育制度，鼓勵出國留學，並將之作為其教育改革的一個重要內容，下面一節我將重點論述。除此之外，新的教育體制主要在一整套學堂式教學管理方面，對中國傳統教育的重新變革。

　　1902 年張百熙制定的《欽定學堂章程》，亦稱「壬寅學制」。該學制規定從蒙養學堂到大學院，共分 7 級，凡 20 年，這個章程實際並沒有付諸設施。笠年，又與張之洞重新擬訂《奏定學堂章程》，並經法令正式公佈全國施行，即通常稱「癸卯學制」。該章程又具體分初等小學堂、高等小學堂、中學堂、高等學堂、大學堂附通儒院、蒙養院及家庭教育法章程；還有各級師範學堂、農工商實業學堂，以及各學堂管理通則、考試及獎勵章程等，形成了一個完整的新教育體系。在此新的學制和教育體系下，中國 20 世紀初出現了興辦學堂的熱潮。據當時學部統計，從 1907 年到 1908 年，一年之中學堂就增長 26.7%，學生數增長 26.9%。所建學堂種類齊全，以普通教育學堂數量最多，包括從學齡前兒童的蒙養院、小學堂、中學堂到大學堂在內的各級教育學校。此外尚有公私立學堂、軍校、教會學校，以及各種專門人才的實業學堂等等。

　　這其中影響較大的是，1902 年，維新運動中誕生的全國最高學府京師大學堂得到恢復，任張百熙為管學大臣，並奏擬大學堂章

程，經皇帝批准為《欽定京師大學堂章程》。規定京師大學堂主持全國教育。內設大學院、大學專門分科、大學預備科，並附設仕學館、師範館、醫學館，進一步推動了近代高等教育學制及教育系統的變革。同年春，中國教育會在上海成立。1903 年又有軍國民教育會成立。這些教育社團的出現既擴大了教育改革的影響，又大力推進了學堂教育。誠如組織者所言：「世界當 20 世紀之初，由商戰之時代，一變而為學戰之時代。生於此時，立於此國，入於此社會，人人為造就人才之人，即人人負造就人才之責」。[1]「彼學堂者，持教育之一部分而為全部發達之中心點，然則進化之理不明，合群之礎不立，國家之觀念不起，權利之思想不達，其影響至於民族萎頓，國勢頹敗，而教育實當其衝」。[2]前述知識界的群體社團的大量湧現，正是在這種教育體制變革的背景下，傳統的科舉制的衰亡，而促使了傳統士紳集團的解體，新的知識群體伴隨著學堂而聚合崛起。新興的知識份子隊伍成員主要來自學堂青年學生和教育會的會員。他們在傳播新知，開通風氣，啟迪民智，進化民德等方面起了積極的推動作用。

自然，清政府的「新政」教育改革的實施，最主要的還是體現在新的教育內容和思想精神上。科舉制的廢除和新學堂的激增，畢竟是對舊教育制度的一次的衝擊。但是，「新政」教育變革多有除舊立新半推半就之狀，從其管學大臣張百熙等的表述可略見一斑。「無論何等學堂，均以忠孝為本，以經史之學為基，俾學生心術一

---

[1]　《揚州師範學會啟》，《蘇報》，1903 年 3 月 18 日。
[2]　《教育會支部研究會序》，《蘇報》，1903 年 3 月 2 日。

歸於純正，而後以西學淪其智識，練其藝能，務期他日成材，國適實用。[1]」1906 年清政府批准學部關於學堂教育宗旨奏摺，已明確將上述思想概括為「忠君、尊孔、尚公、尚武、尚實」五端。這實際還是洋務運動、維新變法以來的「中學為體」的基本理念。顯然，清政府是以維護其封建統治而培養人才。而新教育體制的課程，就是以此精神為指導而設置的。主要學習課程：小學有修身、讀經講經、中國文字、算術、歷史、地理、格致、體操、圖畫；中學有修身、讀經講經、中國文字、外國語、歷史及數理化等自然科學的各種課程。如果將此宗旨、課程設置與當年梁啟超起草的第一個大學章程，即《京師大學堂章程》的條款相對照，那麼不難發現「新政」之前的教育思想的改革力度，以及梁啟超維新教育思想的超前意識。

又比如，當年梁啟超《京師大學堂章程》明確規定京師大學堂「為各省在表率，萬國所瞻仰」。「各省學堂皆當歸大學堂統轄，一氣呵成」。而教學要求也十分明確「培植非常人才，以備他日特達之用」，即培養「新政」需要的人才。提出教學內容應該「中西並重，觀其會通，無得偏廢」。在課程設置上，採納西方和東洋的學校課程方式，分普通學 10 門，包括經學、理學、中外掌故學、諸子學、初級算學、初級格學、初級政治學、初級地理學、文學、體操學；專門學 10 門，包括高等算學、高等格致學、高等政治學、高等地理學、農學、礦學、工程學、商學、兵學、衛生學，以及外國語言文字學 5 門（英、法、德、俄、日）。「章程」還強調京師大學堂與舊學校教育的區別，「本學堂以實事求是為主，固不得如各

---

[1]　朱壽朋編：《光緒朝東華錄》第 5 冊，中華書局，1958 年版，第 5125-5126 頁。

省書院之虛應故事，亦非如前者學堂之僅襲皮毛。既定功課，必當嚴密切實，乃能收效」。在選擇學堂教師上，梁啟超的這個「章程」，更顯示出其卓然的睿智眼光。「學生之成就與否，全視教習。教習得人，則綱目畢舉；教習不得人，則徒糜巨帑，必無成效。此舉既屬文學之政，實事求是，必不可如教習庶起士，國子監祭酒等之虛應故事。宜取品學兼優通曉中外者，不論官階，不論年齒，務以得人為主」。尤其「必擇中國通人，學貫中西，能見其大者為總教習，然後可以崇體制而收實效」。這理我們不厭其煩地援引「章程」的有關條款內容，其目的在兩相對照中，更清楚明白「京師大學堂」為什麼能夠成為在戊戌維新後僅存的碩果緣由，理解晚清「新政」與維新變法的淵源關係，以及清王朝最後消亡前的一次迴光返照所產生的潛在影響。清王朝以教育改革為先導，使得新思想新文化的傳播有了可能、有了正當的渠道。即便這種先導的改革保留著濃厚的封建性和保守性，然而畢竟還是露出了現代化進程的曙光。

晚清的「新政」以教育改革為本，從思想文化的建設和一支新興知識份子隊伍的成長看，思想啟示是十分明顯的。

其一，在新的「學制」倡導下，中國近代新的文化體系的建構提到了日程，也開始初步實施。清王朝受到維新變法的衝擊，又有「學戰」中沒有深入展開的問題。先覺的維新知識者率先感受到思想文化建設的重要，抓住了「學制」的變革之關鍵。康有為正是總結了日本明治維新的經驗，他說：「日人之變法，先變學校」。[1]他還強調：「欲任

---

[1] 康有為：《日本書目志》，《康有為全集》（3），上海古籍出版社1992年版，第935頁。

天下之事，開中國之新世界，莫亟於教育」。[1]這使得維新以來逐漸
成長起來的新興知識份子，首先意識到文化教育的重要，面對一次
次國家民族的欺辱，知識者認識到「一個國家只有發達的經濟、完
善的政治還不能算做受人尊敬之國」，只有在文化上「卓然冠絕於
環球」，才可稱為「上乘之國」。所以「新政」實際較早確定了教育
改革文化戰略在其國家中的位置，即傳播新知，開啟民智，教育為
先，教育為本。

　　晚清以來教育的一系列革新舉措，顯示了文化問題的高度重
視，有人說：「人類因學而蒸蒸日進，日異月新。雖世界文明之進
步，豈非學力哉。故敢決一言曰：不為人類則已，如為人類，必不
可須臾離乎學。泰西何以強？有學也，學術有用，精益求精也。中
國何以弱？失學也，學術無用，雖有亦無也」。[2]所以，在他們看來，
中國自強只「兵戰」、「商戰」不行，還要「學戰」。張繼熙說：「以
為今日言兵戰、言商戰，而不歸之於學戰，是謂導水不自其本源，
必終處於不勝之勢」。[3]顯然易見，新的文化建設與民族國家的危亡
相互緊密地聯繫在一起。而教育變革滋生的新一代知識群體，先天性
地在其成長的機體中，有著與整體國家民族相通的濃濃血脈。

　　其二，新學制新學堂新知識者，直接承擔了新知識新思想的傳
播之重任，從而為造就新國民，徹底破除舊文化教育思想的影響創
造了條件。新式學堂造就了大批新思想新知識的人才，成為中國教

---

[1]　梁啟超：《康有為傳》，《飲冰室合集》文集之九，中華書局，1989 年版
[2]　貫公：《振興女學說》，《開智錄》第 5 期。
[3]　張繼熙：《湖北學生界敘論》，《湖北學生界》第 1 期。

育現代化的重要知識基地。新學堂中重視培養融古今中外知識的人才，以推動全社會國民思想素質的提高。1903 年福州益聞社周年紀念來賓贈聯言：「集全地球言論思想，益新學界智慧見聞」。「中外採見聞輒讀寧無經世志，賓朋羅雜逞縱談同具感時心」，「開震旦普通風氣，鼓文明進化潮流。」[1]新教育最根本的宗旨是以開放的文化思想徹底摒棄舊的封建思想文化，尤其「法古」、「泥古」的保守思想。由此，馬君武曾以「因襲文明之國民」的奇特文字表述出吸收西方先進文化，來「新造吾國民」之意。

1901 年《清議報》創刊一百冊之際，梁啟超在《祝詞》中明確提出用新思想引導新國民的主張。他態度堅定地斷言：要造就新國民，必須借助「萬國之新思想」。「凡欲造成一種新國民者，不可不將其國古來誤謬之理想催陷廓清，以變其腦質。而欲達此目的，恒須籍他社會之事物理論，輸入之而調和之，如南北極之寒流，而與赤道之熱流，相濟而成新海潮；如常雪界之冷氣，與地平之熱氣，相摩而成新空氣。故交換知識，實惟認人生第一要義。而報館之天職，則取萬國之新思想，以貢於其同胞者也。」[2]新文化的建設以接納萬國之思想精華，已成為先進人士的共識，也是新學堂的新教育最重要的特色之所在。

此時此刻，「新政」還由內至外大力倡導走出國門的遊學，是新學制實施的另一重要舉措。其價值和意義使得廢除的舊科舉制有了一個切實的參照系，教育改革落實到了本質的深處。

---

[1] 見《蘇報》，11903 年 5 月 4 日。

[2] 梁啟超：《飲冰室合集》文集之 6，中華書局，1989 年版，第 50-51 頁。

第三節　留學之潮：西洋、東洋初識世界

　　清政府的「新政」雖為並不徹底的社會改革，但是畢竟影響了整個社會的思想文化環境。19 世紀 90 年代初，全國幾乎掀起了一個普遍的尋求西學的新風潮。這是維新以來上上下下經歷了「舉國慕西學若膻。己庚之間，舉國避西學若厲。今則厲又為膻矣」[1]的曲折過程。這使國人體會到要推「新政」，必求西學，才能有出路。晚清朝廷「串演」維新角色，有了廢除科舉制，興辦新學堂的舉措，有了譯書辦報的熱潮，更有大力提倡出國留學的號召。大量留學生的出現，作為一種新的文化載體，最主要的功能不僅僅在於吸收和傳播了國外的新知，而是從更為廣闊的中西文化交流的視界，促進了封閉中國與世界多民族的溝通、瞭解、對話。這是上世紀末與本世紀初，中國文化思想轉型的最重要的標誌。自然，也是新一代知識份子成長的重要精神通道。

　　打開國門，講求西學，積極派遣留學生，作為一種時代風潮，甚至成為清政府「新政」的國策。這是伴隨著洋務運動、維新變法、晚清「新政」等一系列社會改革的過程，一代先覺者在政治思想革命和文化思想革命的雙重探索中的選擇。如選擇晚清「新政」時期最近的一個階段考察，留學潮從一開始就表現為國家民族危機的應急之求。其晚清留學特點最先表現為由「西」向「東」的流向；由務實的炮艦軍事、科學技術之求，到務虛的教育體制革新、思想文

---

[1] 梁啟超：《新民說・論自由》，《飲冰室合集》專集之 4，中華書局，1981 年版，第 48 頁。

化之啟蒙的轉變。所以，探求西學，出國留學風潮，實際此刻是洋務運動以來，清政府第二次有具體措施放眼望世界的時期。如以戊戌變法失敗為轉向的界標，在此之前，是 1840 年以來，中國在外國帝國主義的欺辱下，率先洋務維新，學習外國強艦強炮，「以夷制夷」，一時間派遣留學生到歐洲學陸軍、學海軍，學造船駛船成為出國主要目的。從 1872 年到中日戰爭前的 20 年間，清政府共向美國、英國、法國、德國四國家派出了 200 餘名留學生，開中國出國留學之風。

同時，這時期在國內自己也積極培養人才。洋務派主要創辦新學制的學堂為三類：外語學校、軍事學校和技術學校。以後我們見到的一大批先覺知識者無論從事政治革命還是進行思想革命，都與他們早年進入各式各樣的會館、學堂有關聯。比如，語言類的京師同文館，及分語種的英文館、法文館、俄文館等等；軍事類的江南水師學堂、天津武備學堂、廣州黃埔魚雷學堂等等；技術類上海機器學堂、湖北礦業學堂、天津北洋西醫學堂等等。更主要清政府「新政」廢除科舉制後，普及新學堂開設新課程，這些為教育內容的現代化改革提供了必要的準備條件。

維新變法失敗以後，隨著康、梁為代表的維新派流亡日本，以及當時明治維新後的日本一躍成為世界強國，對中國革命產生了較大的影響，再加上去日本的學習費用要低於歐洲。為此，1900 年以後赴日本留學成為留學浪潮中的主流。1903 年的《奏定學堂章程‧學務綱要》強調，日本為出國遊學的第一選擇國家。學部成立後，又陸續制定一些章程，逐漸完善了一套留學制度。據統計，1899年到日本留學生不過 100 餘人，但截至 1905 年底，中國留學日本

學生的估價數已激增到八千至一萬人。在留學風達到高潮時，學生中也有舉家赴日的，如父親陪著兒子，年輕的中國姑娘和纏足的婦女也前來學習。[1]這一次的留學「從西向東」的轉向，學生人數的劇增和政府的引導還是表面的現象。最為重要的是，日本留學直接傳播了日本明治維新的思想文化、教育，日本文化的政治革命、思想革命的模式被照搬地在中國應運。近代新興知識份子的成長深深地打上了日本文化思想的烙印。

第一，留日學生最大的變化，是逐漸地由實業救國、科技救國轉向「棄醫從文」，重視思想文化的新道德、新思想、新精神的開啟民智。晚清「新政」的教育改革的培養人才，從求西洋學到東洋學，將日本作為楷模，源於明治維新受康有為維新運動的啟迪。康有為的《日本政變考》，推崇日本的議院式政治改革體制；梁啟超的《變法通議》，言「今夫日本，幕府專政，諸藩力征，受俄、德、美大創，國幾不國，自明治維新，改弦更張，不三十年，而奪我琉球，割我臺灣也」。他指出了日本明治維新後的強大。黃遵憲的《日本國志》也竭力讚譽日本的立憲改良的巨大影響。而維新變法的失敗，使得先進的中國知識份子將初識世界：西洋的先進科技和槍炮，並沒有打贏甲午之戰；東洋的君主立憲制，也並沒有使得直接仿效的維新運動成功。民族生存的現實，國家非變不可的現實，逼迫著先覺者更為深入地反省西洋和東洋的文化思想的取向。清政府的教育改革留學日本的導向，加速了對日本明治維新的成敗得失的

---

[1] 費正清、劉廣京編：《劍橋中國晚清史》（下卷），中國社會科學出版社 1993 年版，第 408 頁。

思考深度和廣度。這就有了思想文化的建設，並且重在民權、民智、民生的資產階級革命主張倡導。尤其，一代知識者文化思想觀念的根本性調整。隨著留學風潮經日本留學主潮的鼓蕩，中國傳統文化與西洋、東洋文化的交流愈加深入而廣泛。

最初的「師夷長技以制夷」，與後來的洋務、維新之下的「中體西用」等文化改良主張，都漸漸地為一大批接受新思想新文化的留學生率先予以清算。這些學貫中西的學子，或獨立著書立說闡釋自己的文化思想，或群體聚合鼓動民眾的思想啟蒙。就個人言，前述思想家嚴復是代表人物之一。嚴復對「中體西用」的文化觀，批駁最為深刻，他以牛體馬用為比喻，說，牛有牛的體和用，馬有馬的體和用，「未聞以牛為體以馬為用者也」。而大膽提倡「統新故而觀其通，苞中外而計其全」主張，並指出要做到「統新故」、「苞中外」必須遵循「要道」。這「要道」他解釋為「今吾國之所最患者，非愚乎？非貧乎？非弱乎？則徑而言之，凡事可以愈此愚，療此貧，起此弱者，皆可為。」而其中三者，猶以愈愚為最急。從此出發，嚴復大聲疾呼「繼自今，凡可以愈愚者，將竭力盡氣，黽手繭足以求之。惟求之為得，不暇問其中若西也，不必計其新若故也。」其思想的解放與同期先進的知識界人士強調「開民智」不謀而合。

又比如，就群體而言，正是以先進的知識者在日本率先成立的「開智會」為代表。該會 1900 年在橫濱創立，一開始就以鼓動國民獨立，爭自由民權為己任。「吾國民一受列強之壓制，一受滿人之鉗禁，則為兩層奴隸之勢成矣」之際，不「圖國民之自立」，而「猶以開智為議，創區區小舉」，是因為「爭權之道，必在充足吾國民智力也。智力既棄，則雖一時瓜分，不能絕吾國民之華盛頓也。

片時受兩層奴隸之辱，不能使吾民之自由鐘息聲也。一言以蔽之
曰：中國之亡，非隨今日政府之亡，乃國民之智未拓，則一亡之後，
無建新政府之日耳」。[1]群體和個人都從中西文化交流之中，獲得了
文化觀的更新。這本身就已經初步顯示出民智開啟的實效。留學生
作為文化傳播的獨特文化載體，應該是推動近代民智解放、思想變
革的最重要的橋樑。

　　第二，中國留學大潮流向西方，流向東方，無論學其技術還是
領悟其思想，有一個共同之點就是，追蹤新學一浪高過一浪。如果
說文化觀調整在於最終目標的開啟民智，那麼，文化接受過程中新
學的傳播尤其值得關注。一代新興知識份子的精神成長，恰恰完成
於中西文化吸收消化，變異更新的漫漫旅途之中。晚清「新政」積
極提倡遊學，助長了留學生這種新的文化傳播交流方式的蔓延和擴
展。留學潮所滋生的現代學人，最為顯著地體現了他們在異文化圈
裏對於新學的敏銳和迅速的接納，並且天然地表現與本土文化的對
照比較中傳播介紹。異域新學的接受，從一代新興知識者的精神追
求看，他們表現出鮮明的特徵：一是異域文化對於長期封閉的文化
圈來說，一切都是新鮮的有價值的，因而吸收多表現為全方位的接
納；二是對於一個重人倫、親中和，匱乏理性邏輯的民族文化，異
域新學中思維分析的哲學、理性的邏輯學，崇尚精神自由的文學，
及關注人類生活的社會學等最受到國人的青睞；三是異文化交流的
背景和語境，文化接受的具體方式較為平和，食而不化的弊端有所
削弱。在本土民族生存國家危亡的迫壓下，文化傳播多有急功近利。

---

[1]　《開智錄》，改良第 1 期，1900 年 12 月 22 日。

　　19 世紀末 20 世紀初，伴隨著留學生奔赴西洋、東洋尋求新知識、新思想、新文化的同時，留學本身獨特載體方式，與文化交流的互動性之影響，這個時期中國出現了前所未有的「新學」大潮的湧動。梁啟超在其《清代學術概論》中，是這樣描述的，「戊戌政變，繼以庚子拳禍，清室衰微益暴露。青年學子，相率求學海外，而日本以接境故，赴者尤眾。壬寅，癸卯間，譯述之業特盛，定其出版之雜中志不下數十種。日本每一新書出，譯者動數家。新思想之輸入，如火如荼矣」。[1]長期受到封建文化束縛的中國國民，在清政府「新政」的背景下，教育改革中遊學這一特殊的開放的教育形式，使得國人走出國門感受到別有洞天、豁然開朗的精神境界。於是，西方的新思想、新學說的大潮，直接或間接通過日本的中介，鋪天蓋地地湧入中國，中西文化的交流呈現出異常活躍的時期。最突出的表現為文化吸收在留學生和一些先覺知識者那裏幾乎是全方位的接納。

　　這中間既有 19 世紀以來生物進化論等自然科學的三大發明，又有社會科學的哲學、文學藝術、倫理學、美學、社會學等。還有科學技術的應用性知識，如槍炮船艦製造業等，理論應運性學科邏輯學、經濟學等，都被廣泛地介紹到中國，極大地衝擊著中國傳統文化的思想內容和結構。那一代的新興知識份子吸收新知識的範圍，表現出十分駁雜廣泛的思想特徵。如梁啟超僅在 1902 年，他介紹和論述的西方學術的文章就有《政治學學摭言》、《格致學沿革者略》、《生計學學說沿革小史》、《論希臘古代學術》、《亞里斯多德

---

[1]　梁啟超：《清代學術概論》，第 29 節，商務印書館，1923 年。

之政治學說》、《進化論規模者詰頁德之學說》、《近世文明初祖二大家之學說》、《天演論出祖達爾文之學說及其傳略》、《法理學大家孟德斯鳩之學說》、《樂利主義泰斗邊泌之學說》等等。這些內容非常廣泛而豐富，涉獵西方思想文化和科學的各領域、多方面。其中也有不乏已掌握了較好外國語言的能力，可以讀懂某些西學原著的留學生。因此，這些人並不只是對西學流於淺薄空疏，而是非常專注地探求新知識，精細充實新文化。這就使得在整體上留學帶來的新學內容，成為了中國近現代思想文化建構的重要基石。

除了整體上對西方文化思想全方面的接納外，新學大潮還表現出偏重思想學術化建設的傾向。這主要表現為留學生們受到異域文化影響，一方面從新的文化思想的參照系中全面反思中國傳統文化思想，一方面對於西方文化思想的學說進行了有所偏愛的介紹和傳播。傳統中國文化的儒學思想體系，交織著正統的「載道」，形成了與統治者相聯繫的思想觀念。其自身缺乏獨立學科的建設。20世紀初，中西文化由遊學擴大了文化交流，「哲學」一詞從日本傳入中國，從傳統士紳階層獨立出來的開明知識份子，便以哲學體系為中心超越傳統的儒學，新興知識者便獲得了一種現代意識的思維與方法。這中間西學的哲學原理、體系，及哲學家和其流派的介紹，極大地影響著一代知識份子的成長。比如，王學來譯日本井上園了的《哲學原理》（1903 年日本閏學會印），師孔的《哲學綱領》（載《浙江潮》）等。同年，還有「國民叢書社」譯日本學士著的《哲學十大家》，介紹了蘇格拉底、柏拉圖、亞里斯多德、牛頓等十位學會學者的生平思想，其主要是哲學家。嚴復 1898 年最早翻譯英國生物學家赫胥黎《進化論與倫理學》一書，後 1902 年留學日本

的馬君武又將達爾文的《物種起源》進行部分翻譯介紹。為此，進化論又成為一種新的世界觀和方法論，震動了中國思想界，在以後的中國文化思想建設中起了十分可觀的重要作用。

文學藝術又是一種對新興知識份子成長產生巨大影響的新學。傳統的中國文學是以「文以載道」，為聖賢立傳為其思想主旨，以詩詞、賦、文言文為形式的文學樣式。這時期受新學大潮推動開始醞釀文學變革，新學帶來文學觀念被推到傳播新思想、啟迪民智的高度，受到改革者的極大重視。晚清文學的「文界革命」、「詩界革命」、「小說界革命」三次大的變革，都與戊戌變法後的流亡者、留學生在日本受其政治革命的影響有關。從維新變法到資產階級民主革命的過程中，中國表現為前所未有的比任何時候都強調文學的社會作用，正是革新者在許多方面看到日本政治革命中文學的巨大輿論功能。其中梁啟超為代表的「小說界革命」最為有影響也最有代表性。梁啟超是這樣說的：「欲新一國之民，不可不先新一國小說。故欲新道德，必新小說；欲新宗教，必新小說；欲新政治，必新小說；欲新人格，必新小說；欲新學藝，必新小說；乃至欲新人心，欲新人格，必新小說。」[1]在此改良小說與改良社會同等的思潮推動下，小說文體和文學突然「繁榮」起來，可謂歪打正著。據統計，僅 1900 年至 1911 年間創作的小說便在 1000 種以上。有人認為，「晚清小說在中國小說史上，是一個最繁榮的的時代。」[2]當

---

[1] 梁啟超：《論小說與群治之關係》，《飲冰室合集》文集之 10，中華書局，1989 年版，第 6 頁。

[2] 阿英：《晚清小說史》，作家出版社 1955 年版，第 1 頁。

然，晚清小說的繁榮與大量外國文學作品被介紹到中國密切相聯繫。國內的林紓（字琴南）早在 19 世紀末就將小仲馬的《巴黎茶花女遺事》翻譯到中國，以後他譯外國小說達 180 餘種之多。在日本蘇曼殊、馬君武等也邊學習邊譯介邊模仿，創作了許多新小說。這些不僅僅在文學的本身提供了嶄新的創作模式，而且對於開啟一代人精神思想的新境界，起了不可估量的深遠影響。

最後，要指出的是作為更新傳統文化精神，建立新的文化思想。西方倫理學、社會學、邏輯學等新學，對於中國知識者觀念更新也是起著重要作用的。中國長期封建專制統治以三綱五常為道德準則，禁錮著民眾的思想。維新運動的代表者康有為、梁啟超率先在日本發動了「道德革命」，倡導新的倫理道德觀，與他們以「新民」的思想拯救民族危亡相呼應。他們認為中國國民必須具備「新道德」，即樹立平等、自由的觀念，發展個性，培養公德私德，提倡創新，激發民眾積極進取精神。這時，蔡元培在德國留學翻譯一本《倫理學原理》，編著一本《中國倫理學史》，可以說是中國最早系統介紹西方倫理學的著作，也是以新觀點進行倫理學研究的開山之作。他對更新、改造國民道德提供了理論依據。他與同時期嚴復翻譯的《社會學研究法》、《社會通詮》二書，介紹西方研究人類社會生活及其變化的新興社會學學科，共同產生了廣泛影響。恰恰是滲透於各個領域的新學，揭示了新的文化思想整體性的變革的先兆，以及一代新興知識份子的精神源流。

新學大潮必然也裹挾著泥沙俱下。無疑，在思想文化領域的各個方面新學引進介紹，衝擊了傳統文化思想，推動了新的文化思想的建構。但是，縱觀新學的整體發展，尤其作為一代知識者的精神

追求。晚清新學鮮明地反映出一代人的精神饑渴和焦慮，廣泛的吸取和全方位的介紹，新思潮來勢洶洶澎湃，卻明顯地後力匱乏。本該以學理建構、學術探討的精神積澱，創造完善而科學化的新文化思想，但往往表現浮雲流動、匆匆而過、急功近利。新興的知識份子群體面對新鮮的西學大都表現出偏食之態，影響了文化思想的完整性、科學性的倡導。一切新學引進都是從資產階級民主革命的要求取捨，將文化思想建設的連續性、永恆性和複雜性的內涵和特點，轉變為簡單化、革命化，實用性、功利性的行為方式。不同文化思想交流缺乏一種平等、平和的意識與心態。遊學的本身以很強的目的性為主旨，再加上自身文化的激烈衝突，使得整體文化思想充滿對立和極端。有人將晚清思想界概括為十種派別：「三綱五常派」、「古義實學派」、「吏治民主派」、「洋務西藝派」、「中體西用派」、「變法維新派」、「開明專制派」、「強種保國派」、「平等自由派」、「真理進化派」。這裏既看出晚清思想界的活躍，又不無可見思想對立的複雜。更重要的是晚清思想界採取防衛性姿態對待新學，文化思想建構缺少理性的平等對話，未有相容並蓄的大家風範。因此，在這一留學風潮中，我們真切感受到先覺者初識世界予以傳統中國文化思想的衝擊，也確實看見嚴復、王國維、蔡元培、蘇曼殊、馬君武等一批先覺知識者的積極探索。但是，從文化思想建設的整體上，晚清新學的傳播，並沒有形成全民文化觀念的根本性的變更，新的思想啟蒙還僅僅局限在少數先覺者身上。自然，而是沒有必要苛求前人，我們旨在清理一場大潮形成和衰落，潮汐變化的過程和緣由。

　　總括之，晚清「新政」的文化語境，文化取向，及其主體形態的教育改革和留學潮的成因。這些所做的歸理、辨析，其重要目的並不在想認同相當長時間學術界探討晚清「新政」多取保留態度的批評性的論析，即以倡導「中體西用」為出發點的「新政」，多有虛假的偽改革。歷史的成因充滿無數複雜而多變的社會因數。文化思想史的演變，更是難以用具體單一的標準去恒定。社會歷史的發展，晚清政府走向自身衰落的邊緣，已經暴露無疑清王朝搖搖欲墜的前景。此種狀態之下，任何扭轉之勢不過是徒勞的掙扎而已。可是，歷史的精神文化史存在於多因子排列組合中，應該客觀尋求歷史自身演變中的多重因素，更應該合情合理地體驗和闡釋歷史文化諸種複雜現象，尤其是精神的文化思想，更應該如是觀。

　　晚清「新政」的實際效應從文化思想史的角度觀察，是一種多元性的整合。其整體的各項新政系列舉措，無論實施還是未實施的，都從一個層面反映了資產階級文化思想的滲透，社會文化表面上有了歷史進步的因素。其主體的教育改革最具成效和極大收穫，表現出「新政」的本質是在引導思想文化的觀念革命。

　　這一方面是千年的科舉制廢除的本身，已經顯示出不可估量的文化思想價值，奠定了一代新興知識份子生長的可能。而其一系列具體實施形式：推崇新學，倡導留學等，從一個世界文化的廣闊視野，尋求確定新的文化思想建設的路向，使得新的社會知識階層的成長，從思想充實到行為方式，有了堅實的文化資源。這一點對中國文化歷史翻開新的一頁，有著不可低估的深遠意義，五四新文化運動在中國近現代文化思想史的突出地位，就是一個最好的例證。

　　另一方面清政府無可奈何的「新政」，更加徹底的暴露出封建王朝政治和思想上的腐朽性，可能是其自身始料不及的。清政府越是倡導「新政」越激發起政治革命和思想解放運動的全民高漲，「新政」並未能夠挽救其衰落的必然。這恰恰說明「新政」充滿著多重效應的合力，在短暫而匆忙中像流星劃過，留下了一個大清帝國彌留之際的迴光返照，記錄了一場大變動即將到來前政治和文化思想準備的過程，也最成功地譜寫了新一代知識者成長的序曲。

■ ■ ■
廢墟上的精靈
——前現代中國知識份子思想文化的理路（1898～1918）

第七章　西學東漸的文化轉型

　　中國近代社會文化歷史的變革，與西學的傳播息息相關。這不只是上述清王朝一系列改弦更張「新政」、「新學」所傳達的資訊，而最主要是近代以來的中國社會歷史自身演變的必然。1840 年的西方列強入侵，民族的危機與民族文化的挑戰與生俱來。西方傳教士東來是西學輸入的先導，自明末清初始。19 世紀初，實際是傳教士的再次東來，中西文化真正意義的交匯和碰撞從這時拉開了序幕。而這一主要標誌就是提供了一代先覺者精神思想成長的重要基礎，即文化載體的全面更新和調整。這中間包括文化觀念的、傳播方式的，及整體物質基礎的全新文化的轉型。在這個文化更新和轉型過程中，使得我們尋求到近代中國新興知識份子崛起的內在精神承傳的生存形態，並由此而提供了我們對於整個近代中國社會歷史推動力的源流管窺。

　　相當長的時間裏，我們對於西學東漸的認識僅僅局限於文化傳播的接受與被接受的層面，或只是一種文化背景來理解西學東漸的文化現象。我認為它們更多聯繫著新型知識者現代意識的增長，聯繫著前現代的中國歷史演進的重要文化思想現象。為此，我將從這樣兩個縱橫坐標上重新考察其西學東漸的文化因素，及與現代知識者成長的關係。

第一節　中體與西學撞擊中觀念大調整

　　近代以來中西文化交流的發展線索，自然不必我在這裏進一步的梳理，眾多的「文化關係史」已經作了這樣的工作。我們試圖在「關係史」的導引之下，尋求 1898 年維新變法以後，中國思想知識界現代文化的滋生因素，及其一代新興知識份子的成長緣由。這一探尋更注重知識份子精神層面的全方位考察，即新興知識者精神觀念、文化載體和物質基礎等。

　　西學東漸最早在明末清初，在傳教士的基督文化福音的傳播之中，西學是潛移默化地滲透於中國。國家和民族的相當穩定，文化的接受也就較為平和。但是，鴉片戰爭以後的中國就並不那麼安定、從容了。不僅僅此時傳教士的文化傳播，與政治入侵有了相似的文化掠奪意味，而且伴隨著民族的危亡文化危機也日趨嚴重。本土的中國文化傳統與外來的西方文化的衝突更加激烈，文化更新的思路與軍事對策相聯繫，較早時，魏源在《海國圖志》中指出，「以夷制夷，以夷款夷，師夷之長技以制夷」。他確定了一種：「悉夷——師夷——制夷」的文化接受方針，為以後洋務運動的文化策略提供了思想條件。明確打出採西學、辦洋務、謀自強旗幟的清政府，學西洋是為了保持時局的穩定以求苟安，將「師夷長技」改成「變通自強」，從買槍炮轉到了製造槍炮。這便有了洋務派鼓吹「西學中源」論，試圖擺脫指責，爭取同情，反擊保守派詰難。這一文化策略的進步是在被動的應急之中，發現了文化「變通」的一個新思路，即文化的交流和融會的本質特徵，和文化的先進與落後的流

向，其文化策略既是雙向的又是先入為主的，旨在應時因地的文化取捨變通。

　　東西方文化的差異性並不能影響彼此的交流和互相吸取。正是在此基礎上，形成了「中學為體，西學為用」的新的文化策略。為此，拉開了中國近三十年的中西文化「體用之爭」、「主輔之辨」的漫長爭論的序幕。客觀地說，這種文化策略或曰觀念無疑是反對守舊排外、提倡文化革新的新思想。它進一步地從「體用」、「本末」的關係上證明文化的交流融會的可能，並且看到中國文化在西學中獲得新知和煥發的生機。然而，最主要的是文化傳播者的廣大知識群，吸收傳播中更多些主觀因素的參與，使得有了「中體」與「西用」長期之爭。因為傳統文化培育出來的大量中國舊知識份子，他們篤信儒學，對於西學輸入憂心忡忡，而又抱著無可奈何的態度。他們沒有人能夠找到一種正確對待傳統文化的合理方案。儘管也有一些熱衷提倡學習西學的人士，可是一旦他們談到中學價值時，本土文化天然優越感的精神傳導，立刻使得他們本能地成為文化守護者。長期正宗而世襲的程朱理學教育，對於這代知識者已經構成了知識機體的「發育成型」。傳統的「三綱五常」形成了學術文化的神聖化、絕對化的氛圍，一下子使得他們難於衝破已經約定俗成的精神文化的藩籬。因此，近代中國「中體西用」的文化觀在知識者那裏，多少是一種自身充滿著矛盾和局限性，無奈性的梁啟超式的選擇。

　　當然即便如此，「中體西用」文化觀念也並不影響它對中國幾千年的傳統文化的衝擊，它畢竟有著一定先進文化因素的滲透，對於長期封閉的中國文化傳統作了最初的挑戰。同時，在其文化觀念

自身的矛盾性和局限性中，至少包括兩方面的因素「一是表明文化觀本身的內在張力；一是提供了新學派崛起反省的可能。由此，我們尋求 1898 年以後前現代時期中國文化觀的重建，對新一代知識份子成長的意義就更為必要。

前現代時期中西文化的交流和衝突，從被動防禦的應急表現出來的急功近利和為我所用的「中體」本位的文化觀，轉向了文化深層的思想學理、政治制度的探尋，「西學」之用更多思考其自身內涵與中國文化的聯繫和相通。

近代文化發生大的變動，與中日甲午之戰、《馬關條約》等不無關係。請看隨李鴻章赴日乞和，傳出已簽訂了喪權辱國的條約，舉國震撼的情景：

康有為目睹條約文字，不禁失聲痛哭，並隨即聯合全國 18 省應試的舉人 1300 多人上書朝廷，要求整飭朝綱，實行變法，圖強禦侮。

譚嗣同含憤疾書，有「四萬萬人齊下淚，天涯何處是神州」的詩句。

梁啟超言：「吾國四千餘年大夢之喚醒，實自甲午戰敗割臺灣償二百兆以後始也」[1]。

顯然，恰恰是這奇恥大辱暴露了國力衰敗，也醞釀了嚴重的政治危機。文化變革往往是政治革命的載體和先行者。於是，接踵而來的保國救亡為宗旨的維新運動，表面上是企求擺脫政治危機，而

---

[1] 梁啟超：《戊戌政變記》，《飲冰室合集》專集之 1，中華書局，1954 年版，第 1 頁。

本質上是對「中體西用」文化策略的反駁，尋求一條文化的新路，也是探尋一條政治文化革命之路，期求從根本上改變民族精神屈辱的歷史。

這條新文化思路的來源，與近代以來的政治變動緊密相連。比如，晚清的洋務運動既是政治的又是文化的。洋務運動的文化體系對中國覺醒的知識份子影響，一方面維新者在辦洋務之下，通過譯書、辦學、辦報，以及派遣留學生等擴大了對西學的瞭解，另一方面又對洋務派「體」、「用」文化觀表現出的政治態度曖昧之不滿。可以說，維新運動的先行者正是以這種看似悖論的策略為基點，開始了新文化、新學派、新思潮的最初創建。

首先，維新派的中西文化觀的確立，一是在洋務的西學「器」之為中心的基礎上，提出了全球文化觀，敬請朝廷認識「列國並爭」的格局，廢天下大一統的傳統觀念。以康有為的《上清帝第五書》為證，「大地八十萬里，中國有其一；列國五十餘，中國居其一。地球之通自明末，輪路之盛自嘉，道，皆百年前後之新事，四千年未有之變局也。列國競進，水漲堤高，比較等差，毫釐難隱。故《管子》曰：『國之存亡，鄰國有焉。眾治而已獨亂，國非其國也。眾合而已獨孤，國非其國也。』頃聞中朝諸臣，狃承平台閣之習，襲薄書期會之常，猶複以尊王攘夷，施之敵國，拘文牽例，以應外人，屢開笑資，為人口實。譬凌寒而衣絺縠，當涉川而策高車，納侮招尤，莫此為甚」。[1]此時康有為通過各種渠道都是表達著這一意思，

---

[1]　《戊戌變法》（二），上海人民出版社 1957 年，第 191 頁。

即列國皆變，吾國尚守舊，中國只有變法自新一途可走，別無選擇。以全球視界，從根本上破天朝一統。二是提倡效法西方體制，培養通「世界之識」的有用人才。

維新派不同洋務思想，旗幟更加鮮明地援引西學，尤其是西方政治體制的成法。這裏也有梁啟超在《續譯列國歲計政要敘》一文中對國際形勢的透徹分析為證：「萬國所向同者有二大端：一曰學，二曰兵。日盛月新，各不相讓。……學之日盛，地球將受大福；兵之日盛，地球將蒙顯禍。……有天下之責者，將鑒往以知來，察彼以知己，不亦深切而著明也乎！[1]」這一形勢的預測確定了維新派以全新的文化策略，努力探求中國落後的深層原因和西方強盛的緣由。由是，維新其本質是要將西方社會政治思想傳導到中國。維新派將西學「政本之大法」的學習提到了議事日程。這就有了西方進化論、天賦人權論、民主自由等學說被介紹到中國，成為維新的重要思想武器。初步地樹立以西方的科學、民主的思想為指導，建立一種中心內容是變革封建君主專制，會通中西學的文化觀念，為中國近代文化思想的發展，創造了一個新的起點。這也奠定了前現代文化大調整的基礎。

其次，前現代時期中西文化的交流，在維新派的政法之本、會通中西學的新觀念之下，將其文化的中心轉向援求西學改造中學，對文化傳統的重新反思，全面創立「新學」。以康有為、梁啟超、嚴復等為代表的前現代中國知識份子的先覺者，維新派的核心人物，自覺地擔綱文化轉型「新學」建設的歷史重任。前面我們已從

---

[1] 梁啟超：《飲冰室合集》文集之 2，中華書局，1954 年版，第 60-61 頁。

不同的角度對他們做了專門的分析和介紹。這裏從整體的文化調整，「新學」倡導的歷史意義方面，進一步論析他們對於這個時期文化建設的價值。

我們發現在會通中西文化，創建「新學」的過程中，康、梁、嚴三人似乎從各自理解西學的視點，綜合體現了新文化思想的內容和建構的側重點。光緒五年康有為就閱讀《西國近事彙編》、《環遊地球新錄》一類的介紹西方情況的書籍，後又購置洋務辦江南製造局所譯的新書，訂《萬國公報》等等，他在維新之前已接受了西方許多新的科學知識，對於後來他提倡新學打下了基礎。康有為首倡今文經學，反對古文經學，就是在西學進化論和天賦人權論的基礎上立論的。代表他今文經學的《新學偽經考》、《春秋董氏學》、《孔子改制考》等著述，將西學之學說、理論，特別是政治見解，都附會到孔子身上，重新塑造孔子形象和闡述儒學。「凡物積粗而後精生焉，積賤而後貴生焉，積愚而後智生焉。積土石而草木生，積蟲介而禽獸生。人為萬物之靈，其生尤後者也」[1]。這就是康有為將進化論的觀點，移為「孔子改制」不守舊法的學理依據。康有為還同時鑽研過西學的哥白尼的「日心說」、牛頓的天體力學和康德的「星雲說」等科學知識。但是，與他接受進化論一樣，他的自然科學的旨趣，並不在自然科學的本身，而在於獲得觀察社會和「新理」，用以「剖析今古，窮察後來」。可以說，康有為的中西文化觀，超越前人的地方，恰恰表現出將西學接受轉移到社會、哲學、政治等政體思想方面，與其維新變法相一致。

---

[1]　康有為：《孔子改制考》，中華書局 1958 年版，第 9 頁。

如果說康有為的文化觀的調整側重社會革命的西學政體思想的吸收，那麼梁啟超維新驅動下的中體與西學的再認識，更重視人的素質，全社會思想素質的提高。梁啟超以一個典型的社會改良家，深化了君主立憲的政體改革的文化意識，發展了康有為西學為中心的「新學」。他作為社會活動家較早地看到明治維新的日本文化思想的調整，對於中國文化建設的積極因素和可行性。梁啟超以更加活躍，更加開闊的思想，突出「民權、民智、民德」的社會文化倡導，重視「以群為體，以變為用」的文化建設活動。梁啟超批判洋務派的文化觀，「變法不知本原」，只知「練兵也，開礦也，通商也」，他積極從事樹立社會新風，開通民智的新文化活動。這時期，他與康有為維新變法的理論倡導不同，梁啟超主要傾心廢科舉，興學校；組織學會；辦報紙、廣譯書等社會文化建設事業。在「會通中西」文化的調整中，他首先強調中西文化的共通性和互補性，再到注重可行性。雖還是文化的「本」、「用」之話語，但他闡釋重心是文化之間的統一和相對。「要之，捨西學而言中學，其中學必為無用；舍中學而言西學，其西學必為無本。無用無本，皆不足以治天下，雖庠序如林，逢掖如鯽，適以蠹國，無救危亡。[1]」所以，當康有為用西學代替中學之時，梁啟超明確提出：」變法之本，在育人才；人才之本，在開學校；學校之立，在變科舉」[2]。「今欲振中國，在廣人才；欲廣人才，在興學會」。這種學會可以集結

---

[1] 梁啟超：《西學書目表序例》，《飲冰室合集》文集之 1，中華書局，1954 年版，第 129 頁。

[2] 梁啟超：《飲冰室合集》文集之 1，中華書局，1954 年版，第 10 頁。

資金，網羅人才，「會中有書以便翻閱，有器以便試驗，有報以便布知新藝，有師友以便講求疑義」，使得做到「學無不成，術無不精，新法日出，以前民用，人才日眾，以為國幹，用能富強甲於五洲」[1]。同時，撰文《論報館有益於國事》，言「閱報愈多者，其人愈智；報館愈多者，其國欲強」[2]。「國家欲自強，以多譯西書為本；學者欲自立，以多讀西書為功」[3]等等。這些主張都是梁啟超在總結過去對西方文化接受的經驗中，積極在文化領域的廣泛建設，以進行社會改良的實踐。

　　某種程度上，新一代的知識份子的成長，是從先進的西學看到了傳統文化的落後，更從文化領域的廣泛革新中，充實和理解了新文化的本質。嚴復，會通中西文化成為提倡「新學」的又一個十分重要之人，與康、梁不同的是，新文化觀更具有了體系化，被稱為近代最深刻的思想家和「中國西學第一」。嚴復獨特的經歷和其大量翻譯西學的著作，使得他從大的方向上，聯通康、梁「新學」的維新觀點，但他更有自己獨立的思想追求。自西學傳人中國以來，要麼西人少瞭解中國，要麼國人少瞭解西方，西學知識的介紹缺失，使得轉譯較多。嚴復批評洋務運動不過是「盜西法之虛聲而沿中土之實弊」，推崇西學的天賦人權學說，主張「以自由為體，民主為用」全新的資產階級社會思想。最重要的是，他的西方文化知識的諳熟和精通外國語，並且少傳統文化的羈絆和困擾。他勤奮地

---

[1]　梁啟超：《飲冰室合集》文集之 1，中華書局，1954 年版，第 133 頁。

[2]　梁啟超：《飲冰室合集》文集之 1，中華書局，1954 年版，第 101 頁。

[3]　梁啟超：《飲冰室合集》文集之 1，中華書局，1954 年版，第 122 頁。

翻譯了《天演論》等一批有影響的西方資產階級的社會政治理論著作。從外表看同屬康有為的吸取西學，倡導今文經學的學理不無相似，但實際內容和理解西學社會政治方面多有獨創之見。嚴復自言，「明目張膽」地向國人講清楚，「教化學術之非也」，中國唯一「救亡之道」、「自強之道」，必須「力主西學」。[1]學者嚴復獨立進行西學翻譯，前人不多有，而且如此全面地介紹西方經濟學、政治學、法學、社會學、哲學、美學等各方面的社會科學的知識，更是近代以來絕無僅有的一人。嚴復真正體現了維新的精神實質，而且將中西會通的文化建設推向了一個新臺階。

所以，無論從「新學」的維新說，還是就中西文化的融會的調整講，都表明康、梁、嚴三人的文化思想構成了前現代時期文化的新思潮的整體，對於社會文化的轉型起了積極推動作用。

再次，前現代時期中西文化交流的發展，文化觀念的進一步的積極調整，是「新學」維新之後，資產階級民主革命的高漲，依然面臨著中西文化的選擇，更促進了本土文化的深入反思，這使得新型的現代知識份子迅速的成長壯大。

前現代時期，確切說是一個典型的世紀之交的重要歷史時期。文化的轉型不無鮮明地具有這一特殊歷史時代的特徵。19 世紀末 20 世紀初，中國封建清王朝已到了窮途末路，政治維新的失敗與思想文化的探索，多重合力交織在一起。中西文化之論爭最突出的表現是，自由民主、民權觀念的高揚；西學和中學面臨著「新政」的實施、政治革命與改良的論爭，等等，都面臨著再一次選擇。正

---

[1] 嚴復：《救亡決論》，《嚴復集》第 1 冊，中華書局，1986 年，第 54 頁。

是歷史的文化選擇，世紀之交的文化轉型，清晰地揭示了新一代知識份子接受現代文化的艱難歷程。

康、梁、嚴等為代表的「新學」維新政治文化，本質上是探求社會變革，為救國救民的政治服務的。維新的失敗，康有為、梁啟超流亡到國外，他們反思政治君主立憲的變革，他們受到日本異域民主自由空氣的渲染，影響了他們思想的變化，也影響了世紀之交的中國文化思想的歷史進程。

嚴復平等的中西文化觀，倡導西方先進的自由民主思想，康有為的「大同」思想，梁啟超的「天賦民權」學說最初的傳播，在維新時代文化的「中體西用」的觀念，只能將他們標以文化激進主義。然而，世紀之交的政治文化的巨大變更和分化，最顯著的恰恰是自由民主的文化思想得到擴張和高揚。這中間以「新學」裏三位核心人物之一的梁啟超最為典型。一開始就表現出思想家、革命活動家魄力和膽識的梁啟超，在維新中他積極從事文化實踐活動，組織學會、辦報紙、興學校，推動了新文化的思想傳播。其中一個重要的文化思想，即民主自由的觀念。而隨後，更加關注資產階級的自由民主學說，1900 年 7 月，他在《清議報》上開闢《飲冰室自由談》專欄，稱「西儒約翰彌勒曰：人群之進化，莫要於思想自由、言論自由、出版自由。三大自由，皆備於我焉，以名吾書。[1]」這不僅是梁啟超的資產階級自由文化思想的宗旨，更主要代表了先覺的知識者們一個新的宣言。他們對西方自由民主文化有了新的理解。自

---

[1] 梁啟超：《自由書・序言》,《飲冰室合集》文集之 3，中華書局，1954 年版，第 60-61 頁。

由民主的文化正式成為一面旗幟，飄揚於世紀轉型的近代中國上空，政治的維新改良轉向資產階級民主革命，有了明確的文化思想的準則。在此基礎上，反思中國衰敗的思想深層原因，邁出了民主民權思想啟蒙的一大步。當時有《20 世紀之中國》一文，分析中國思想文化的歷史經驗和教訓十分精當。文章認為中國衰敗的歷史遠因，是長期封建專制主義，使得「中國二千年之學術、政治、法律及一切」，都為「一人一家之私教養成之者也」。而從現實的近因看，「嗚呼，西諺有之：『自由之快樂，非奴隸所能知』。今可易之曰：『民權之公理，非奴隸所敢言』。嗚呼，民權之集，是為國權。民而無權，國權何有？」[1] 這一文化反省，民權精神的倡導，已形成一種社會民眾的要求，維新以來的康、梁、嚴的民權學說，實際是最先得到了來自知識界的廣泛認同。自由民主的文化觀念由知識者迅速的推進，從而提供了社會民主主義革命的思想文化基礎。

　　不能不關注到晚清「新政」的改革和資產階級民主共和的民國革命，與前現代文化思想調整的重要聯繫。當思想家自由民主、民權思想迅速傳播之時，迫不得已的晚清政府「新政」舉措，與資產階級的民主革命的歷史必然進程，無疑同時促成了文化新局面的形成。

　　如果說「新政」是清王朝無奈中再一次大舉引進西方先進文化思想，無意識地促使了中國社會風氣和文化觀念的大調整，那麼，政治的國民革命醞釀發展，就是自覺地有意識的新文化建設了。這種自覺最鮮明之處，是傳統的「中體西用」文化觀受到全面挑戰。

---

[1]　《國民報》，1901 年 5 月 10 日，第 1 期。

王國維從學術自由的理念精神上，強調中西文化交流的當務之急。此時孫中山從政治革命的出發點上，提出的三民主義主張，就是中西文化融會貫通的產物。王國維在《〈國學叢刊〉序》中指出：「學無分新舊，無分中西，無分有用無用」。「余謂中西二學，盛則俱盛，衰則俱衰，風氣既開，互相推助。且居今日之世，講今日之學，未有西學不興而中學能興者，亦未有中學不興而西學能興者。[1]」王國維首次從學理上將中西學擺在平等的地位，突出文化交流的基本要義。而孫中山的民主革命的廣泛的感召力，以政治的力量深入了文化交流的平等意識，也進一步宣傳了自由民主的新文化觀。1905年「同盟會」的誕生，開創了民主文化的新紀元，就在於第一次提出了「民族、民權、民生」的三大主義。這既是資產階級民主革命的政治宣言，又是新文化思想的重要核心內容。孫中山將西方政治思想與中國傳統文化、中國國情結合起來，建構了自己的理論體系。這個體系裏對中西文化作出了新的闡釋，他曰：「歐美之進化，凡以三大主義：曰民族、曰民權、曰民生。羅馬之亡，民族主義之興，而歐美各國以獨立。洎自帝其國，咸行專制，在下者不堪其苦，則民權主義起。18 世紀之末，19 世紀之初，專制仆而立憲政體殖焉。世界開化，人智益蒸，物質發舒，百年銳於千載。經濟問題繼政治問題之後，則民生主義躍躍然動，20 世紀不得不為民生主義之擅揚時代也」。「今者中國以千年專制之毒而不解，異種殘之，外邦逼之，民族主義、民權主義殆可以須臾緩。而民生主義，歐美所

---

[1]　王國維：《王國維遺書》第 4 冊，《觀堂別集》卷 4，上海古籍書店，1983年影印本，第 8 頁。

慮積重難返著，中國獨受病未深而去之易。是故或於人為既往之陳跡，或於我為方來之大患，要為繕吾群有事，則不可不並時而弛張之」[1]。孫中山不是專門傾心文化思想建設，但是政治革命家的敏銳，卻使得他捕捉到了最先進最科學的文化思想。三民主義的西洋文明之法引進和重新解釋，將中西文化交流史推到了一個新階段，民主主義文化觀，使得「中體西用」已成為昨日黃花。前現代中國思想文化觀念的演進，進入了其發展的較高層次。

綜合之，前現代中學、西學的文化論爭和文化觀念的不斷調整，是表層的文化交流史，是由縱向歷史時代進化的因素共同促成的。但是，真正意義上說，是一批先覺先進的中國知識份子，從傳統中國走向現代文明的進程中，在經歷著一次次痛苦的精神蛻變後，帶來了思想文化的不斷更新和創造，從而完成了世紀之交文化轉型的歷史重任。全貌地看文化的發展，思想觀念的調整，必然聯繫著文化整體的建設。現代文化的諸多載體形式，在本階段中國現代文化思想建設中的重要價值和意義，也是決不容輕視的內容。

第二節　現代媒體：報刊與「商務」出版業

前現代中西文化的交流，傳播西學，開通民智，推動文化觀念的不斷更新和調整。這中間最重要的是，伴隨著近代社會的都市誕

---

[1]　孫中山：《孫中山全集》第 1 卷，中華書局 1981 年版，第 288 頁。

生，現代傳媒業的發展，即出版業的報刊、書局在市民中的流行。這兩者之間的溝通點，還主要是近代西學的傳播。

鴉片戰爭以來，民族危亡與文化的更新聯為一體。1898 年戊戌變法以來，政體改革和文化調整顯得更為突出，西學的傳播迅速而廣泛，是一個非常重要的因素。如同外國傳教士帶來西學一樣，近代中國傳播業的產生和發展，最初與傳教士的努力相關。如代表性的《萬國公報》1874 年創刊就是以傳教士傳播宗教教義為主的。前現代時期中西文化碰撞和衝突的急劇，中國自身文化的更新意識的加強，西學的開放性和先進性愈來愈多地被中國先覺的知識者所認識，現代傳媒的出版業報刊、書局在其中佔據了重要的位置。無論政治的維新變法、革命改良，還是文化的「中體西用」的論爭，都直接聯繫著現代傳媒的巨大影響和作用。新型的現代中國知識份子的成長，思想的表述和行為方式的表現，也主要通過這一載體體現的。為此，前現代媒體演變過程的清理，又可進一步認識近代中國知識份子成長的一個重要側影，及其內在思想發展的廣闊的文化語境。

前現代報刊傳媒體的起始期，我認為應以 1895 年維新派的第一個政治團體「強學會」成立，翌年，創辦的《強學報》為標誌。這個報紙雖只出兩期就被迫停刊，但為自覺運用報紙進行政治改良提供了一定經驗。1896 年，繼《強學報》後上海創刊的《時務報》，不僅是維新派的一份重要機關報，而且它是直接促成並推動維新變法運動的重要陣地。它對近代新文化的最初探尋者的思想傳播起了積極作用。該報第一篇宣傳維新變法的文章，便是主筆梁啟超的《變法通議》。繼後，康有為、譚嗣同等人都在報上發表過大量的論文。

在系統闡釋變法主張，宣傳變科舉、開學校等維新思想方面，產生了很大社會影響。梁啟超在《中國報館之沿革及其價值》一文中曾說：「時務報起，一時風靡海內，數月之間，銷行至萬餘份，為中國有報以來的未有，舉國趨之，如飲狂泉。」[1]受此影響1897年在北方商埠天津嚴復等人創辦了《國聞報》，但該報的宗旨更傾向西學的傳播，在《緣起》中自稱它「略仿英國泰晤士報之例」，其目的「一曰通上下之情，，一曰通中外之故」。《國聞報》集中地代表了先進的中國知識份子尋求西方富強的經驗，學習西方，革新傳統的最積極的力量。某種程度上，「通中外之故」的舉要，它為維新變法的大規模展開提供了先進的思想文化武器。嚴復在該報發表的《天演論》和《群學肄言》的部分譯文，就是最早使得中國人認識了達爾文的關於生物界「物競天擇，適者生存」的進化論思想。這所產生的巨大力量，是一種嶄新的文化觀念帶來的衝擊波。它奠定了嚴復近代中國重要的思想啟蒙家的地位。

正是由近代《強學報》、《時務報》和《國聞報》的先導，推動了維新變法運動的高漲，更擴大了現代報紙傳媒的迅速發展。1898年光緒開始實行變法新政，明令准許「官民」自由辦報。這使得一時間全國各地報刊創辦風起雲湧，如華南地區的《知新報》，湖南的《湘報》，四川的《蜀學報》，香港的《香港通報》，上海的《女學報》等等報刊的先後發行，較大地促進了維新運動的開展，為「開民智」介紹西學，文化的更新，承擔了重要的歷史重任。它直接為現代中國知識群體的最初形成，創造了切實的生存方式和文化環境。

---

[1]　梁啟超：《飲冰室合集》文集之6，中華書局，1954年版，第52頁。

　　如果說維新運動促成了現代傳媒體的雛形，那麼，世紀之交的資產階級民主革命的深入，推動了現代傳媒體的發展和成熟。它在政治革命和思想文化革命雙重歷史重任的負載中生長，壯大。這一發展的路線以海內外雙向共進的方式，形成了一種獨特的文化景觀。

　　1900 年在香港創刊的《中國日報》，被稱為「中國革命提倡者之元祖」，[1]是資產階級革命派的第一份機關報。報紙宣傳政治革命主張，推行民主共和思想十分明顯。同時，較有影響的報紙《世界公益報》、《廣東報》等，也都是鮮明地反映了從「改良」到「革命」的政治傾向，為一場巨大的社會變革，進行先導的思想輿論宣傳。這種倡導政治革命的報紙，還可舉出《蘇報》和「蘇報案」這一典型的例證。由中國教育會和愛國社為主體的《蘇報》，最初以文化思想建設為重，鼓吹革命的只是暗中少數人之舉，但是，1903 年前後，章太炎、鄒容、柳亞子等一批革命者的文章刊行，卻形成了《蘇報》同情和支持資產階級民主革命的主導傾向。發表於《蘇報》上的《駁革命駁議》、《祝北京大學堂學生》、《讀嚴拿留學生論有憤》等文章，及推薦和介紹鄒容《革命軍》的一組文章和章太炎的《駁康有為論革命書》等文，因其鮮明而激烈的政治革命言論，使得清政府對《蘇報》的查封，並引發了近代史上著名的「蘇報案」。章太炎和鄒容兩位民主革命的先驅，在「蘇報案」中遭到清政府的迫害。「蘇報案」前前後後的革命壯舉，不只是在近代資產階級民主革命進程中抒寫了光輝的一頁，也在現代新聞傳媒發展史中必須記載的重要內容。本為上海租界創辦的一份小報，卻因革命之勢而震

---

[1]　見《民報》第 19 期所刊《代派香港中國日報》廣告。

驚中外，恰恰預示了現代新聞業發展的一個重要的特徵。在這個特徵中，現代中國知識份子成長的豐富文化內涵可見一斑。

從現代傳媒報業的發展看，1902 年至 1905 年幾年間，由於受《蘇報》轉向革命的影響，相繼創刊了一批革命的報刊如《大陸》、《童子世界》、《國民日日報》、《警鐘日報》等，及地方較有影響的革命報刊如廣州的《亞洲日報》，江蘇的《覺民》，浙江的《萃新報》等，與這時創辦的各種政治傾向的白話報，如《杭州白話報》、《中國白話報》、《安徽俗話報》等聯為一體，形成了資產階級民主革命的雄雄烈火，並且迅速蔓延為燎原之勢。同時也積極推動了現代新聞報紙傳媒體的發展。這些報刊的雙向互動效應，既宣傳革命主張，造成革命的廣泛社會影響是一方面，又使得人們認識到報紙的社會價值，以極大的熱情關注著新聞媒體的作用。

世紀之交，留學日本學生中的先進分子，是最先自覺地認識到現代傳媒的特殊價值，並且借此幫助思想文化的建設。最初，以維新變法失敗，流亡日本的梁啟超為代表的改良派在橫濱出版的《清議報》和《新民叢報》影響較大，兩刊實際為主編梁啟超。起初辦報主旨，多有政治傾向的保皇和改良之意，認為「導中國進步當以漸」，「漸」的渠道在「教育」，在「開民智」，在「新民」。這才是「中國第一急務」。但是，在主編兩報的過程中，梁啟超「新民說」思想宣傳因報紙而擴大了影響，「開民智」以教育為途徑，也是借助報紙獲得宣傳，甚至他的各種新思想、新學說、新知識的介紹都離不開媒體的推波助瀾。報紙廣泛傳播的功能大大開闊了人們知識視閾。《新民叢報》所介紹的各種新知識相當廣泛，包括政治、軍事、經濟、哲學、法律、歷史、地理、宗教、實業，乃至文學、科

學等多方面。這樣，為其政治改良服務的辦報方針，多少為中國文化思想的反省和重建提供了條件。梁啟超的「新民說」，試圖通過介紹西學建立一種新道德的公德觀。其「公德」之標準，在利群，要有國家思想，權利思想；人民要自由、自治；要有冒險精神等等，這些衝擊了數千年中國宗法封建思想，在當時產生了較大的影響。

而隨著資產階級民主革命派勢力的壯大，梁啟超的《新民叢報》的改良思想也逐漸有所轉向，而迅速崛起的留日學生辦報紙的風潮，最先傳遞了這一轉向的資訊。1901 年在東京創刊的《國民報》，率先表現了從改良派的藩籬下解放出來的激進資產階級知識份子的思想面貌。它與隨後在日本留學生中湧現的以區域學生組織創辦的各種報刊，形成了一股較大傳播西學、宣傳革命的潮勢。如在日湖南同鄉的《遊學譯編》。在東京的湖北同鄉會辦的《湖北學生界》，河北留日學生的《直說》，還有《江蘇》、《浙江潮》等等。這些報刊表現了鮮明的民主革命的要求和愛國主義傾向，以刊發時事政論的文章為多。但是，他們不同於上述《中國日報》、《蘇報》等政治宣傳的報紙，一個共同點是其大都為綜合性的文化報刊。政治是其中的之一的欄目，更多是包容著新聞、學術、教育、經濟、實業、文學、傳記、編譯等等欄目，旨在新的文化知識的傳播和宣傳。顯然，綜合性特點的報紙，既使得新知識的介紹擴大了容量，又適應了各色各樣的讀者群的需求。這便呈現出現代傳媒獨有的巨大包容性重要特徵。嚴格意義上說，近代西學廣泛、普遍的引進介紹，被較多的人所能夠接受，主要認識渠道正是這些綜合性的報刊。所以，來自海外留學生的報紙，受到日本明治維新開明政治環境的影響，和西方先進的文化思想的啟迪，不僅充分地發揮了媒體宣傳革

命思想的輿論工具作用，而且借助報刊傳播了新知識、新思潮，更新重建了中國文化思想，也探索了現代傳媒自身發展的經驗。

　　不論從發展線索還是從最具特點的角度上說，我們不能不提到 1905 年在日本東京創辦的《民報》。這是以孫中山為代表的資產階級革命團體「同盟會」的機關刊物。它在資產階級民主革命中的重大影響，誠如孫中山所言：「《民報》成立，一方為同盟會之喉舌，以宣傳正義；一方則力闢當時保皇黨勸告開明專制，要求立憲之謬說，使革命主義，如日中天」[1]。又說：「同盟會成立未久，發刊《民報》，鼓吹三民主義，遂使革命思潮彌漫全國，自有雜誌以來，可謂成功最著者」[2]。實際《民報》的主編人和撰稿者，都是同盟會的主要骨幹人物，如孫中山、章太炎、陳天華、胡漢民、廖仲愷、劉師培、黃侃等等。《民報》整體的宣傳民權主義；提出「平等自由」的資產階級口號；強調「國民之權利」和「國民之公意」；批判君主專制制度；實行政治革命推翻滿清王朝的基本宗旨，是顯然易見的。但是，僅僅以此認為該報就是革命宣傳的報刊是不全面的。

　　《民報》在中國近代史的價值和意義，除了進步的革命因素外，還應當看到它的突出的思想文化建設的貢獻。它主要從兩個方面加強了外來文化知識的介紹，也區別於其他的報紙：一是歷史，一是哲學社會科學。前者《民報》上宣傳介紹了 18 世紀法國大革命的歷史、及時報導了俄國民主革命的偉大運動消息，以及亞洲各國人民第三次民族解放鬥爭的歷史，等等。後者《民報》的論說和

---

[1]　孫中山：《中國之革命》，《孫中山全書》第 4 冊，1935 年版。
[2]　孫中山：《革命原起》，《孫中山全書》第 2 冊，1935 年版。

各種評論文章中，有大量的西方進步文化的介紹，尤其西方哲學社會科學方面代表思想家學說和著作的譯介居多，如尼采、叔本華、黑格爾、亞里斯多德、柏拉圖、蘇格拉底、培根、盧梭等等。將其社會主義、無政府主義、民粹主義、啟蒙主義等等外來思潮、學說都評介過。這反映資產階級民主革命探索中國獨立富強的道路和向封建主義的思想堡壘發起衝擊，不僅採取了革命手段摧毀封建王朝，而且通過西方先進的哲學社會科學思想的學習介紹，探尋新思想新文化代替舊思想舊文化，從世界文化的背景中確立一個建立新社會、新國家、新國民的楷模。

　　總之，《民報》作為近代民主進程中重要團體同盟會的機關刊物，它巨大的社會政治影響，也包容著對近代新聞報刊傳播業發展的極大推動。它自身刊物的內容和表現形式綜合性的特徵，社會科學、歷史文化的大容量，從一個側面反映了現代傳媒發展的逐漸成熟。

　　上面前現代報刊傳媒體的發展並不細緻的線索勾勒，總結其自身的演變規律或值得注意的問題有二點：

　　第一，前現代時期報刊傳媒的發展，是適應了社會思想文化變革的要求，努力使它成為傳播西學和開通民智的重要媒介。世紀之交，社會文化的轉型，政治的維新改良，與資產階級民主共和，都非常清楚報刊媒介的輿論宣傳的重要作用。梁啟超說：「度欲開會，非有報館不可，報館之議論。既浸漬於人心，則風氣之成不遠矣。」[1]革命派的孫中山「三民主義」思想正是通過《民報》而傳達出來的。

---

[1]　丁文江等編：《梁啟超年譜長編》，上海人民出版社 1983 年版，第 40 頁。

尤其，從洋務運動以來，困擾國人中西學「會通」的方式，及其彼此的關係問題，由報刊媒體的發展廣泛宣傳介紹西學，積極探討中西學的利弊，極大地推進了中西文化的交流。這時期的許多報刊闢出專門的欄目，進行文化思想的討論和研究。一些海外留學生辦的報刊，本身就是帶有濃厚的異域文化的色彩。所以，無論政治的還是文化的宣傳，報刊媒體都表現了與那個急變轉型的社會的要求相聯繫相適應。

第二，從前現代報刊媒體自身發展看，這是近代報刊傳媒從幼稚走向成熟的重要時期。報刊新聞業務有它自身的內容和形式的要求，它自身歷史又與外來文化傳播、現代都市社會的發展相聯繫。這個時期的報刊較之以往在編輯、採訪、新聞、印刷等具體業務操作方面都有了很大長進。比如，許多報刊綜合性的內容，大容量的文化知識，特別開始出現了形式活潑的「副刊」；報刊的印刷、裝幀，乃至圖片插頁，也都有了大大改進。原先舊的書冊式印刷，被白報紙的雙面印刷所代替；版面設計、通欄標題注意宣傳的重點。同時，也注意報刊的可讀性和形式的活潑，「副刊」中文藝類既有小說又有其他文藝形式。如《民報》就闢有「圖畫」欄目刊登革命者的照片、畫像和時事漫畫作品等，「小說」欄目的作品也多有可讀性。這些表現了一代報人的追求，實際更深廣地揭示了一代新文化的先驅者文化建設的自覺。前現代報刊傳媒積極配合了民主革命的歷史進程，更為新文化的建設和一代新型知識份子的成長，作出了重要的歷史貢獻。

與現代報刊傳媒實際為一體的現代出版機構，在前現代時期文化思想建設方面的作用，及其對現代知識份子的成長，也是一股不

可忽視的文化力量。就整體言，出版機構應是現代傳媒體的一支重
要組成部分。所以，從總的發展線索看，大體與現代報刊演進軌
跡相近似。這裏我們取中國資深民營出版機構「商務印書館」為
個案，就其初創十餘年的文化建設內容，窺其這個歷史階段出版
機構的全貌。

　　首先轉引李澤彰的《三十五年中國來之出版業》一文中的一段
敘述：「自革新運動（即指：維新運動，著者按）以來，新學書藉
需要甚緊。中國出版業遂起非常的變化。為供給新書的需要，新式
出版業應運而生。現在中國出版業的領袖商務印書館就是在這個時
候創辦的。在革新運動以前，教會已經開設學堂，編印新書，到了
革新運動的時候，教會的創辦事業更為發達。當時清室也辦了許多
官書局，編印新學書籍，風行一時，所以在革新運動時期，尤其是
初期，中國出版業的主要分子是教會和官書局。」[1]顯然，近代中
國出版業的源頭，是教會和官書局所壟斷的局面。但文化發展的一
個重要現象：即隨著維新運動的展開，前現代中國新思想文化探尋
的初期，出版業的這種局面被近代中國民營出版業打破了。據 1906
年上海書業商會出版的《圖書月報》第 1 期截至到同年底的統計[2]，
僅入會的民營出版社已增至 22 家：如啟文社、開明書局、新智社、
點石齋書局、文明書局、小說林、廣智書局、有正書局、群學會、
普及書局、新世界小說社等等。而其中龍頭老大就是商務印書館。

---

[1]　張靜廬輯注：《中國現代出版史料‧丁編》（下卷），中華書局 1959 年版，
　　第 382 頁。
[2]　（同上）第 384 頁。

　　商務印書館 1897 年創設於上海，開近代中國民營出版機構的
先河。最初發起者夏瑞芳、鮑咸恩等四人，因在教會學校讀書時，
學過英文排字。後進教會的報館當排字工，積餘了一些資金，便四
人合股創辦了中國第一所民營機構。當時，因教會辦學各地設小學
甚多需用大量的教科書，受此啟發，請人翻譯「印度讀本」為白話
文，名為《華英初階》、《華英進階》。兩書印刷出版銷售極廣，營
利幾倍。開始主要經營印刷教科書為主，1902 年擴建，社編譯所，
並聘「南洋公學」譯書院院長張元濟任經理和編譯所所長，主持編
輯工作。至此，商務印書館發展成為出版為主的實業。

　　不妨略述商務印書館創辦後十年發展的大事，尋其文化建設的
蹤跡。1901 年商務印書館創辦第一份報紙「外交報」；1902 年其編
譯所成立，下轄英文、國文和理化三個部，另外還有九個雜誌編輯
部；1903 年創編小學生用的《最新教科書》，在漢口設立第一個分
館，開始聘請日本技師製造相銅鋅版，出版嚴復譯的《社會通詮》；
1904 年創辦第一份綜合刊物《東方雜誌》，編輯出版《女子小學教
科書》、《最新中學教科書》，嚴復著《英文漢詁》，首次運用雕刻黃
楊木版；1905 年設立北京股份有限公司，開辦小學師範講習班，
改運用彩印和雕刻銅版；1906 年開始刊行《說部叢書》1、2、3
集；1907 年開始運用珂羅版印刷；1909 年創刊《教育雜誌》，改良
銅鋅版，並試製三色銅版成功，創製二號楷字模；1910 年創刊《小
說月報》和《圖書彙報》；1911 年創刊《少年雜誌》……[1]。簡略地
清理商務印書館的創業過程和最初的實績，在他們的書刊的出版和

---

[1]　張靜廬輯注《中國出版史料補編》，中華書局 1957 年版，第 557 頁。

印刷技術的變更中，不難辨出現代出版業的發展與現代新文化、與一代新型知識份子成長的密切關係。

　　商務印書館出版機構的創業階段，正是近代中西文化交流逐漸深入的時期。清王朝在經歷了洋務運動的軍事文化，維新運動的政治文化，民主革命的自由文化等的變革後，逐漸走向衰落而壽終正寢。實際上，這與一次次不斷擴大的西學傳播，傳統舊文化的更新，不斷從根本上變革社會文化思想的基礎，也有著密切關係。而這中間現代出版業逐漸發展，一整套文化傳媒機制的建立，對於推動了整個現代中國新文化的建設和發展，起了至關重要的作用。商務印書館的歷史價值和意義，決不僅僅在一個民營企業的首創。它揭示了新舊文化轉換中，文化建設在實踐層面具體而可行的運作方式。

　　商務印書館的出版機構給我們的重要啟示是：一，歷史的變革提供了文化變革的機遇。商務印書館的最初十年恰恰是維新運動和辛亥革命醞釀準備時期，政治的變革中，清政府的「新政」改革舉措，為商務印書館的萌生創造了重要的社會環境。「商務」的民營性質，是前現代都市工業雛形的一種方式。它對社會轉型的推動和自身的探索，都是有積極意義的。二，商務印書館創辦之初，就表現出實業與文化組織機構參半的特徵。儘管這十年的初創期「商務」更多以合股形式經營印刷業為主，但是，它的印刷出版內容的教科書和很快的成立的編譯所，以及活躍的外部廣泛社會聯繫和積極的內部機構設置，乃至設備的不斷更新，等等，都是與新的文化性質密切相關的建設。三，張元濟進入「商務」以後，原單一的印刷作坊進行了重心轉移，將商務印書館逐漸改變成為一個文化組織機構。張元濟晚清翰林出身，曾參與戊戌變法，變法失敗後，被革職

到南洋公學就職。他學識淵博，思想開明，主持「商務」編譯所工
作，廣泛接納文化人才，積極傳播新文化。他的一系列舉措表現出
要將「商務」建成一個集編輯、研究和出版為一體的綜合性文化機
構的意向。他的所作所為鮮明地反映了近現代新型知識者文化人在
新文化建設中的突出貢獻和價值。四，商務印書館在西學傳播和發
展現代教育方面，自覺的努力十分明顯。以印刷教科書起家的「商
務」，一開始就在晚清「學戰」中佔有重要位置。不僅提供了新學
堂大量的各式教科書，涉獵文史哲、數理化多種。而且與此相聯繫
的是，新式教科書多為西學讀本的編譯。同時，翻譯出版了許多西
方學術著作和小說，擴大了中西文化的交流。五，商務印書館對於
現代報刊傳媒和印刷業的草創，有不可低估的貢獻。「商務」出版
第一份《外交報》的時間並不算最早，但它編輯出版的期刊雜誌《東
方雜誌》等卻是較早較長的，而印刷的質量和裝幀設計，也是前列
的。「商務」不斷的更新印刷設備，引進先進的外國印刷技術；注
意擴大出版規模，較早開設全國各地的分支機構，形成了以上海為
中心輻射全國主要城市的出版網路。這些便為我國現代出版業的最
初發展，探索了許多有益寶貴的經驗。

　　綜上所述，前現代傳媒體的報刊和出版業的發展，總體上還是
剛剛起步的階段。它的出現本身是整個社會歷史變動的慣性所驅
動，更是現代文化轉型的產物。它的身上表現出轉型期的兩個重要
特徵，即中西文化的碰撞形成的活躍文化氛圍；與逐漸成長的現代
都市，發達的經濟和前工業。後者正是我們下面要清理的對象。以
便完整地勾勒出轉型期文化觀念調整的社會基礎，一代新型知識份
子生長的廣闊文化環境。

第三節　現代科技革命推動前工業繁衍

近代中國思想文化的發展，前現代時期綜合的文化體中，除了上述現代傳播媒體的誕生，從一個側面表現文化觀念更新的社會轉型外，現代科技革命推動的前現代工業的出現，也是文化轉型又一重要的社會力量。在此綜合的文化體中，可以看到近代新型知識份子的誕生，並不是一個孤立的知識界或思想界的現象。一代新的知識份子的精神成長，不僅僅依託於社會政治的變革和思想文化觀念的更新，而且還密切地聯繫著一個社會經濟物質的強有力的基礎。為此，對前現代時期科技的發展和工業的繁衍作一清理，更能夠全貌地觀照文化轉型的整體。

近代以來中國社會的急劇變化，直接聯繫著一個半殖民地半封建社會的開始。西學東漸的文化傳播，衝擊這個社會形態是全方位的。而且它們在許多方面佔據著非常重要的地位。從科學技術的角度說，中國人接觸、吸收、追趕西方先進科學技術的那一天起，正是我們進入前現代社會的開端。

自鴉片戰爭以來，西學的傳播最初主要是西方的科學技術。洋務運動的」中體西用「的文化策略，可見一斑。何謂「中學為體」？張之洞解釋說：「夫所謂道本者，三綱四維也」。三綱即君為臣綱，父為子綱，夫為婦綱；四維指禮、義、廉、恥。他們集中國儒家道統、政治制度、人文為一體。「西學」和「西用」，則是指引進西方的科學技術，用以富強兵。中體是形而上之道，西用是形而下之器。「形而上者中國也，以道勝；形而下西人也，以

器勝。……[1]」所以，「道」與「器」關係之辨，一直聯繫著中西文化觀的核心問題。「中體西用」文化觀念的不斷調整，推動的近代社會思想文化的發展。其本質是對西學理解的不斷深入，是對西用吸收的不斷擴大。清政府因為製造槍炮的直接需要，對於西方的科學技術，最先引進的是軍事武器的製造技術和一些軍事作戰的佈陣法。19 世紀的中、後期，江南製造局附設翻譯館，先後譯出《演炮圖說》、《列國陸軍制》、《海防新論》、《製火藥法》、《輪船佈陣》、《營壘圖說》、《攻守炮法》、《水秘要》等書。這些書籍適應了洋務運動「中學為體，西學為用」的文化策略的需要，也推動了中國對外來軍事技術的學習和吸收。正是在此思想的指導之下，西方的科學技術，從新式織布機到作為原動機械的蒸汽機，從各種工作母機到新式的轉爐、平爐的煉鋼方法，從火車、輪船到電報等近代交通通訊等工具，都相繼傳人中國。應該說，興辦洋務從西方軍事文化引進到科學技術的學習，雖然出發點是為了「強兵」，即「資以製造以為強兵之用」[2]，但是，這無疑為西方現代科學技術的全面接受，前現代中國工業技術的產生，提供了必要的先決條件。

1898 年的維新變法，翻開了前現代中國社會變革的第一頁。維新代表者康有為、梁啟超的「大同書」和「新民說」新的文化思想，中間也滲透著他們學習和鑽研西方自然科學知識的要義。康有為對自然科學的興趣是多方面的。他曾向學生講解「人猿猴出」的大道理，學生聞所未聞而語驚四座。梁啟超接受達爾文生物進化

---

[1]　王韜：《韜園尺牘》，中華書局，1959 年版，第 30 頁。

[2]　梁啟超：《變法通議・論譯書》，《飲冰室合集》文集，中華書局，1954 年版。

論，直接體現於其新民學說和國家主義思想裏。他們正是受洋務時期軍事技術引進的影響，而開始注意自然科學的基礎理論的大量地學習和接受，如自然科學的數學、物理、天文學、醫學、化學等基礎理論開始受到重視。新一代新型中國知識分的隊伍中，既有社會科學的思想觀念建設者，又有自然科學的理論創造者。某種程度上，他們的共同追求和精神互補，構成了現代文化的整體。

　　前現代中國社會的變革，緊密地聯繫著此時此刻發展的自然科學理論，對於需求獲得新知的知識份子而言意義重大，並且新式學堂教育全面地開設了自然科學基礎理論的必修課程。分別簡述如下：

　　一，數學方面，有晚清傑出的數學家李善蘭、華蘅芬等，既翻譯了大量西方近代數學，如《幾何原本》、《代數學》等，又對譯介的數學進行中國化，如李善蘭創造了許多中文譯名的數學術語，象流傳至今的代數、積分、微分等，並直接引進了×、－、÷、＋、＝、〔　〕等數學運用符合。到 20 世紀初年，已有鄭子藩等從國外留學歸來的數學家，開始了先進的現代數學理論知識的學習和引進。

　　二，天文學方面，近代較早由傳教士介紹天文學知識到中國，但這時我國的專門人才不多，現代著名的天文學家竺可楨就是 1910 年去美國留學攻氣象學。1904 年日俄戰爭後，東三省一些地區雖有氣象觀測所，但都是日本人所設。天文學研究需要昂貴的儀器設備，當時中國的經濟限制了它的發展。可是天文學的原理，對維新變法的譚嗣同就有一定影響，他強調變是天下的「公例」。其代表作《仁學》正是以哥白尼等的天文學學說來認識宇宙的。

　　三，物理學方面，在興辦洋務之時，經同文館、江南製造局翻譯館等就已譯介了影響物理學的知識。隨後，較有影響的是 1899

年王季烈譯的《通物電光》，這是一本介紹 X 光的專著。1900 年范
熙庸譯的英國物理學家克爾蘭的《無線電報》；魯迅在日本留學期
間撰文《說鉑》，最早介紹了鐳和放射性物化元素，較居里夫婦和
貝克勒爾的發現，只晚 5 年。20 世紀初，我國已有了現代物理學
的優秀人才，如留學英國的何育傑 1907 年畢業，為近代中國第一
個物理學碩士學位獲得者，留學美國的物理學博士李耀邦，1903
年赴美專攻電子學。

　　四，地質學方面，地質學是在地理學的基礎上發展起來一門科
學理論。19 世紀末 20 世紀初的中國前工業對礦產資源的要求迅速
增長，推動了這一方面的知識學習。1903 年魯迅撰寫《中國地質
學略論》論文，後又與同學合著《中國礦產志》一書，1906 年出
版後再版多次，對地質學知識的傳播起了積極的作用。而 20 世紀
初，我國現代地理學和地質學已有了突現成就的人才。1899 年張
相文著《初等地理教科書》、《中等本國地理教科書》等，後 1905
年著《地文學》等專著影響甚大。1904 年章鴻釗留學日本專攻地
質學，是我國現代地質學的奠基人。

　　五，醫學方面，伴隨著傳教士的傳播，20 世紀初中國對西方
醫學的接受，集中體現在國內有大量的醫院開辦和專業書籍出版的
方面。截至 1905 年中國有西人開設的醫院已經達 166 所；江南製
造局翻譯館和北京同文館編譯的醫學書籍，到 1904 年約有 50 種
類。清政府也在此前後陸續設立了天津北洋軍醫學堂，北京京師大
學堂增設醫學館，全國杭州、江蘇、山西等地，也都設有醫學專門
學校。1909 年顏福慶已從美國獲得醫學博士學位歸來，成為我國
現代醫學發展的重要力量。這時還先後出版了多種醫學期刊，如《醫

學學報》（1907 年，留日學生辦）、《衛生世界》、《醫學世界》、《醫
學衛生報》、《衛生白話報》等等。她們也是系統傳播西方醫學知識
的重要媒介。

　　六，學堂課程方面，僅以京師大學堂為例，1903 年清政府頒
發《奏定大學堂章程》，設置大學預科，其課程按照高等學堂的課
程安排，學生分為三類：第二、三類為大學格致科和大學醫科，所
設課程自然科學的理論知識為主算學、物理、化學、地質、動物、
礦物、植物等；而大學經學科，實屬大文科類，也有地理、理財學、
算學等一定自然科學的必修課程。到 1910 年京師大學堂正式開辦
分科大學。所有自然科學的理論知識，在格致科大學、農科大學、
工科大學、商科大學中得到系統學習。京師大學堂的課程設置集中
體現了「中體西用」的原則，實際代表了當時清王朝普遍的文化觀，
自然科學理論知識的引進學習，更是堅持「中學為主，西學為輔；
中學為體，西學為用」的基本原則。

　　如果說現代科技基礎理論本著實用的原則譯介、傳播，那麼西
方那些運用性的科學技術，在中國更受青睞，並得到廣泛地推廣使
用。前現代中國的工業革命，恰恰與此自然科學理論實用性指導，
應用科技的廣泛推廣，緊密地聯繫在一起。一代先進的中國知識份
子的成長，是思想觀念的革命和科學技術的革命同時予以推動和促
進的。

　　在自然科學理論的引進介紹中，應用型的科學技術的學習，實
質是理論的先導。而近代思想文化變革的先導，也與科學技術的引
進介紹有關聯。從這個意義上看，洋務運動的功績是不可低估的。
它從文化革命的角度直接引發了維新運動、「新政」改革，甚至民

主革命。而它最先傳入西方槍炮、船舶製造的技術，直接帶來了中國近代都市經濟和前工業的發展。洋務運動的官方倡導，並且使前工業的誕生一開始就獲得政府的支持。這奠定了以後發展的基礎。李鴻章當時就強調，僅有槍炮和炮艦不能使一個國家強大；要使用它們和使它們運行，還得靠製造業、礦業和現代運輸業的支持；工業將創造這一伸張國力的新財富。張之洞也認識到軍事力量和經濟發展之間的關係。他堅信，工業發展必須優先於商業，所以他認為西方國家的富強來源於煤鐵[1]。晚清政府的一系列「新政」改革措施，最重要的是除興辦新學堂之外，對於經濟和工業發展的較大投入和改革。所以，19 世紀末 20 世紀初，文化思想處於激烈動盪變革的時期，也正是前現代中國工業或經濟孕育萌動生長期。西方的文化思想的新思潮、新知識、新觀念的迅速傳播，與自然科學的基礎理論，應用性的科學技術的學習運用，共同成為傳統和現代轉換中的先進中國知識份子生長資源。

中國近代西學東漸的潮流中，科技革命推動的前工業的繁衍，大體上經歷了這樣幾個步驟：最初較單純的「尚實」目標的運用技術重視；隨後經歷了從私辦企業到官辦企業的過程；再後知識界和實業界的融為一體。這基本形成了近代社會前工業繁衍的變化線索。

第一階段，前現代工業由「興辦洋務」的「尚武、尚實」的精神影響，接納西學改變了傳統中國運用技術的結構，使得中國近代物質文化首先發生了變化。最突出的是近代槍炮船舶製造業和鐵路

---

[1]　費正清、劉廣京編：《劍橋中國晚清史》（下卷），中國社會科學出版社 1993 年版，第 481 頁。

礦產開發業的誕生。由西方商人興建和辦洋務的需要，首先在我國沿海地區建立了一批近代化的兵工廠和船舶修造廠。如福州的大型軍事企業船政局、江南製造局等。同時，在上海、南京、漢口等大都市也都有這樣大小不一的軍工廠和造船廠。他們除製造彈藥和少量輪船外，一般都有生產和修理工具、零件的機器車間。像江南製造局占地 70 餘畝，原也是從修理車間發展起來，後建有爐廠、機器廠、熟鐵廠、木工廠、鑄銅鐵廠等。1905 年後，發展為江南船塢，短短四、五年時間造船百餘艘。福州船政局在 1899 年、1900年分別竟能造出時速達 23 海哩、功率達 6500 馬力的先進新式快艇；1905 年製造了 500 馬力鋼質江船，也是該局製造的最先進的商船之一。可見，其製造業的迅速發展之一斑。鐵路修築技術和礦產的開採技術，也是最初展示近代工業衍生的代表。由外國人掠奪中國豐富物質資源，發展起來的鐵路修築和開採業，帶有濃厚的半殖民地色彩。中國人為發展獨立的民族工業作出了努力，詹天佑就是在鐵路建設方面的傑出代表。1904 年清政府任命詹天佑為京張鐵路總工程師兼會辦。1905 年開始動工，1909 年完工通車。京張鐵路不僅提前竣工，節省開支，而且採用了自動掛鈎，使數節車廂牢固地結合成一個整體。代表了中國人鐵路修築技術水平達到了較高程度。開採業發展與地質學和地理學的基礎理論的引進相聯繫。1903 年南京就創辦了路礦學堂，開始講授地質學。在滿州、直隸、山西等較早發展的煤炭開採，更有了較完備的機械和技術。相當長的時間裏，煤礦開採業是清政府的龍頭性的收資企業，占全國企業數的首位。近代中國工業的先行產業正是由此露出了端倪。

　　第二階段，前現代工業由農業國的手工業經外資資助企業到私營企業再到官辦企業，有一個較長的時間的演變過程，本時期蛻變的進程加快，而形成了近代工業的基本規模。如果說前階段是從西學東漸的科學技術的引進介紹，橫向影響了中國某些企業的先期發展，那麼，不妨再從中國民族工業歷史蛻變演進的縱向，探尋其自身的發展形態與近代社會思想文化變革的關係。中國是幅員遼闊的農業大國，在傳統農業國以土地為生的基礎上，首先發展起來的是中國農村養蠶的繰絲業，與種植棉花的紡織和織布業的手工業。相當長的時間裏，繰絲和織布兩大手工業成為我國農業經濟補充的重要支柱性產業。當然，也有製茶葉、榨油、碾米、土法採礦等等手工業，在較早農村經濟中也佔有一定的位置。近代工業的前兆，是西方企業的入侵和大量的外國絲、布等物質的傾銷，改變了中國傳統手工業的結構方式、生產經營等內容，逐漸向著真正意義的近代化工業蛻變。有資料統計，從 1905 年到 1908 年的四年中，就有238 家企業開始營業，並且企業大部分安裝的機器來自國外；這些新企業大部分集中在紡織業等輕型製造業和食品加工業方面[1]。外資企業對中國近代工業的壟斷和經濟的掠奪，與促進中國近代工業的發展同時表現在一個時態中。而民族愛國心的驅使，近代中國自己工業的萌生和發展，更主要表現為擺脫壟斷和掠奪而發展起的私人企業。最初，民眾向晚清政府強烈呼籲，要求從外國公司收回鐵路財政、鐵路建築，及開礦權利，引發了一場深得民心的運動。其

---

[1]　費正清、劉廣京編：《劍橋中國晚清史》（下卷），中國社會科學出版社 1993
　　年版，第 48-49 頁。

中影響較大的是廣東的粵漢鐵路和浙江的滬杭甬鐵路先後從美、英的公司收回轉為民辦私營股份公司。由此，中國前現代時期私營企業逐漸發展擴大，成為國家工業的重要支柱。同時，政府也加強了對私人企業的保護。政府在京師新設的各局制定了關於確定商人身份、組成私營公司、確立專利權利和破產程式等方面的行政章程和法律。譬如，1904 年 1 月頒佈的綜合章程有《商人通例》9 條和《公司商律》131 條，等等。本年，政府還設專門局登記成立的公司以便管理。在清政府「新政」的「官商合辦」企業口號之下，實際完成了近代中國工業自身發展的蛻變。

第三階段，新知識界和實業界融為一體的現象，實是中國近代以來半殖民地半封建社會性質所特有的。這也是近代社會產生新集團和新成員的重要基礎。前工業時期，中國社會近代思想文化的革命和私營企業的發展之間相互關係，正是由此紐帶得以體現的。雖然這一現象本時期剛剛展露端倪，但是它代表了一種不只是工業本身而是整個社會發展的路向。19 世紀末 20 世紀初，文化思想的活躍和清政府的「新政」改革措施，及西學傳播涉獵到從基礎知識到應用性科學技術的廣泛領域。社會結構迅速的發生調整，剛剛興起的現代前工業體制也在積極變動和充實。本就是由「紳」或「官」、買辦、商人三者合而為一體的民族官辦企業，代表著前現代工業的基本結構形式。由於，近代西學的知識階層的擴大，使得這種結構形式動搖了。這便形成了知識界和實業界的結合體，初展新式資本主義企業的雛形。這種狀況的出現，一是新知識群體本身有著開闊的知識結構的人才。如嚴復先前受過工程技術的教育；梁啟超、孫中山等放棄傳統教育之名成為職業的政治活動家和革命家，等等。

一是還有一些上層文人完全放棄追求學問，參與現代經濟活動，進行投資和開辦經營各種企業。如陳璧、沈雲沛和張謇等人都是進士出身，又都辦工廠[1]。正是這種新式資本主義企業聚合了商人和官僚，又接納了文人鉅子，打破了傳統的獨立私營企業、官辦企業，甚至買辦企業，也使得純粹思想精神的文人有了物質和經濟的依託。

前現代工業的繁衍，不僅僅來自西學傳播民主自由的資產階級革命派鬥爭，還與近代工業蛻變過程中產生的這種新的社會階層有密切聯繫。20 世紀初，中國社會出現了有官銜的商人和「士」文化的商人。他們包括從事貿易、銀行、官員和各種企業的人。他們不同於「民」和「官」，或單純的「商人」，有人稱為「商業紳士」或叫「新紳士階層」。其名稱究竟是什麼並不重要，重要的是近代中國最為活躍、最有影響的社會階層、群體恰恰正是他們。他們是西學東漸文化思想的傳播在中國切切實實的結合體，時代的弄潮兒。他們真正推動了中國近代化的進程，從維新運動到民主革命擔當了社會歷史變革的重要角色。他們既是代表了現代社會精華階層的資產階級的前身，又是中國最早的民族資本家的原型。誠如已有學者指出的：「只是在清朝的最後五年，真正的資產階級才開始出現，那是一批現代的或半現代的實業家、商人、金融家和大工業家：他們被物質利益、共同的政治要求、集體命運感、共同的思想和與

---

[1] 陳真：《中國近代工業史資料》，三聯書店，1961 年版，第 926、928、934、943 頁。

眾不同的日常習慣等等聯繫在一起。中國資產階級的特點終於形成了，這是與帝國主義列強和洋人的來臨相對抗的結果。」[1]

　　綜合之，中國前現代工業的誕生，緊密地聯繫著近代中國社會自身發展的歷史進程。半殖民地半封建的近代中國社會，外部的西方帝國主義列強的軍事侵略和政治顛覆、經濟掠奪而造成了傳統社會結構的裂變，內部的西學東漸的文化思想滲透到各個領域而形成社會結構的調整。前現代工業的繁衍是這個社會形態合力的產物。更是標誌了中國近代資產階級的產生，必具備的思想精神和物質經濟的雙重文化條件。同時，在真正意義上，近代中國西學東進尋找到了自己的結合點。文化的傳播不是單純的知識引進，而是體現一種社會的思想觀念的吸收，表現於一個新的社會階層的孕育成長，必然替代傳統社會力量，從而表現出社會的進步和發展。這正是社會變革的原動力和重要標誌。

　　清王朝的衰落至此才真正走到了他歷史不可更改的盡頭。

---

[1]　費正清、劉廣京編：《劍橋中國晚清史》（下卷），中國社會科學出版社 1993年版，第 639 頁。

■ ■ ▩
廢墟上的精靈
──前現代中國知識份子思想文化的理路（1898～1918）

第八章 「城頭變幻大王旗」

　　19 世紀 90 年代末，中國資產階級民主革命向著清王朝發起了最後的全面攻擊。從維新變法到資產階級的改良；從「中體西用」的洋務到「會通中西」的新學，再到清末的「新政」和西學東漸的文化轉型。近代中國真正進入到一個新的歷史重要轉捩點，無論是政治的改革，還是思想文化的改良，都似乎應該有一個新的躍動。自然，這首先還是由思想觀念更新，帶來了新的分化、新的變動，進而產生新的文化因素。

　　如同先前康有為、梁啟超的維新運動一樣，這場新的政治和文化的革命運動，由歷史的一系列外部的和內部的先行運作，更有越加強勁的西學之風鼓蕩。不過，先覺的知識份子已在一次次的失敗中變的成熟起來，也在先進的西學的傳播和學習借鑒中，獲得了文化思想的再度調整。其突出表現為民族、民主的思想觀念獲得了最強烈的倡導和最空前的回應。這與前現代工業的繁衍、現代傳媒體的發展，乃至清政府的「新政」共同樣成了新的社會整體形態。與之前的思想文化革命一脈相承，但更有自己新的追求和宏大目標，即改朝換代，建立民主共和的新國家。於是，有了一系列精心運作的政治革命和思想文化的努力。

第一節　奔走呼喚建立革命大同盟

　　進入 19 世紀的 90 年代末，近代中國可以說受到多方社會力量的夾擊，思想文化革命的進程明顯加快。最先是康、梁的維新經歷了多次的失敗後，深感必須進行更為深遠的思想革命才能擺脫困境。以梁啟超等的激進革命改良派為代表，革新思想變得更加激進，當他們作為流亡者在國外積蓄力量時，又較多獲得了留學生的支持，較早自覺接受西學的思想武器。由此，他們要求推翻清政府，保衛民族獨立的呼聲一浪高過一浪。

　　但是，康、梁等的激進革命改良派大都是流亡到國外的分散群體，未有統一緊密的組織和集團。中國近代革命的先行者孫中山先生，恰恰是在這一方面擔綱重任，一開始就為創建中國公開的革命團體而表現出驚人的膽識和魄力。他由較早開放的沿海口岸廣東香山走出國，率先擺脫故園的歷史沉重。在異域眺望自己民族深受帝國主義的侵略，真切感受衰敗的民族落後挨打的現實，迫使他自覺的求新知，有了強烈學習西方思想文化的願望。後來，孫中山被人稱為，說英語，信仰基督教，獲得醫學學位的一位西方化的中國人。[1]孫中山與康有為、梁啟超一樣都屬於近代一批先覺醒的知識者，但是孫中山基於長期國外生活的特殊環境和其文化知識結構，使得他能夠冷靜地思考康、梁維新運動的得失、清政府的生存命運。如果說，最初他在組織建設革命團體「興中會」時，還更多

---

[1]　費正清、劉廣京編：《劍橋中國晚清史》（下卷），中國社會科學出版社 1993 年版，第 534 頁。

表現出極少數人的所作所為，那麼，隨後成立的「同盟會」革命群體，堅持了以「聯絡四方賢才志士[1]」為基礎，主動提出與維新派共謀大業，凸顯了孫中山資產階級革命民主大同的思想基點。當然，促成孫中山完成社會歷史的偉大變革，其因素是多方面的。這裏我們著重探尋孫中山作為近代民主革命的先行者，他的思想文化的源流，及其與一代新型知識份子成長的關係。

關係一，從維新改良群體的自身轉變中，孫中山積極尋找與國內的社會基本變革力量的合作。這不僅出於建立新的革命力量的需要，而且恰恰是前人思想文化更新的經驗和教訓，提供了他進行新的變革的思想武器。

伴隨著西學東漸的思潮的深入，與清王朝自身衰落中的應急式「新政」，使得國內政治和思想文化陣營發生了急劇分化的多元格局。這時有康、梁為代表的繼續維新改良的思想；有竭力主張秉持譚嗣同的全盤西化，還有章太炎為代表的要求反滿革命的勢力。他們的積極因素都表現出對國家民族的求新圖志，不同的是維新改良派出於保護「大清帝國」自的而以「中體西用」為基點，而衝擊一切傳統思想的藩籬的西化派，有些遠離中國實際，照搬西方議會制模式，而驅逐「滿洲」，「光復漢績」的革命派雖大義凜然，但情感過於激進和偏狹。但是，我們是否可從另一個角度來，分析他們各自所持的立場，對於推動社會變革，提供新的革命民主勢力誕生的積極因素呢？維新改良派以國民素質缺乏民主思想的根基，與革命手段流弊過大等原因，提出保守的「君主立憲」式的變革，正可以

---

[1]　中國史學會編：《辛亥革命》第 1 冊，上海人民出版社，1957 年版，第 87 頁。

認識到根除中國幾千年封建思想文化的艱巨性。其中也有對資本主義
自身矛盾的深入認識後的文化守成。「全盤西化」派的主張是以極端
的方式試圖在中國推行「民治」和「民權」，對於衝擊封建專制主義
的傳統勢力是有積極意義的。再看另一表層「滿漢不兩立」的革命派，
實際是以一種激越的民族主義精神，直接引導了「恢復中華」的民主
革命。正是他們「反滿革命」的呼聲，使得清政府陷入四面楚歌的境
地。顯然，孫中山較多身居異域能夠以換一角度和立場審視國內革命
力量，充分地把握當時中國社會變革的鬥爭形勢，也從自己組織「興
中會」的武裝革命的失敗中總結了教訓，開始了積極的民主革命的舉
措，即謀求各種革命勢力的聯合，注意向知識界擴大，並企求思想輿
論的支持，等等。

　　1900 年以後，孫中山與改良的立憲派主將之一梁啟超有過合
作，辦一反滿報紙。1902 年梁啟超去美國考察，政治態度和思想
傾向有所變化。但最突出的不是這時期梁啟超轉向了革命，而是更
多處於改良和革命的搖擺不定和矛盾的困惑之中。這可從他前後相
隔一年寫的兩篇文章中體察到一二。1902 年 3 月，他在《論公德》
一文中竭力提倡新道德，認為中國一向「偏於私德，而公德殆闕
如」。中國「日即衰落」的原因，正是「不知公德」的惡劣結果。
所以，梁啟超強調：「道德之立，所以利群也」，而「公德之大目的，
既在利群」，「是故公德者，諸國之源也。」[1]接著，1903 年 10 月，
他在《論私德》一文中又推翻自己前文觀點，說：公德不過是私德

---

[1]　梁啟超：《新民說·論公德》，《飲冰室合集》專集之四，中華書局，1981
　　年版，第 12-15 頁。

的擴大，「公德者，私德之推廣；知私德而不知公德，所缺者只在一推。」因而培養私德就成了道德教育的基礎，「故養成私德，而德育之事思過半焉矣。」[1]此時，梁啟超複雜的政治觀和文化觀表現出前後，新舊不一的矛盾，一方面是對中國傳統文化的死守。同時，又在極力引證一些西方的君主立憲主張作為辯解，甚至運用一些資產階級的經濟學說作為在中國振興實業的理論依據。問題是梁啟超思想的矛盾和不斷求新互為一體。他的思想「隨學而進，因時而移」，總佔據著思想界領先位置。所以，這時孫中山謀求與梁啟超的合作，其意義最重要的是尋求了一種思想認識的參照體。孫中山認真總結了梁啟超的思想得與失。梁啟超的保守，使得孫中山冷靜觀察西方資本主義的社會弊端；梁啟超的能「進」能「移」，使得孫中山中西文化觀的建構多了些全局的整合視野。「發揚吾固有之文化，且吸收世界文化而光大之，以期於諸民族並驅於世界，以馴致大同」[2]。「取歐美之民主以為模範，同時仍取數千年前舊有文化而融貫之[3]」，即吸收外來文化的合理成分，建立有中國自己特點的新文化。孫中山能夠確立自己融會貫通的中西文化觀，為其後來倡導民主革命的大同思想打下了基礎。

關係二，從最活躍的知識界民主思想的引導中，孫中山尋求建立革命團體的骨幹核心力量，是孫中山進行民主革命探索的又一重要的先決條件，也是對康、梁的「輕視學界」弊端的糾偏。

1　梁啟超：《新民說·論私德》，《飲冰室合集》專集之 4，中華書局，1981 年版，第 119 頁。

2　孫中山：《孫中山全集》第 7 卷，中華書局 1985 版，第 60 頁

3　孫中山：《孫中山全集》第 1 卷，中華書局 1981 版，第 560 頁。

　　孫中山在「興中會」失敗後流亡日本，進一步對內外革命鬥爭經驗和教訓進行反思。1900 年至 1905 年前，在日本和國內廣泛地聯繫青年學生，他從海內外發動了一場學生運動。他深刻地指出：「歷朝成功，謀士功業在戰士之上。[1]」「士大夫以為然，中國革命成已」。所以，他竭力主張：「必其聯合留學，歸國之後，於全國之秘密結社有以操縱之，義旗一起，大地皆應，旬日之間，可以唾手而摧虜廷」。[2]孫中山首先重視留日學生中的愛國傾向，扭轉他們「思想無系統，行動無組織，保皇黨制餘波，立憲派之濫觴，亦參於其間」[3]的鬆散和雜亂。他在積極引導留學生從愛國轉向革命的同時，還與國內的江浙、廣東沿海及其他省份的學生界廣泛接觸和聯繫。孫中山本人與國內的中國教育會組織中許多人物關係密切。1903 年前後，孫中山領導的「興中會」創辦的報刊，積極報導國內學生界情況，學生也十分熱心給報刊撰文。孫中山成為學界知識者的精神領袖。正如章士釗所說：「20 世紀新中國人物，吾其懸孫以為制招，誠以其倡革命於舉世不言之中，爭此不絕如發之真氣，深足為吾國民之先導」。堅信「第一之孫起，當有無量之孫以應之。[4]除章士釗之外，當時國內知識界革命隊伍中的風雲人物，都相繼不約而同地公開發表擁護孫中山的言論。如章太炎、秦力山、黃宗仰、劉師培、高旭、柳亞子、陳去病等等。並且其言論發

[1]　劉成禺：《先總理舊德錄》，《國史館館刊》創刊號。

[2]　宋教仁：《程家怪革命大事略》，《國史館館刊》第 1 卷第 3 期。

[3]　《胡漢民自傳》，《近代史資料》，1981 年第 2 期，第 8 頁。

[4]　黃中黃：《孫逸仙》，中國史學會編：《辛亥革命》第 1 冊，上海人民出版社，1957 年版，第 100 頁。

表於當時有影響的報刊，像《大陸》、《警鐘日報》、《中國白話報》、《國民日日報》等，還出版有《孫逸仙》、《黃帝魂》等書籍，流傳甚廣。1905 年，他到東京組建同盟會時，陳天華稱之為「四萬萬人之代表」，「中國英雄中之英雄」，[1] 正是傳達當時知識界對孫中山共同擁戴的心聲。這種狀況促使進步的知識份子對現實認識普遍加深，便自覺地擴大了革命活動和思想的宣傳。這也與當時每況愈下的保皇守舊派和節節衰敗的清王朝，形成了鮮明的對照。當年維新變革之時，人們開口則稱引「梁任公」、「新民子」、「飲冰室主人」，而現在人們更多地認識到「康、梁，朝廷之忠臣也；孫文，則其仇敵也。」[2] 可見，孫中山作為革命先行者的地位日益上升。

再則，前面已述西學在中國傳播的價值和意義，此時此刻上至朝廷下至百姓對西學認識基本已成共識。清政府的「新政」一系列改革舉措，便是以新學為藍本，取代舊體制。而知識界提倡和推崇新學大師、出國求學已為時尚。當年孫中山受到未有傳統儒學系統學習的輕蔑，這時也由此在國人中發生轉變。隨著人們對西方近代社會的政治思想學說和科學技術的逐漸廣泛深入地認識，孫中山逐漸獲得到國人較為完整的全面瞭解。他系統的西學教育所具備的知識，被稱為「西學之巨擎」。同時通過自學，也對傳統國學有所把握，並注意中西之學的融會。值此，孫中山無論個人的學術思想還是全社會的革命意識，都得到了知識界的普遍認同。這不僅為民主革命的到來獲得知識界的廣泛支持提供了條件，而且培

---

[1] 過庭：《紀東京留學生歡迎孫君逸仙事》，《民報》第 1 號。

[2] 《康梁失望》，《警鐘日報》1904 年 6 月 23 日。

養了一批先進思想的知識精英分子，也為聚合革命團體的中堅作了準備。

關係三，從廣大民眾最樸素的愛國主義思想中，孫中山探尋和提煉資產階級民主革命最為核心的民族主義精魂。這是孫中山建立革命大同盟，尋求能夠適應民眾要求的理論，所做出的又一思想探索和理論準備。

20 世紀初，近代中國思想文化的重要轉型期，一個突出的原因是，社會民眾的反帝反滿的呼聲日益高漲。從 19 世紀 90 年代以來，由平民百姓的自發組織反抗熱浪時起彼伏，像太平天國、小刀會、紅槍會、義和拳民間組織等，還有農民武裝革命的反帝愛國鬥爭等。他們與上層先覺的知識者思想維新運動一起，不斷進行的一次次探索政治思想的改良舉措，志在推翻封建君主專制，建立民主共和國的政治體制，形成了辛亥革命前現代時期中國社會一種基本的革命情勢。孫中山所以成為資產階級民主革命的先行者，正是審時度勢準確地把握了這一革命鬥爭形勢。他從西方社會學的理論和改良派失敗的教訓兩個方面，確立了民族主義的資產階級革命的理論核心和武裝鬥爭的手段。

其一，孫中山將民眾中的反滿呼聲，引導到民族主義方面，並進行西方資產階級社會學理論的闡釋，探索創立新的文化觀念。革命的政治實踐，表明在傳統的文化勢力影響下，儘管經過許多先覺的革命派的努力，推翻清王朝政權的目標已經明確，但是究竟如何達到真正的民主民權，廣大民眾還尚模糊。而社會中占絕大多數的漢族人，以民族或種族為理由，提倡「排滿革命」，卻有著強烈地鼓動性和巨大的號召力。如此進行宣傳可一呼百應，能夠獲得廣泛

的社會同情，有利於擴大同盟，孤立朝廷。孫中山為代表的資產階級新的革命派，充分地認識到這一現實政治革命的價值所在。為此，進行了積極的宣傳引導。最重要的是要將民眾的反滿情緒，種族革命的認識引導到正確的軌道。在革命的高潮中，孫中山要求把「民族革命的目的認得清楚」，就得明確地強調民族主義，並且既不是章太炎「夷夏之辨」傳統的民族文化觀念，又不是狹隘地復仇式種族主義，僅僅張揚「仇滿」、「光復」之類的意思。孫中山運用西方資產階級社會學的理論，闡釋其民族主義概念的內涵，他認為，從理論上講「民族」不同於「國家」的概念。「國家」的性質更包含著人為暴力的成分，通常說的國家機器具有更為鮮明的武裝革命機構。而「民族」則是「天然力造成」，即由社會中「血統」、「生活」、「語言」、「宗教」、「風俗習慣」等方面自然而然地形成的。[1]從理論上孫中山先闡釋和分析「民族」的起源、定義，從一個較高的文化理論層次，奠定了全面推行民主共和國家的思想基礎。即便是吸收了外來的民族思想理論，這也充分地體現了他思想和政治意識有了新的內容，比起前人更勝一籌之處。

其二，孫中山還將下層農民自發的反抗鬥爭，和保皇派的政治變革的得失，予以了認真地總結。在理解民族主義內涵上，不僅僅是思想文化方面的中西方「民族」含義的會通，而且更表現了現實鬥爭的實踐內容和形式追求。這一方面乃是國內下層農民自發的爭取民族獨立的反抗鬥爭，啟迪了孫中山重視民族主義的現實鬥爭意義和價值。在《興中會革命史要》裏曾有記載，孫中山很早就以洪

---

[1] 孫中山：《孫中山全集》第 9 卷，中華書局 1986 年版，第 186-187 頁。

秀全的繼承者自命，「他進校以後，天天談革命，……常常說洪秀全，稱為反清第一英雄，可惜沒有成功。」「真有以洪秀全第二自命的志向。」他贊許洪秀全的民主主義的思想中，不無表現出對太平天國的暴力革命的認同。隨後，孫中山的民主主義革命暴力活動，遠遠地超過了太平天國的《奉天討胡檄》的堅決反滿，或義和拳「挑鐵路，把（電）線砍，旋即毀壞大輪船」等原始鬥爭行為方式。

不僅如此，孫中山的民族主義的革命思想行為，還與政治改良的保皇會、秘密會社等組織團體暗殺、復仇等暴力活動有聯繫。康、梁戊戌政變後倡導的保國、保教、保種，嚴復也說過「有如三保」的認同之言。重要的是「三保」實現的主要途徑之一，就是暗殺行刺。因此最初政治改良的革命，一般多以個人行為方式進行，很少有大規模的群體舉動，一旦失敗便流亡國外；而流亡日本後受到尚武精神的薰染和刺激，思想更為孤憤激越。孫中山後來提出的「種族革命」的口號，顯然有這種思想行為的承接。在日本文化的薰陶下，國內各種反滿的秘密會社十分活躍，也對孫中山革命派的實踐活動有所影響。最初，革命派就是通過與秘密會社的合作，利用對清政府不滿的，以及借助最具叛逆精神、有潛在革命因素的農民力量。正是各地秘密會社的暴力活動，恰恰催生了革命派連綿不斷的革命起義，辛亥革命後來的一舉成功，也與此有著直接的聯繫。孫中山在其組織革命團體伊始，就明確宣佈「方今強鄰環列，虎視鷹瞵，久垂蜒吾中華物五金之富，物產之多，蠶占鯨吞，已見效於接踵，瓜分豆割，實堪慮於目前」，「為免奴隸於他族」，「特集志士以興中」。為救國而革命，進行武裝起義，用暴力推翻滿清政府，恰

是源於充分積蓄了維新改良、保種、民間革命力量，甚至晚清「新政」的社會背景，等等資源，孫中山為此而一舉成功。

孫中山經歷了多方的探尋，會通中西文化，廣泛聯絡知識界，總結維新改良經驗，又立足現實的鬥爭需要。最後，在 1903 年提出了 16 字綱領：「驅除韃虜，恢復中華，創立國民，平均地權」，形成了最早精煉表述「三民主義」基本內容的文字。這一年也正是國內知識界分化改組的一年。此時清政府壓制拒俄，及《蘇報》案的刺激，使得反清情緒和民族主義在思想，在民眾中越來越高漲。不僅留學海外的知識界直接受到民主思想的鼓蕩，而且國內的各種革新報刊，也紛紛刊登「不可無共和政體」的文章，與海外孫中山的「三民主義」思想遙相呼應。

如 1904 年 12 月《警鐘日報》就發表署名「新中國主人」的《論共和政體》文章，進一步強調以革命方式推翻清政府的重要性和必要性。文章呼籲：「欲共和政體之成立，必先增進國民之程度，鼓舞其民氣，統一其主義，同心合一，團結一大團體，以養成我國國民共和政體之資格。[1]」在此形勢下，孫中山開始有了著手實施建立革命大團體的計畫，謀求國民革命群體的建設。劉成禺回憶道：「甲辰（1904 年）先生由日來美，謀開黨之大團結，先生曰：『自《蘇報》鄒容《革命軍》發生後，中國各省已成士大夫豪俊革命氣象，但無綱領組織，徒藉籌款，附黨於三合會，不足成中國大事也』乃謀設同盟會，指揮事業。」[2] 這除了反映孫中山已有建立革命大

---

[1] 新中國主人：《論共和政體》，《警鐘日報》1904 年 12 月 24 日。

[2] 劉成禺：《先總理舊德錄》，《國史館館刊》創刊號。

同盟的舉動外，更重要表現了他與知識界思想要求的一脈相通。他將要建立的革命組織大同盟的，顯然是要以先覺知識份子為主體。於是，在 1905 年 7 月，孫中山、黃興、宋教仁等革命團體的負責人和留日學生代表 70 餘人，聚集東京，商討組建統一革命組織——中國同盟會的問題。會上，孫中山正式將 1903 年他提出的 16 字綱領確定為同盟會的宗旨。次年 8 月，中國同盟會在東京宣告成立，成立大會百餘人參加，通過《中國同盟會章程》，推孫中山為總理。孫中山說：「自革命同盟會成立之後，予之希望則為之開一新紀元。[1]」同年 11 月，中國同盟會的機關刊物《民報》創刊於東京。其創刊號的發刊詞第一次提出了「民族」、「民權」、「民生」三大主義，標誌了孫中山的思想基本形成，更標誌了近代中國的政治變革，從此進入了一個新的歷史階段。

第二節　革命先驅者的思想精髓

中國同盟會的成立，是近代中國新型知識份子的成長，完成了一個較高的組織形式。三民主義的思想代表了這個社會階層思想的核心和理想追求的目標。此時此刻現實的中國，一方面清政府已腐朽到了生命的垂暮之年，另一方面來自於知識界和社會上層朝廷官員的立憲改良派的高漲呼聲。三民主義思想傳播和接受，不僅直接

---

[1] 孫中山：《孫中山選集》（上卷），人民出版社 1956 年，第 176 頁。

受到這兩方面勢力的阻礙，而且是否能夠得到更為廣大民眾的認識和支援，也面臨著十分嚴峻的考驗。

確切地說，正是在此受到多重的夾擊中，堅定了民主革命派必須選擇武裝暴動的方式，才能徹底推翻「修修補補」維新改良以久的清政府。而這種選擇的前提，必須具備三民主義思想在全社會的普遍認同和回應。所以，孫中山在《民報》創刊號上提出三民主義的綱領之時，側重以西方歐美的先進思想與其三民主義之間關係的闡釋，企求給國人一個實實在在的成功範例，並藉此強調在中國實行三民主義的必要性。他說：「歐美之進化，凡以三大主義：曰民族、曰民權、曰民生。羅馬之亡，民族主義興，而歐美各國以獨立。洎自帝其國，咸行專制，在下者不堪其苦，則民權主義起。18 世紀之末，19 世紀之初，專制仆而立憲政體殖焉。世界開化，人智益蒸，物質發舒，百年銳於千載。經濟問題繼政治之後，則民生主義躍躍然動，20 世紀不得不為民生主義之擅揚時代也。」「今者中國以千年政治之毒而不解，異種殘之，外邦逼政治，民族主義、民權主義殆不可以須臾緩。而民生主義，歐美所慮積重難返者，中國獨受病未深而去之易。是故或於人既往之陳跡，或於我為方來之大患，要為繕吾群有事，則不可不並時而弛張之。[1]」孫中山的三民主義思想重要的不是給同盟會確定了一個先進的行動綱領，而是從西方社會制度的變革中，預設了一個能適應中國現實和理想社會的目標。這為正在作最後之掙扎的清王朝，注入了一劑壽終正寢的強藥。而對那些尚期求立憲改良延

---

[1] 孫中山：《孫中山全集》第 1 卷，中華書局 1981 年版，第 288 頁。

緩大清朝衰亡的保皇派，也提供了一面他們表現其衛道士面貌的鏡子。相反，這對於迷茫中的國人有了一種新的選擇，一種新的方向。最現實的問題是，三民主義思想對於近代以來，傳統與現代交替過程中生長的新型知識份子，確立了一種系統而嶄新的文化觀。一直困擾在他們精神世界的中西文化的衝突，及文化的衝突與現行國家王朝的變革之間的關係處理，似乎獲得了一個可以借鑒的思想武器。

然而，當孫中山真正推行其三民主義思想之時，觀念的改變遠比起他奔走呼號建立同盟會團體要艱難的多。孫中山為代表的新革命黨人，一開始就進入了一場知識界關於是改良還是革命的論爭戰中。也正是在這場戰鬥的過程中，溝通了革命黨人與知識界、與全社會的聯繫，及其彼此的進一步相互瞭解，還更加堅定和完善了三民主義文化觀念思想體系。由此，我們從中能夠探求到中國資產階級革命先行者，孫中山思想形成的完整脈絡，及其對近代新型中國知識份子成長的影響。

1905 年至 1907 年在梁啟超的《新民報》和在同盟會的《民報》上，展開了既是政治的又是思想文化的保守與革新，改良與革命的激烈爭論，拉開了孫中山資產階級民主革命歷史進程的序幕。

在 20 世紀初，梁啟超等立憲改良派政治思想、文化觀念一直處於保守中的矛盾狀態：面對西方文化先進的科學技術和成熟的思想觀念、國家政體，竭力推行西學，梁啟超以「新民說」倡導公德。而面對清政府的王朝統治與資本主義的西方歐美相比較，又斷言「中國不同於歐洲」，「與其共和，不如君主立憲。與其君主立憲，

又不如開明專制。」[1]究竟是要以什麼態度和方式來進行晚清政府的系列改革？要不要西方資本主義的社會變革？最初，改良派和革命派之間的論爭，導致了孫中山等革命黨人確立依託知識界的支持，建立自己的同盟會團體之決策。這僅僅是論爭的第一個回合。1907 年前後，實際是雙方論爭進入到關鍵問題上，當梁啟超等在為立憲思想大力辯護之時，遇到民主同盟的革命派阻擊，開始有所選擇地轉移論爭點，探討一些問題時梁啟超也不乏有貼近革命派的民主民權的傾向。但是整體較多對革命的質疑，如反滿革命是危險的和不必要的，等等言論；梁啟超甚至公然以舊道德維護者自居，發誓說：「……而必曰破壞舊道德為革命家應行之義務，則刀加吾頸，槍指吾胸，吾敢曰：『倡此論者，實亡中國之罪人也，實黃帝子孫之公敵也』。」[2]這種強硬的保守口氣，甚至還影響了當年被稱為「西學第一人」的嚴復，他思想這時也急轉守舊，竟然說出：要想救國「不如一切守其舊者，以為行己與人之大法」的言論。孫中山為首的革命黨人既從這些極端守舊的言論裏受到刺激，更加堅定了民主革命的目標，又從保守言行的參照中獲得了思想文化和政治革命的冷靜反思。

與此同時，孫中山為代表革命派，還面對著另一股文化虛無主義、無政府主義的偽激進的文化勢力。他們也是在「保存國粹」的口號下，由抨擊帝國主義侵略的洋奴，到不遺餘力地揭露資本主義

---

[1]　梁啟超：《新大陸遊記》，《飲冰室合集》專集之 22，中華書局，1981 年版，第 65 頁。

[2]　梁啟超：《中國歷史上革命之研究》，《飲冰室合集》專集之 15，中華書局，1981 年版，第 41 頁。

制度現實狀況的虛偽和黑暗，再到「政府者萬惡之源」，「文明政府」資本主義虛偽民主的批判。在他們的言論中傳達著另一種思想資訊，即對革命派正在宣傳和傳播的資產階級民主制度的懷疑，及其他們深藏靈魂裏的文化復古主義思想意識的擴張。雖然激進的無政府主義國粹派，不無清醒地看到資本主義社會制度的某些弊端的積極意義，但是，他們以此為理由反對排滿，反對實行民族革命，建立新政府，又將自己激進的革命放到了一個歷史前進的對立面上了。他們與康、梁保皇派表現出相同的思想文化傾向，最終他們也成為了政治和文化民主革命大潮中的濁流。

大浪淘沙，滄海橫流，方顯英雄本色。孫中山為代表的資產階級革命派，恰是在這些不同的，甚至對立的各種主義和勢力的鬥爭中，創建了自己思想文化的獨立性和先進性，堅定了必須建立資產階級民主共和的目標。然而，客觀地說，面對中西文化的衝突，傳統與現代交替的現實，建立一個切實而又先進的新文化體系，革命派深感到任重道遠。孫中山作為革命的先驅者，他的偉大之處，正是將三民主義的思想體系，建立在中西文化溝通的原則之下，確立在民眾反帝愛國和圖志變革的思想基礎之上，又總結了各種形形色色改良革新的成敗得失，而建構了自己獨立的新文化思想。

則誠如孫中山後來自己總結的那樣，三民主義思想是「集合中外學說，應世界潮流所得」。還說：「吾之謀中國革命，其所持主義，有因襲吾國固有之思想者，有規撫歐洲之學說事蹟者，其吾獨見而創獲者。」[1]站在中西文化思想會通的高度，孫中山更多地將西方

---

[1] 孫中山：《中國之革命》，《孫中山全集》第 2 卷，中華書局 1982 年版，第

資產階級民主主義，置於中國建立新思想新文化的首要地位，作為推翻封建的清王朝，建立民主共和政府的基本指導思想之中。他反對國人滿足於「過代文明」，說：「中國文明已有數千年，西人不過數百年，中國人又不能由過代文明變而為今世的文明，所以人皆說中國最守舊，其積弱的緣由也在於此。」於是，孫中山致力於促使國人追求「現世文明」，又說，只要「將來取法西人的文明而用之，亦不難轉弱為強，易舊為新」。他提醒國人必須學習西人，「我們中國先是誤於說我中國四千年來的文明很好，不肯改革，於今也都曉得不能用，定要取法於人。若此時不取法，他現世最文明的，還取法他那文明過渡時代以前的嗎？」[1] 孫中山的中西文化觀超越了前人調和論的觀點，以及於兩種文化之間種種保守的言論，如「中體西用」、「中西混合」、「托古改制」等等。而直取 20 世紀初世界民主主義的「現世文明」說，為其中國新文化的基點，鮮明地體現了他思想文化的先進性探求。

首先，孫中山認為民主主義的學說，不是民族主義的「驅逐韃虜」，而是民權主義的「創立合眾政府」。他將此作為其三民主義的核心，資產階級民主革命的綱領。這實際也是孫中山民主思想的最重要之點。

他從最初發起興中會「建立共和體制」到同盟會具體地提出「建立民國」、「平均土權」，再到三民主義之一的民權主義，逐漸清晰

---

181 頁。

[1]　孫中山：《在東京中國留學生歡迎大會上的演說》，《孫中山全集》第 1 卷，中華書局 1981 年版，第 278-282 頁。

了自己思想觀點的本質內容。1906 年，在《民報》創刊周年紀念
會上，孫中山這一思想已經十分明確，「民權主義就是政治革命的
根本，……我們推翻滿州政府……從顛覆君主政府那一方面說，是
政治革命，……照現在這樣的政治論起來，就算漢人為君主，也不
能不革命。……凡革命的人，如果存有一些皇帝思想，就會弄得亡
國，因為中國從來當國家作私人的財產，……」。這裏孫中山針對
了過往一些言「革命」的人，只是看重「排滿」、「光復」，實際對
資產階級民主革命的真正內涵並不十分理解。他們只是將國家當作
私有財產而已。

孫中山民權主義立論的主要根據，取之西方資產階級的民權思
想：一是強調歐美為達到民權，提出的「自由、平等、博愛」的民
主宗旨；一是民權即是人民管理政治，取國家「立法、行政、司法」
三權分設制度。前者孫中山直接將其寫進革命黨人的文件中：「我
等今日與前代殊，於驅除韃虜，恢復中華之外，國體民生尚當與民
變革，雖緯經萬端，要其一貫之精神則為自由、平等、博愛。故前
代為英雄革命，今日為國民革命。所謂國民革命者，一國之人皆有
自由、平等、博愛之精神，即皆負革命之責任，軍政府特為其樞機
而已。」[1]孫中山經常以法國大革命和美國獨立戰爭的事實為例，
認為歐美革命的目標，就是實現「自由、平等、博愛」的口號。後
者孫中山將其民權更加具體化，由人民做主的政治才是民主的政
治。他極推崇盧梭的民權論，把民主視為人道社會的象徵。他認為

---

[1] 孫中山：《中國同盟會革命方略》，《孫中山全集》第 1 卷，中華書局 1981
    年版，第 296 頁。

盧梭所說的：「人民權利是生而平等的」，是一種世界潮流，「由神權流到君權，由君權到民權，現在流到了民權，便沒有方法可以反抗」。(《民權主義》) 由此，要中國富強，非實行革命和主義的民權不可。無可非議，孫中山的民權主義是受到西方資產階級思想的極大影響，他自己也直言不諱地承認：「中國人的民權思想都是由歐美傳進來的。」[1]

如果僅僅認為孫中山的民權主義是西方的，沒有聯繫中國的實際，確切地說也是不客觀、不準確的。孫中山較早地從中國傳統文化的民本思想中，發掘出與西方民權思想有關的因素和內容。他說，「根據中國人的聰明才智來講，如果應用民權，比較上還是適宜得多，所以兩千年前的孔子、孟子，便主張民權。孔子說，『大道之行也，天下為公』，便是主張民權的大同世界。又言必稱堯舜，就是因為堯舜不是家天下，堯舜的統治，名義上雖然是君權，實際上是行民權。所以孔子總是崇仰他們。孟子說，『民為貴，社稷此之，君為輕』；又說『天視自我民視，天聽自我民聽』；還說，『聞誅一夫紂，未聞弒君也。』」(《民權主義》) 孫中山的這些中西民權比較論也有牽強和模糊之處，但是畢竟注意到文化思想的異同，也能從中國的實際出發重在具體分析。如他認為中國和歐洲不同，自由平等早就有了，白屋可出公卿，布衣可至將相，不象歐洲封建世襲制那樣嚴格，「歐洲的專制要比中國厲害的多，原因在什麼地方呢，就是在世襲制度……，帝王公候那些貴族，代代都是世襲貴族……，耕田的人，他的子子孫孫便作農夫，做工的人，他的子子

---

[1] 孫中山：《孫中山全集》第7卷，中華書局1985年版，第60頁。

孫孫便要做苦工，祖父做一種什麼事業，子孫不能改變，這種職業上的不能改變，就是歐洲的不自由……。因為職業不自由，所以失掉了平等……」，「歐洲人民在兩三百年以前的革命都是集中到自由平等兩件事，中國人向來不懂什麼是爭自由平等，當中原因就是中國的專制和歐洲比較實在沒有那樣厲害」（《民權主義・第三講》）。

顯然易見，孫中山的民權主義思想作為其民主思想的核心，反映的思想傾向不僅代表著個人的進步，更表現了中國革命和文化思想具有了明確的近代性質。他最重要地區別於太平天國和義和團身上的民本思想，也不同於資產階級改良派的新民思想。他是接受了西方民主主義的思想，而綜合起來的資產階級的民主綱領，將西方的近代性移植到中國，標誌了中國新型知識份子的成長，真正在思想文化上開始具備了前現代性，與世界文化思想有了初步的同構性。

其次，如果說民權主義在孫中山的三民主義思想中體現的是，他文化思想的中西觀所表現的主要為革命家的超前性，那麼，民生主義的思想更多反映了孫中山在中國建立資產階級民主革命的獨創性。孫中山的這種獨創性的來源於他自覺地將西方空想的烏托邦理想主義與中國現實世界民生疾苦的結合。他的民生主義是綜合了各種社會主義和深受改良主義思想影響的產物。孫中山自己解釋：「民生就是人民的生活，社會的生存，國民的生計，群眾的生命。我現在就是用民生二字，來講外國近百十年來所發生的一個最大問題，這個問題就是社會問題，故民生主義就是社會主義，又名共產主義，即是大同主義。」（《社會革命談》）民生主義集中地體現了對當時中國社會經濟發展的矛盾和要求，又滲透了資本主義社會空想的烏托邦成分和內容。同時，孫中山又說各國情況不同，民生問

題也各有不同。「中國人大家都是貧，並沒有大富的特殊階級；只有一般普通的貧。」「只有大貧小貧的分別。」所以，在中國解決民生問題的辦法，一是平均地權；一是節制資本。馮自由曾回憶道，在同盟會確定革命綱領時，「……有數人於平均地權一節略有疑問，總理（即：孫中山）乃歷舉世界革命之趨勢及當今社會民生問題之重要，謂平均地權即解決社會問題之第一步方法，吾黨為世界最新之革命黨，應高瞻遠矚……庶可建設一世界最良善富強之國家云云。演講約一時許，眾大鼓掌，……全場無異議。[1]」這裏不僅表明孫中山民生主義思想思考已久，而且指出了「平均地權」民生主義的中心問題所在。後來，他將民生主義的實施，以西方經濟學者的「定地價」和「土地國有」為藍本，結合中國封建社會的土地制現實。在闡釋「平均地權」主張中，既保留了資本主義的社會主義空想，又堅持抽象的人道主義的平等、博愛。將封建的階級社會裏貧富不均理解為資產的佔有和消費的和善關係之衝突。在中國民族革命和政治革命尚未成功，談此民生平等、博愛，無非是一種對於未來的空想。有研究者認為孫中山的民生主義本質是博愛，不無一定道理。但從另一角度看，孫中山的民生主義又有來自對資本主義社會弊病的認識。他的「平均土權」是設想中國預防補救資本主義貧富不均的「惡果」的方式。這一認識本身雖也有矛盾性（只要真正實行「平均土地」必然為資本主義的發展創造一種社會條件），但是孫中山的民主主義思想的內容，代表先進的社會主義思潮和包括切合中國實際的國情，這是無可異議的。

---

[1] 馮自由：《革命逸史》2 集，中華書局，1981 年版，第 149 頁。

　　總括之，孫中山的民主、民權、民生三民主義思想是一個充滿矛盾而又駁雜思想體系。無論分別看三個「主義」的獨立價值，還是整體地觀其思想體系的綜合性；無論她是西方文化影響接受的衍生物，還是承襲中國傳統和結合現實國情的產物；無論作為政治革命的行動綱領，還是作為思想文化革新的改良方法，等等。孫中山的民主、民權、民生都是兼而有之，不易從一個方面肯定和否定。蔡元培認為孫中山的思想反映了中庸的特徵。他說：「三民主義……，是以中庸之道為標準。……其他保守派反對歐化的輸入，進取派又不注意國粹的保存。孫氏一方面主張恢復固有的道德與智能，一方面主張學外國的所長，是為國粹為西化的折中。」[1]這也不失一種評價和定位，因為三民主義中包孕著中國傳統文化內容和精神。當然，這也不是她的全部。

　　我覺得對於三民主義思想的評估，今天我們沒有必要苛求孫中山的態度的明朗和體系的是否完整。重要的是作為資產階級的民主主義革命先驅者，他究竟提供了多少前人和同輩人所沒有的新東西。從這一方面講，孫中山的三民主義的價值和意義，至少有這麼幾點：一，它為中國資產階級民主革命確立了行動綱領，樹立了推翻清王朝、建立民主共和的國家旗幟。二，它體現了近代以來中國封建政治和現代政治初步達成能夠接受的社會模式，有著一定文化承傳和吸收的整合姿態。三，它的思想體系中包容了近代所有政治與思想流派的合理因素，同時又不無批判前人的不足。其自身的缺陷也不是重複別人，而是更多超前性的個人嘗試之理想化。四，三

---

[1]　蔡元培：《中華民族的中庸之道》，《蔡元培全集》，中華書局，1984 年版。

民主義突出的貢獻，是在中國文化史，尤其近代以來的中西文化交流史上，自覺將兩種文化的衝突予以會通探尋建立新的文化，最早創建了適應中國現實的新的社會屬性新的時代內容新的文化體系。現代文化思想的建構既落到了實處又推到了一個新高度。孫中山是中國民主主義新文化的開拓者。

孫中山思想的研究長期受到社會政治學的影響較大。多少年來，許多近代中國革命史、思想史、文化史分析孫中山的三民主義思想，都有未能以階級鬥爭的學說，認識中國的貧富不均的微辭。而對其空想社會主義的因素和內容，也主要是政治範疇的得失評說，並非文化意義的理性辨析。

孫中山是一個偉大的革命家，但我更認為他是一個充滿著強烈世界大同美好願望，並為此不懈努力和追求的偉大理想主義者。他在中國近現代思想文化建設上的貢獻，被人們充分認識的還遠遠不夠。孫中山是中國近代以來一代成長的新型知識份子的代表，他身上最可寶貴的精神，不僅僅塗抹了濃重的時代色彩，而且應合了時起時伏的群體意願和呼聲，一股股社會思潮的氛圍，輝映著一個王朝衰老的身影。他標誌了一個新興知識階層的誕生並走向成熟的過程。孫中山的三民主義思想融會吸收了西方各種社會主義、社會改良主義以至於空想社會主義，並且結合中國傳統思想而建立的思想體系，本質上是中國社會歷史環境的獨特產物。如果從文化建設的角度說，三民主義思想實際社會和思想的價值，遠遠超出了它作為革命行動綱領意義。它的文化內涵的豐富性和駁雜性，恰恰體現了比前人文化體系的更大的相容性。更為重要的是，它集中了前現代中國知識者的成功與失敗的經驗，反映了吸收和發展世界文化精神

的超前性。孫中山作為一代知識份子精英，突出表現出勇於探索的果敢、睿智，及其積極的朝氣，許多方面是後人難以超越的。毛澤東稱讚孫中山先生是「中國革命的先行者」。政治上充分肯定了他在中國資產階級民主革命的地位。但「先行者」並不僅僅表示革命的第一人，只有充滿強烈理想，博大的愛全人類的胸襟，堅持不懈的追求，才可能「先行」於時代和社會前列。「天下為公」是一種文化人格，三民主義思想正是由此文化人格基礎，鑄煉出的獨特文化思想。它推翻了一個清王朝，更造就了一代中國新型知識份子，甚至奠定了他們整體的新的文化思想品格。

第三節　從王朝到民國潮起潮落

1905 年夏，日本戰勝了俄國，證明亞洲人可以改變國際的關係，日本人贏得了全世界的敬仰和瞻目。更刺激了在日本的中國新興革命黨人和流亡的改良派，再次鼓蕩起他們奮鬥革命的熱情，甚至在國內的清政府也加速了立憲改良的步伐。這是一個重要的歷史轉折的年頭，也是一個代表轉折契機的重要事件。她直接產生的效應，便是本年底的「中國同盟會」誕生。

以孫中山為代表的革命聯盟，獲得了廣大新知識群的支持，符合了民眾要求國家統一主權和國家強盛的強烈願望。她的民族、民權、民生三民主義的旗幟，是經過了多少千辛萬苦的探尋，經歷了多少次失敗之後，將民族文化精神和現實需要相凝聚而成。然而，

它的傳播和普及於廣大民眾的過程，正是近代中國從王朝到民國蛻變中最為艱難的時刻。這時無論是革命黨人的武裝暴力革命方式，還是聯絡知識界的思想文化的重新建構，都處於一個難以置信的「低谷」。美國歷史學者加斯特在《共和革命運動》一文中，是這樣悲觀地寫道，「到 1908 年，同盟會已經花去了它的大部分精力。大約在一年中，它一次又一次地發動或參加起義──根據不同的說法，總共至少五次，也許多達八次；但沒有任何明顯的成就。政府在鎮壓這些起義時不很費勁。沒有一次有希望觸發革命派夢寐以求的連鎖反應。隨著失敗的升級，同盟會會員內部發生了爭吵。……在敵視孫中山的新編輯的主持下，《民報》發表了批評共和主義的文章，論調也很悲觀。同時，清政府又取得了革命派在 1905-1906 年已經奪走的主動權，逐步增加對外國當局的壓力……」，1907 年至 1908 年孫中山被先後逐出日本、越南，「在新加坡避難」。[1] 這段描述文字至少表達了這樣一個事實：孫中山為代表的革命黨人及其同盟會，並沒有因為革命大同盟的建立，三民主義思想的確定，從此走向了革命的坦途，直接迎來了民國的勝利。而恰恰相反，中國近代民主革命的歷程進入了更加艱難的長途跋涉，「路漫漫其修遠兮，吾將上下而求索」，……。

讓我們由遠即近地眺望，這艱辛而漫長的革命道路。他交織著政治的武裝暴力的革命起義，也連接著在隱形思想文化戰線裏激烈的中西文化的衝突。表層的是除舊革新歷史必然之路，實質是醞釀

---

[1] 費正清、劉廣京編：《劍橋中國晚清史》（下卷），中國社會科學出版社，1993 年版，第 582 頁。

已久的更新換代之大變動，歷史在一群時代驕子的天才壯舉中，將翻開新的一頁。

面對清王朝的衰落圖景，暫且先將鏡頭對準 20 世紀初至民國前這十年的時間，，再次讓我們重新的回眸歷史匆匆而又沉重的腳步。

這個歷史的開端，是以政治最黑暗的康、梁維新變法的失敗為標誌。以慈禧太后為首的清政府封建統治者，血腥鎮壓了維新運動，又在義和團運動和八國聯軍入侵的時候倒行逆施，災難深重的中國面臨著政治抉擇的重要關頭。清王朝與英、德、法、美、等 11 國簽訂的喪權辱國的《辛丑合約》，使得西方列強對中國的侵略更加肆無忌憚，任意在中國駐紮軍隊，強租土地，掠奪資源，乃至直接出兵在中國的領土蹂躪中國人。「各項人等，從今以後都是那洋人畜圈裏的牛羊，鍋子裏的魚肉，由他們要殺就殺，要煮就煮，不能走動半分」。這是革命志士陳天華在《警世鐘》[1]裏的文字，它形象地描繪了這種民族危機的嚴重性。民族的危機推動了一個政治大變動的局面在中國同時形成。

維新的失敗，清政府的腐朽墮落，使得人們對維新改革的得失，及其實施中遭受失敗的反思，促使了先覺的救國者猛醒。政治和文化思想方面必須有一個更大的革命，這既是推翻清王朝的武裝革命，又是啟蒙思想的文化革命。由此，20 世紀初，中國資產階級的民主革命運動應運而生，並很快成為新的社會歷史發展的主流。國內清政府由圍剿維新運動一片「禁」、「殺」之聲，所以，資產階級的民主革命首先來自海外志士的奮鬥。流亡日本的康、梁維

---

[1]　中國史學會編：《辛亥革命》第 2 冊，上海人民出版社，1957 年版，第 112 頁。

新派面對維新失敗、祖國危亡尋求起死回生的救治之道，即從維新轉向立憲改良。同時，另一支直接滋生於國外的先行的資產階級革命黨人，以孫中山為首樹起了推翻滿清政府、建立資產階級共和國的旗幟。雖然這兩支力量從表層到本質都有較大的分歧，但是對民族命運的積極思考是共同的，以及相互間既衝突又聯繫的文化思想，都深刻地影響了國人推進民主革命的思想意識和歷史進程。

在殊特的海外文化背景中，無論改良派還是革命派愛國救亡的熱情，與自覺學習西方的意識，都表現出日益高漲的趨勢。當時身居海外的愛國志士們，不管其思想傾向有何等對立，他們考察西方的出發點都一概是為了救祖國。為此，中西文化比較視角有了相對一致的目標，這超越了在此之前僅僅舊與新的表層對比，既不維護清政府的封建綱常，又不同於洋務、維新的「中體西用」。向著更加開放的視閾，冷靜客觀的審視傳統中國的封閉和落後。雖然他們整體顯示出比較駁雜和紛爭的情勢，但是這並不重要，重要的是一種更為開放的向西方尋求救國富強的導向，由海外影響到國內，乃至波及到朝廷。

這使得中國社會狀況的情勢發生了急劇轉向，在前面幾章中已有詳細的論析，這裏集中略述幾個層面以便進一步論證：一，1901年以後，清政府迫於形勢的壓力，推行「新政」。以教育改革廢科舉、興學校為中心，進行了一系列社會政務、商務、外交、軍事等等方面的改革。清政府的「新政」多少是衰落中的無奈，本想以改革做一個姿態，對其實際內容並不關心，更不是為富國強兵以防禦列強的侵略，要說目的最根本的是為保住大清的江山而已。但是，

「新政」產生了兩個直接後果，可能是清政府最初沒有意料的。這
就是下面所說的教育和經濟的兩點。

二，「新政」改革產生的教育體制、隊伍等調整，是直接受到
海外志士、學人西方先進知識的影響。同時，又反作用於對國內新
型知識份子隊伍的發展壯大，對當時方興未艾的資產階級民主運動
以有力的推動。「教育改革」使得新式學堂在全國雨後春筍般的滋
生，又應合著「留學熱」的風行，不僅掀起了大規模的介紹和傳播
西學的熱潮，而且培養出一批新的知識結構，思想敏銳，眼界開闊
與舊式文人根本不同的新型知識份子。通過這些文化新人的傳承，
最突出的是，19 世紀末 20 世紀初，西方的各種主義和近代科學技
術被輸入中國，而且是完全不同於過往的引進介紹。有人曾作一生
動對比「前譯者為東方之啟明，而後譯者為經天之烈日；前譯者為
崑崙虛叢林灌莽中之涓流，後譯者為江河入海處吞天之巨浸，殆時
勢之一定而不可改變者矣。」[1]這個比較略可見西學翻譯介紹的巨
大聲勢之一斑。

三，「新政」改革產生另一成果，是中國民族資本經濟得到一
定的發展。由西學的傳播而帶動起來的現代傳媒體和出版業的興
盛，既加強和擴大了思想文化的交流，又建立和推動了一種實業體
的發展。兩者互動關係產生的雙向效應，最初是經濟推動了思想文
化，隨後又以新文化影響著經濟。民族資本經濟的發展最主要是這
時期的廠礦猛增。據有關統計，在 1901 至 1910 年間，開設的民族
資本廠礦達 326 個之多，總資本有 9956 萬餘元。這比在此之前的

---

[1]　張靜廬輯編：《中國出版史料補編》，中華書局 1957 年版，第 62 頁。

30 年所設廠總數及資本總額均超出一倍多[1]。除了表現在數量的增長外，民族資本的投資範圍也有所擴大，工礦、電燈、煙草、鍋爐等行業都成為投資的熱點，一些省份也出現了商辦鐵路公司。這些充分表明資產階級在這個時期的迅速發展，及其力量的顯著增強。這必然也大大地推動了資產階級的迅速發展和民族革命的高漲。

這時期的社會狀況的急變，如果說上述幾個層面反映的是一個整體性的社會變動情勢，那麼，最重要的是思想文化領域呈現出少有的多元共生、共存的格局。這從另一方面為資產階級民主主義思想的宣傳和傳播，活躍和繁榮創造了有益條件。文化思想的不同觀念，最初從政治意識形態的改良和革命的社會思潮而起。流亡的康、梁徘徊於保守和開明之間，激進的革命黨人為民主自由不遺餘力。從雙方激烈的政治衝突到多元文化論爭，形成了全社會的文化轉型。思想文化集中於中與西，古與今，新與舊，國粹與西化等問題的討論，意見不一，派別紛呈。這中間有三種文化傾向的意見值得注意，它們與民主革命的進程，清王朝的最終消亡有著一定的精神聯繫。

第一種是，洋務運動以來的「中體西用」的再批判。隨著西學廣泛傳播，開明的知識群體首先表示出對流行的「主於中學輔於西學」文化觀的質疑。以嚴復、王國維等知識者為代表，提出對待文化交流必須打破「中外之見」、「新舊之分」、「主輔之別」的文化思想。在則些觀點的辨析中，嚴復雖然多有自相矛盾之處，並且覺得

---

[1] 嚴中平等編：《中國近代經濟史統計資料選輯》，科學出版社，1955 年版，第 95 頁。

真正達到「統新故」、「苞中外」是不容易的，但是他認為，有一種可遵循的「要道」，即「今吾國之所最患者，非愚乎？非貧乎？非弱乎？則徑言之，凡事可以瘳此愚、療此貧、起此弱者，皆可為。」還說，「三者之中，猶以瘳愚為最急」[1]。所以，嚴復大聲疾呼文化的接受，重在「開民智」，衝破因循守舊；主張「盡去吾國之舊，以謀西人之新」。學者王國維從學術追求的角度，也提出破除狹隘的「中外之見」，說：「知力人人之所同有，有宇宙人生之問題人人之所不得解也。其有能解釋此問題之一部分者，無論其出於本國，或出於外國，其償我知識上之要求，而慰我懷疑之苦痛者，則一也。同此宇宙，同此人生，而其觀宇宙人生也，各不同。以其不同之故，而遂生彼此之見，此大不然者也。學術之所爭，只有是非真偽之別耳。」如果「於是非真偽之別外，而以國家、人種、宗教雜之」，那就必定妨礙學術的發展。[2]以嚴復、王國維為代表的開明知識者這時最積極之處，是將中西文化置於平等的地位考察，不只在促進文化交流的融會貫通，更表現了民主意識在文化接受中的滲透。其文化思想觀的進步不無反映了社會向前的步履。

　　第二種是，如何正確看待先進的民主文化觀，政治的改良派和革命派發生的激烈的衝突。1905 年前後，一方以康、梁為代表，佔據《新民叢報》為陣地；一方以孫中山為首，《民報》是其大本營。康有為從政治「保皇」的目的出發，將現代文明以「物質」和「精神」的不同之分析，由此否定民主的進程。他認為，西方物質

1　嚴復：《論教育書》，刊《外交報》1902 年。

2　王國維：《論近年之學術界》，刊《教育世界》第 95 號，1905 年。

文明勝於精神文明。中國不如西方的「但在物質而已」,「然則今而欲救國乎?專從事於物質足矣。」至於西方的精神可以一概不講。他說,「若夫革命民主之說,則萬里文明古印度之亡,已為吾覆轍也,中國萬不可再印度之轍,吾已別有書矣。故自由革命民主自立之說,皆毒溺中國之藥者也,其萬不可從,不待言也。」[1]梁啟超以《開明專制論》[2]一篇長文,也表明對民主制度堅決反對的態度。中國不能實行民主共和,他的理由是中國人尚不具備民主的思想素質和共和的制度、機構等條件。強調國家「有專斷而以改良的形式發表其權力」,即所謂的「開明專制」。對此,革命派針鋒相對地提出,政治上中國應順應世界潮流,步英、法、美的後塵,進行民主革命,建立中華共和國;文化思想上效法歐美資產階級「文明革命」。而革命黨人鄒容說,「吾幸夫吾同胞之得與今世界列強遇也。吾幸夫吾同胞之得聞文明之政體、文明之革命也。吾幸夫吾同胞之得盧梭《民約論》、孟得斯鳩《萬法精理》……等書譯而讀之也。……夫盧梭諸大哲之微言大義,為起死回生之靈藥,返魄還魂之寶玉,金丹換骨,刀圭奏效,法、美文明之胚胎,皆基於是。……吾請執盧梭諸大哲之寶幡,以招展於我神州土。」[3]顯然,在他們不同的文化觀念衝突中,改良派以溫和之態而守成,革命派的旗幟鮮明堅持效法西方民主,觀點潛在著偏激。但是,應該講後者文化認識是

---

[1] 康有為:《物質救國論》,湯志均編:《康有為政論集》,中華書局,1981 年版,第 566-574 頁。

[2] 連載於 1906 年初的《新民叢報》。

[3] 鄒容:《革命軍》,《辛亥革命前十年間時論選集》第 1 卷(下冊),香港三聯書店,1962 年版第 652-653 頁。

積極進取、清醒理智的，具有時代感，符合社會歷史發展的潮流。最重要的這為辛亥革命的到來奠定了思想基礎。它代表了一種新的文化選擇的趨向。

第三種是，國粹主義的興起，形成一種典型的文化思想的新流派。它鮮明地反映了 20 世紀初中國近代民主革命進程的艱難曲折，一代覺醒的中國知識份子在傳統與現代抉擇中的徘徊心態。「國粹」不是守舊、傳統的代名詞，也不是針對西學的傳播而言。20世紀初，國粹主義的崛起是有著特定所指的。1905 年《國粹學報》創刊就明確表示，它不是為著「與西來學術相對抗」。發刊詞闡明宗旨：「保種愛國，存學之志」。代表人物之一黃節在《國粹學報敘》中則直截了當地說，中國已是亡國亡學，「吾國之國體，則外族專制之國體。吾國之學說，則外族專制之學說也。」[1]顯然，提倡「國粹」緣於對清政府種種喪權辱國行經的不滿。國粹派以提倡「國學」為宗旨，認為中國傳統文化是中華民族的靈魂，中國的立國之本。所以，他們不是封建的宗法的專制主義，更多表現了民族革命的高漲。這一思想在部分「排滿革命」的革命黨人中更有巨大的號召力。後來的孫中山三民主義中的民族主義思想多少吸收了他們的某些精神。

在那個西學熱的時代，國粹派文化的觀點著眼並不在中西文化的問題上，自然多少有些顯得那麼不合時宜，但是也不無透露出知識界對中國固有文明、固有道德的深厚情感，一種割不斷的民族文化的情結。面對西方文化的傳播，國粹派的態度本質上有別於封建

---

[1]　見 1905 年《國粹學報》第 1 期。

復古和歐化的兩種極端，更多地表現出的是一種矛盾的心態。他們政治和文化傾向徘徊於復古和守舊之間，一方面其內核有文化整體的積極合理制衡因素，一方面其內核較多保留有文化發展的消極守成心理。他們對西方列強侵略民族文明的野蠻極大憤慨，「外人之滅我國也，必並滅其宗教，滅其語言，滅其文字」[1]。這個派別還表現出一種基本傾向，即對當時世界資本主義進入危機時代，不願種種資本主義弊端在中國重演，而轉向民族文化的堅守之勢的突出張揚。在這一點上他們也得到革命派的一定認同，也正是在弘揚民族文化，增強民族自信心，表現愛國精神等方面，其願望是一致的。總之，這個時期文化思想的新舊並存、動盪多變的局面，實際反映了社會不同階層及政治力量的不同文化要求，也表現了新型知識份子生長中活躍的競爭機制。

最後，在社會基本情勢和多元文化格局之外，這時期社會革命民主力量分分合合的基本走向，也是艱辛革命之途的重要內容之一。新一代中國革命知識份子的成長，實際是在政治的實踐與思想文化的變更相互結合的形式中完成的。日本學者近藤邦康在《救亡與傳統》[2]的論著中專有一節，談到近代中國革命知識份子形成的三大潮流。我覺得作者的劃分和分析，對於我們認識孫中山為代表的革命黨人的形成是有啟迪的。他不僅僅在隊伍本身的構成中，歸理出一定的發展路向，而是在其力量的劃分中尋覓到整個社會變動的走勢，尤其新型知識份子隊伍形成的內在脈絡和演化的精神內涵。

---

[1] 許之衡：《讀〈國粹學報〉感言》，《國粹學報》第 6 期。
[2] 見《五四與現代中國叢書》，山西人民出版社 1988 年版。

　　民國誕生前的七、八年間，各種革命勢力與思想文化的眾多流派，形成了「剪不斷，理亦亂」的複雜社會局面中，以地方為格局有三支隊伍，統一於推翻清政府，追求革命的大目標之下，但又更多表現出各自為政的獨立特點。他們是交織在文化思想變革中的革命新軍，因此，他們各自的獨立性又表現了文化的新流向。

　　一支是浙江的光復會，代表人物章太炎。該會能夠有其巨大影響，一是浙江明朝以來就是會黨勢力強大的地方；一是有「狂士」章太炎為其中堅份子。從革命言，是章太炎最激烈陳言，批駁康有為革命必大亂、君主立憲等愚民觀。反對異民族壓迫，他積極主張今日之民智，唯有恃革命以開之。光復會的革命行為方式，深受章太炎影響的還有一個重要方面，是代表知識份子的革命家的特點，以「士不可以不弘毅，任重而道遠，仁以為己任……死而後已」。擺脫傳統士大夫的劣性，作為民族的一員反抗壓迫，「我以我血薦軒轅」。這恰恰體現了革命推動著知識份子與傳統的徹底的決裂。儘管光復會和章太炎提供給我們的還只是道德的、宗教化的革命指導思想，但是，文人責任感的自覺承擔，與反映來自農民利益要求，充分展露了傳統知識份子自身分化的端倪。

　　一支是湖南的華興會，代表人物陳天華、楊毓麟，還有在日本留學的黃興、宋教仁等。華興會在革命軍的勢力中，最早表現出自立意識的團體。戊戌變法時期的譚嗣同就是強調地方紳士團結，以自衛外來入侵。當時與康有為大相徑庭，而華興會多有秉持譚嗣同的思想。重視湖南地方實際狀況，主張自治，直接影響了後來1906年一次湖南等地較大規模的武裝起義，及辛亥革命的獨立意識，充實了民族主義的思想內容。從思想文化的角度看，華興會的自力思

想同樣反映了文化變革和交流中的要求。其獨立和務實的個性，又代表了近代中國知識份子另一種成長的行為方式：即腳踏實地、堅實而穩重的作風。陳天華、黃興、宋教仁成為辛亥革命的主力軍，實際也是鞏固現代文化思想的有生力量。

一支是廣東的中興會，代表人物孫中山。較早開放的沿海廣東，一是與海外聯繫廣泛，一是會黨勢力牢固，是典型中國「近代性」縮影的省份。孫中山以其獨特的個人經歷，及這一特殊地方環境的薰染，較早表現出不同於浙江章太炎、湖南陳天華的革命思想與方式。最突出的是，他充分認識國家的富強與西方現代文明的關係；國民思想的提高與共和政體的創建，知識份子佔有重要的位置；努力在社會外部和內部矛盾中、中西文化思想衝突中，探尋折中調和的途徑。為此，他後來提出的三民主義思想是其集大成。孫中山選取暴力的武裝革命，最終推翻了清政府。恰恰也體現了一代新型知識份子的成長完成了一個質的飛躍。這是思想和實踐相結合的結果。

總括上述，所以我說日本學者近藤邦康先生的三大潮流論析，雖然是從社會革命角度分理中國當時的各派政治力量，卻為我們尋蹤革命前夕包容在他們身上豐富思想文化的內容提供了視角，為我們進一步認識成長的中國知識份子獲得了新途徑。

匆匆一瞥，上述近十年社會文化圖景的概觀，再回到 1908 年清王朝滅亡的前夕。我們終於在一個漫長的歷史衰落過程中，見到了 1908 至 1911 年間發生了決定性的變化和迅速推進，多年來曲折迂迴、朦朧模糊的事態發展，一時間有了轉機而明朗起來，歷史真正進入了最後的急變階段。

　　這是從清政府自身內部的矛盾激化，率先傳遞出衰落的種種跡象。清王朝「新政」改革最終把自己原有的步驟打亂，四分五裂的局面暴露無遺，一步步走向崩潰的境地。首先是清政府軍隊在日益擴大的新軍影響下，革命力量在秘密聚集。辛亥革命軍日後得到各省積極呼應，正是由此基礎而至。新軍主要來自社會各界力量的組合，尤其有留學日本歸國的軍官參與和到日本軍校學習的風氣，改變和提高了原清政府舊軍的基本素質。這使得革命派積蓄了一支潛在的重要力量。與此同時，16 個省立憲派中的 51 人聚集上海，組成諮議局聯合會代表民意請願。更集中表現民主要求的願望日益高漲，正是這次沒有成功的較大規模全國範圍的請願，迫使更多的人從溫和的請願轉向了激進的革命，迫使更多的人們關注國家民族的命運。

　　另一方面革命黨人的聯合組織，從外部幾經波折開始產生新的革命力量。同盟會 1908 年的一次武裝起義的失敗，與 1911 年 4 月廣州的黃花崗起義的失敗，導致了後來中國同盟會中部總會的誕生，從而逐漸統一了日益蔓延的革命力量。隨後，以四川、湖北為首率先起義宣告革命省政府成立。1911 年 10 月湖北武昌起義成功，湖北的軍政府代表全中國宣佈共和國的成立，宣統三年改為中華民國。4 個月後，孫中山出任中華民國臨時大總統，從而標誌了帝國主義的走狗、三百年來統治著中國的異民族王朝－－清朝政府被推翻了，宣告了數千年封建專制王朝體制的終結。

　　孫中山為領導的辛亥革命，生命短暫而又沒有引起社會大的變化，常常被理解為「只剪掉了一根辮子」的簡單而表面化。然而，應該看到它結束了一個封建時代的君主政體，衝擊了幾千年人們互

古不變的思想觀念；動搖並摧毀了專制的權威和獨尊；推動了政體民主化進程的追求，激發了全民族愛國主義的高漲等等方面。自然，也應該看到其自身包括的許多負面因素，如新的共和政體沒有建立其完善而符合民主程序的基礎。這些將產生的影響不只是社會層面的，更是會對思想文化建設的知識界有較大的衝擊和影響。

辛亥革命的最後形式和是否成功的價值評估，已經遠不如自身漫長的歷史進程中，一次次思想文化的變革和調整，革命的探索和嘗試，所提供的豐富文化積累的價值之重要。甚至一次次失敗的經驗和教訓，也包孕著歷史意義的實實在在內容。過程就是目的。辛亥革命創造了近代中國一個偉大文化革命的開端。它最重要的是培養了一代新型的知識份子，耕耘了一塊為其生長的新文化土壤。這是新世紀開端的最珍貴的精神財富。

廢墟上的精靈
——前現代中國知識份子思想文化的理路（1898～1918）

第九章　思想啟蒙的文學革命

　　中國近現代社會革命的歷史進程：戊戌變法、維新運動、辛亥革命等，是以一次次的失敗而告終。中國近現代知識份子的成長之途，也正是在這樣的失敗中不斷獲得自身的充實。當歷史進入孫中山為代表的資產階級民主革命的時代，再一次短暫的革命和已經獲得的三民主義理論，對成長的知識份子有了更深層的思考。這就是在一系列政治改良、「新政」，甚至武裝革命的同時，思想革命的意識在他們身上表現的越來越強烈。從近代以來，我們看到的發生在文學中的文界、詩界、小說界三大革命，以及「南社」愛國詩歌運動等，與維新、「新政」思想下的新學、白話文、新學堂，留學潮等遙相呼應，體現了新興知識份子在更為廣闊的思想文化空間尋求真正屬於自己的獨立。

　　為此，在前現代向現代的轉型的過程中，確切地說，是在真正進入現代門檻的前夕，新興知識份子率先在思想傳達的載體形式上，確立了語言革命和連體的文學革命，開了現代思想啟蒙的先河。同時，新型知識份子也是祈求在思想和文學的層面，推進辛亥革命之後歷史的轉型，更深的把握自身精神真實的一面。新世紀的前夜，一代知識份子的先覺不僅僅以最新知識的掌握者引領著時代，而且最重要的是與時俱進的精神思想的先導。思想啟蒙的文學

革命成為先覺的知識份子最先選取精神的釋放通道。但是，這種釋放的過程白話文的語言、新文體的政治表達、小說功能的發現等等方式，是與立憲改良、辛亥革命政治變革同出於梁啟超、黃遵憲、章太炎、王國維等知識者一身。在這個轉型時代，知識者身上的「革命」就是一種精神，就是一種時代潮流。這樣，在現代知識份子真正誕生和成熟之時，再從文學與政治或者政治與文學的互動關係中，進一步找尋他們思想文化的豐富內容。也是在近代社會革命和文學革命中，深入探究 20 世紀中國知識界思想文化建構的複雜性。當文學在自覺與不自覺之間走進了政治系統，並尋求著生路的同時，政治或政治文化是否也借助文學的特殊載體獲得了其他政治方式，甚至武裝革命都無法達到的結果呢！這恰恰正是 20 世紀到來之前，中國近現代新型知識份子成長中一個獨特的現象，文學演變和政治變革交替呈現於歷史之中，也使得我們更深入地瞭解和認知這一現象的本身內涵。基於上述，下面我們最後一章的內容，雖然是近代文學與政治互動關係層面的梳理，但更是對新興知識份子真正完成現代轉型前最重要思想文化的一種歷史考察。

第一節　「文學」治國救國的新武器

19 世紀末，在中國面臨著封建體制崩潰的過程中，帝國主義的列強與資本主義世界的入侵，使得封建化已經走向邊緣的中國，受到了最沉重的一擊。中華民族的危機必須通過自身的變更達到抵

抗外來侵略。於是，引發了一場旨在富國強兵，挽救民族危亡的運動。從開始的洋務運動，到經歷「中日甲午海戰」之後，中國先覺的知識份子也逐漸從「師夷之長技以制夷」的口號轉變成了維新「變法」的要求，更多思考傳統中國的專制政治和封建思想文化的弊端。同時，受西方思想文化的影響下，康有為、梁啟超、譚嗣同等這批積極推行維新「變法」的急先鋒，將西方文明作為其主要的參照系，別求於新聲於異邦。他們通常從兩條路徑獲取：一是由西方傳教士的直接輸入中得來，一是通過翻譯介紹方式的間接吸取。比如，前者傳教士從普及教義的角度，最主要方式是發行大量通俗化傳播西方文化的教科書和報刊，而後者嚴復、梁啟超、林紓等人，從各自不同的角度對西方文化思想與文學做了大量的翻譯介紹。自然，此時此刻重要的不是怎樣獲取，對於民族危機中的探詢者，對於深受中國傳統文化「經世致用」教化的士大夫，一切以能否解決中國當前實際的問題為目標。「文學救國」便由此文化語境應運而生。

　　20 世紀中國文學的發生，首要是「文學」與「文學救國」的由來與反省。「文學」在這裏的概念，不是中國傳統意義的文章、文體和編年，也不是西方現代的形式意義的純文學。晚清的「文學」已具有了「政治文化」的理念，具體是為了「救國」。在梁啟超的身上最鮮明的是文學與救國聯為一體。當然，文學究竟是「器」還是「道」之辨，也非梁啟超最先。有研究者考證「文學救國」在中國源於 1896 年的廣學會出版了傳教士林樂知編輯的《文學興國策》[1]。

---

[1]　袁進：《近代文學的突圍》，上海人民出版社 2001 年，第 174 頁。

出於該書解釋「文學」的寬泛性和教化性，與中國傳統文學大「文」的內容有共通之處，還與傳統「文以載道」、「以文治國」的政治理念有共鳴。這不無道理。可是，我更覺得近代到了梁啟超等先覺知識者對「文學」的借代性，所負載文學現代性內涵的內容，其中最突出反映了一個過渡時代民眾普遍的社會政治和文化政治訴求的心理。

其一，以注重「器」的洋務運動失敗之後，先覺的知識者重新反思「道」，不約而同地認同了「文學救國」。它實際是知識份子深層尋求引進介紹西方文化的代名詞。就《文學興國策》言，林樂知翻譯此書的主旨便是宣傳介紹西方的文化教育。該書分上下兩卷主要收錄美國著名大學校長、教育家的覆函。其內容涉及各國教育制度、學校概況的介紹，論述教育在國家、民族中的重要意義等。西方各國興盛的經驗，「凡史鑒所載，古今人之事蹟，無非表明凡人欲得萬事之益者，必先勵一己之學也。」[1]正是在此理念影響下，一時間西學從東到西地湧入中國，比鄰日本國的辦學經驗得國人最先認同，學日文成為時尚，東文館、東文學社、東文學堂、東文學校紛紛開設。甚至當時創辦的上海大同譯書局，明確提出譯書「以東文為主，而輔以西文」。[2]康有為、梁啟超等維新變法的思想資源也主要來自他們流亡的日本。康有為的「大同」、譚嗣同的「仁學」梁啟超的「新民」等，反思中國傳統文化，倡導新的思想體系，新

---

[1]　森有禮編，林樂知譯：《文學興國策（上）·潘林溪教師復函》，廣學會 1896 年版，第 16 頁。

[2]　熊月之：《西學東漸與晚清社會》，上海人民出版社，1994 年，第 639 頁。

的道德觀念，沖決一切封建的網羅的束縛。美國學者阿‧勒文森在研究梁啟超新思想的源流時指出，達爾文和路德「成了梁氏思想解放的象徵」。「而這些正是梁氏在日本首次學到的。」[1]隨後，梁啟超兩次西行直接感受到美國政治、經濟、制度、法律等資本積累的現狀，他的政治、文學、學術的諸多新思想得到了滋潤。另一位新思想的傳播者嚴復，較系統地介紹《進化論與倫理學》、《原富》、《群己權界論》、《法意》等西方的人文科學的理論思想，開啟了民智、民德與科學與民主的精神。從東到西的文化思想的接受與傳播，在晚清民初的先覺者那裏經歷了一個「夷學──西學──新學」的複雜心理變化的過程。這個心理之變正是「文學救國」形成的內在軌跡。

其二，晚清的中國思想文化面對外來文化的衝擊，由被動接受、選擇、過濾，到主動吸收。無論其態度還是方式方法，都直接聯繫著文化傳統精神的承傳和現實本土政治的訴求。而具體的表現形式，即「文學救國」的實踐和推行。文學承擔著救亡圖存的使命，最初正是表現於文化傳播的目的和民族求強求富的需求。西學的東進，在中國民眾中引起積極回音的，是西學的自然科學技術讀本，各國革故鼎新的「良方良藥」、民主革命的思想主張等。在科學啟蒙教育下，大量的數、理、化、天、地、生等，各門淺釋的自然科學教科書，適應了弱國求強求富，對堅船利炮的科學崇拜心理；在變革以圖存指導下，《天演論》進化學說，立憲變法主張，倍受志

---

[1]　（美）阿‧勒文森：《梁啟超與中國近代思想》，四川人民出版社，1986年版，第128頁。

士仁人的青睞；同時，民約、民權、自由、獨立、自治的政治革命理論，也成為文化傳播的熱點，使得中國人受到最廣泛新思想觀念的衝擊。然而，這些恰恰是以文學興國之策方式提出或傳播。在文學與教育同一性思想指導下，「有教化者國必興，無文學者國必敗，斯理昭然也。」[1]文學即教育，教育即文學。文學也即與國富、國政、倫常道德相聯繫。而且，西學教育傳播的泛化文學內容，在近代中國的本土接受中，又直接地與此時此刻民族危亡的政治現實同道。「文學興國策」在現時中國產生的社會效果是「文學救國」思想情緒的高揚。西學教科書的內容和教科書傳播方式，都強調「文學為教化必需之端」。文學中心的「教化」思想，「文學」涵蓋一切文化教育的觀念，與傳統文化精神裏的「經世致用」主張，一併在維新變法、革新圖志，紛紛向西方尋求最實用的教科書、科學技術的聲浪中，變成了切切實實「文學救國」的實際。因此，凡文學的、教育的、文化的所有的表現內容和形式，都是當下在中國社會的、政治的，乃至救國的需求。近代中國文學開始發生與舊文學根本性的分野或者區別，正是在文學泛化與教化的政治意識中潛移默化的形成。

　　晚清「文學興國」和「文學救國」的文化語境，對於文學自身的漸變過程，及與五四新文學的生命聯繫。一是伴隨著從晚清到民初的歷史進化之旅；一是梁啟超、黃遵憲、裘廷梁的一批變革者的文學實踐。在近代中國文學漸變的過程中，首先是中國近代歷史的

---

[1]　森有禮編，林樂知譯：《文學興國策（上）‧潘林溪教師復函》，廣學會 1896
　　年版，第 16 頁。

轉型提供了新的生長點。從戊戌變法到辛亥革命前後歷史進化的方式，並非以簡單的跨越時間為標誌，而是更多的表現了時間與意義整合的歷史現象。除了已經熟悉的洋務科技現象、政治革命現象、思想反傳統現象等之外，「歷史進化」之旅的內容，還包括更為廣泛的思想文化變更與商業媒體誕生的現代初啟的市場現象。前者是近代歷史演進過程中的思想精髓，即現代人自覺的對歷史、社會、民族、國家，乃至自身發展的反省意識；後者是歷史轉型期現代都市化市民化的產物。這些現象的綜合考察，聯繫著一個個具體的文化歷史痕跡：1896 年的《強學報》創刊；1897 年由一家印刷所開辦商務印書館、《俗話報》創刊；1898 年《清議報》和《時務報》創刊、廢八股、籌辦京師大學堂；1902 年《新民叢報》與《新小說》創辦、京師大學堂開學；1904 年《東方雜誌》創辦；1905 年中國同盟會成立、廢科舉、《民報》創刊；1907 年《中國女報》創刊；1908 年《白話報》創刊；1909 年《小說月報》創刊；1910 年商務印書館出版歷史、算術、格致、平面四角、代數、英文、商業等教科書數十種；1911 年武昌起義爆發，即辛亥革命；1915 年《新青年》創刊……。他們與清末民初的梁啟超、章太炎、嚴復、孫中山等思想界「重鎮」實為一體。意識形態化的歷史進化，主要強調「政治事件」的發生發展，而歷史進化之旅正是由這些非主流的諸多文化因素成因的過程，構成了與歷史事件演變相整合的「現象」。這些歷史的「現象」，豐富了從晚清到民初「文學興國」和「文學救國」的文化語境。流動的歷史旅程反映了思想文化變更衍生的過程。近代中國的文化語境呈現出多元互動的張力，使得觸摸文學自身演變的脈絡更加準確。同時，最重要的是近代中國的社會轉型和

文學流變，或曰從傳統演變而來的新文學源流和資源，應該在近代
中國社會政治和文化語境中，找尋歷史的文學的政治的互動整合的
內在表現形態。

為此，通常已被人們認同的晚清以來「詩界革命」、「文界革
命」、「小說界革命」的三大運動，有了新的不同闡釋的可能。它們
既不是單一的文學走向，又非社會政治的注釋。作為近代中國文化
思想的載體和文學的表現形式，應該在現象整合中進行歷史體驗性
闡釋和理解性認同。

首先，改良的文學觀念和歷史的政治需求。許多的文學史和研
究者已經非常清楚地指出，晚清、辛亥革命時期的文學是激情的、
啟蒙的、政治的文學[1]。這一結論並不重要，問題是文學為何在此
時此刻自覺的承擔了政治使命？究竟怎樣擔當此重任的？幾道（嚴
復）、別士（夏曾佑）的《國聞報館附印說部緣起》（1897）、任公
（梁啟超）的《譯印政治小說序》（1898）、梁啟超的《論小說與群
治之關係》（1902）等幾篇文章，今被認為是最早以小說為突破口
強調文學的社會功能和政治教化作用的。而梁啟超是首當其衝的鼓
吹者和倡導者。1898 年到 1905 年期間，梁啟超流亡日本擔任《清
議報》和《新民叢報》的主筆，常常用情感激越的「新文體」介紹
西方的新理論和宣傳改良主義主張，抨擊清王朝的保守，鼓舞青年
變革圖存的熱情。所以，陳建華言「梁啟超並非使革命話語在現代

---

[1] 見各種版本《中國現代文學史・導言或緒論》、劉納：《壇變》（中國社會科
學出版社 1998 年版）、陳建華：《中國革命話語考論》（上海古籍出版社 2000
年版）等。

復活的第一人，但他肯定是在現代意義上使用「革命」並使之在中土普及的第一人。」[1]受其影響一時間，中國文學傳統的詩文正宗地位被小說所取代，甚至小說成為了社會主要資訊的傳遞方式，社會推進的唯一利器。在梁啟超「欲新一國之民，不可不先新一國之小說」[2]的鼓動下，王僇生在《論小說與改良社會之關係》中指出：「今之為小說者，——不曰：吾若何而後驚醒國民？若何而後裨益社會？而曰：吾若何可以投時好？若何可以得重貲？存心如是，其有效益與否？弗問矣。」[3]陶佑曾的《論小說之勢力及其影響》，也同樣推崇文學的社會功能，認為「無文學不足一立國，無文學不足一新民」，而小說在「有無量不可思議之大勢力」。[4]還有金松岑的《論寫情小說於新社會之關係》等文章，也都突出強調小說的巨大社會作用。這時期小說的價值被提到顯赫的位置，實際是文學負載了社會政治的使命。在戊戌變法的失敗，辛亥革命的醞釀，及其失敗之時，先覺的知識者首先意識到必須為政治改革建立文化基礎的信念，從而「借思想文化以解決問題的途徑的確演變成了一個整體觀的思想模式」[5]。文學（小說）不過是「思想模式」中的一種借代形式。其原因，一是小說作為廣大市民的消遣之物的大眾流通，可迅速開啟民智；二是小說的敘事方式有利於政治之議論和宣傳；

1　陳建華：《中國革命話語考論》，上海古籍出版社，2000 年版，第 13 頁。

2　梁啟超：《論小說與群治之關係》，《20 世紀中國小說理論資料》第 1 卷，北京大學出版社，1989 年版第 33 頁。

3　發表於 1907 年《月月小說》第 1 卷第 9 期。

4　發表於 1907 年《遊戲世界》第 10 期。

5　林毓生：《中國意識的危機》，貴州人民出版社，1988 年版，第 49 頁。

三是廣泛譯介的大量西方小說，表明「政治小說之體，自泰西人始也」[1]。已有「舉社會中積弊，著為小說」[2]之實踐。四是中國文學歷來以抒情為主的詩歌，在彌漫反傳統的理念下，自然舉薦一向謂「末學」和「通俗」的敘事為主之小說。「政治推動文學走上了嶄新的道路，同時，政治又執拗地捆綁著文學，侵凌著、改變它作為藝術門類的品格」[3]劉納的這一評述是有她一系列辛亥革命時期文學縷析為證的。然而，我更認為文學與政治的聯姻，使小說在這時期得到強化。在這改良的時代裏，彼此談不上誰對誰的改變。歷史和文學互動中的整合，在一個大變動的時代共同完成了社會的需求。儘管此時還有王國維、徐念慈、蘇曼舒、黃摩西等更關注文學自身的觀念，但是終因他們不代表普遍改良的政治心理訴求，只能成為就文學而文學的存在。相反，正是文學政治或政治文學的觀念代表了歷史變革的大眾需求，使得歷史艱難的行進與文學的改良趨於同步。文學寓於其中的變化，直接孕育了一大批文學家的革命者或革命者的文學家之誕生。無疑，隨後五四文學以「改良」、「革命」為先導，集中於陳獨秀、胡適、魯迅、郭沫若等倡導者身上，都流淌著近代中國文學與政治互動整合的血脈。

其次，文學政治的表現和歷史過渡時代的存在方式。晚清小說界革命的反傳統思想理念，更多是政治化文學的民眾心理訴求。但是，她直接的形式和意義還在於，以小說獨有的敘事方式，最廣泛

---

[1]　梁啟超：《譯印政治小說序》，《清議報》1898 年 12 月 23 日。
[2]　林紓：《譯〈賊史〉序》，《中國近代文論選》（下）人民文學出版社，1962 年版，第 715 頁。
[3]　劉納：《嬗變》，中國社會科學出版社，1998 年版，第 247 頁

地表現出「新民」的多樣而複雜的生存，極其鮮活地展示了清末民初前後中國政治生活的原生態。近代中國文學史曾較早的注意到太平天國、南社的革命詩歌，抨擊社會時弊的「譴責小說」。但主要還是從創作題材、思想內容的方面，僅從近代救國圖存的角度，突出他們對社會革命、民族救亡的思想價值。想要完整地把握極其豐富的文學形態，與歷史中的政治文化語境之關係。最主要的是，晚清以後以「小說界革命」為中心的文學與政治整合形態的細緻考察。晚清以後「小說界革命」和「新小說」的提倡，文學成為傳播現代資產階級思想的便利工具。政治家暨文學家賦予了「小說」就是一種政治文化。除了已為人論述較多的梁啟超的《新中國未來記》、陳天華的《獅子吼》，甚至劉鶚的《老殘遊記》等政治小說外，還應該看到，晚清以後小說創作不同於傳統古代小說之處，是在內容上的「偷樑換柱」，即依然還是言情、武俠、公案、歷史、社會的題材佔有一定位置，但是「新小說」更多了些改造社會的使命意識。吳趼人的《恨海》、《劫餘灰》和徐枕亞的《玉梨魂》等寫情不只兒女情長，與生俱來的國家憂患情感彌漫於故事的敘述之中。《九命奇冤》也屬公案，可是社會批判的指代性十分強烈。晚清歷史小說中民族精神和氣節的弘揚，密切地聯繫著正史的演繹。小說家在為「救國」的政治文化語境而創作。那麼，受到西域文化的影響，科幻小說、冒險小說、偵探小說的出現，在較大的範圍內擴大了文學的表現，同時也更廣泛地提供了政治文化的知識內涵和思想價值。王德威的晚清小說研究，發現了這些作品中「對慾望、正義、

價值、知識範疇的批判性思考，以及對如何敘述慾望、正義、價值、知識的形式性琢磨」。[1]從而有了「沒有晚清，何來『五四』？」給人啟迪的發問。我更覺得由此換一個角度來看，與其在晚清新小說中讀出這些「現代性」的因素，倒不如說他們多方面地揭示了過渡時代政治文化的時空交錯和知識擴張。從神怪到科幻是將不可解釋的自然想像，變成了文明時代的烏托邦，表層是時間的概念，實際為轉型期的社會面影和政治文化的現象。宋代故事的《蕩寇志》裏時尚的兵器科學；延續女媧補天神話的《新石頭記》中人物的感憤和維新議論充滿了憂患意識。而冒險、偵探小說「中國向來無之，西人則甚好讀之」。冒險小說因譯界的《魯濱孫飄流記》，「藉以鼓勵國民勇往之性質，而引起其世界之觀念」。偵探小說「亦中國所無」，其「事事需著實，處處須周密，斷不容向壁虛造也。此等小說，事多恢奇，亦以屬人好奇之性為目的。」[2]這裏典型的反映了晚清小說傳導科學、務實、自由的知識資訊，更是新國民實實在在的精神追求。這類形式和題材的「好奇」。與其暢想新中國未來和譴責批判社會弊端的小說如同一轍。所以，晚清的小說革命和「憲政」，及民初「共和」的政治革命實質都是一致的。

　　不僅如此，詩界的革命、戲劇的變革在晚清以後也能同樣看到與政治整合的印跡，與小說界革命的同調。黃遵憲、柳亞子等的詩歌表現新意境，強化現實性和戰鬥性，傳達民眾聲音；譯介改編外

1　王德威：《想像中國的方法》，北京三聯出版社，1998 年版，第 16 頁。
2　成之：《小說叢話》，1914 年《中華小說界》第 3 至 8 期，引自《中國歷代小說論著選》，江西人民出版社 1985 年版，第 370-371 頁。

國戲劇，選取不同傳統舊劇的新戲（文明戲），旨在順應本土社會現實需求，接近市民生活。南社的反滿清之詩篇，布衣之歌；春柳社發源的文明新戲，都與小說一樣在口語化、通俗化、游戲化、生活化的外衣下，裹挾著先覺的一代知識份子的政治焦慮和滿腔救國熱忱。一個非文學獨立的時代往往就是歷史的過渡轉型時期，而過渡歷史過程的完成，一般也正是文學回歸自身的時候。運轉於政治表現的晚清到辛亥革命時期的文學，無論小說由市井「小道」走向「正宗」文學殿堂，還是詩歌、戲劇從貴族走向平民，文學意識的提高或下降，都並不重要。作為政治文化載體的晚清以來文學，本身就是近代社會文化形態的部分。文學的社會性、教化性功能被放到與社會文化並駕齊驅的位置。雖然這段文學不是歷史的唯一，但卻是值得回味的一個典型案例，尤其對後來的歷史和文學都產生了深遠的影響。五四文學正是這種政治的意識形態文化與人本主義文化之間的多元形態的徘徊產物。晚清到五四的文學本質並沒有發生根本性的斷裂。文學過渡中有了新的生長點，可是仍然保持著難以割捨的政治文化的強勁勢頭。

再次，文學形式語言、翻譯、媒體等功能和歷史現代性的追求。五四文學的傳統就是直接秉承了晚清社會政治意識形態化的源流。晚清以來文學自身發生的一系列形式的革命，表現出深層思想觀念革命的先行性現代嘗試。晚清文學中小說與新民、新國、新政治的過分親和，看起來只是梁啟超對一種文體功能的誇大之辭。但是，實質包容著一個整體的思想形態。從文言到白話的語言形式，及其他文學樣式的悄悄變化，某種程度就是思想形態變革的外化形式。重要的是從整體觀照來看，晚清的白話文運動決不僅僅是語言

工具，也非只是宣傳革命「戊戌政變的餘波之一」[1]。據研究者統
計清末社會上散落的白話報和雜誌約 140 種[2]，大都由社會革命的
先驅者秋瑾、陳獨秀、李亞東等創辦，並為他們實踐政治維新和社
會革命服務。當時白話文以一種新語體的出現，先行於市民階層使
得語言的工具與思想的雙重性形成了普及和改良的文化整體，創造
了語言既「器」又「道」的功能價值。1898 年裘廷梁首倡「廢文
言崇白話」其理由很明確，「俾商者、農者、工者，及童塾子弟，
力足以購報者，略能通知中外古今及西政、西學之足一利天下，為
廣開民智之助」。[3]白話語言的通俗性和普及性，傳達的是最廣大民
眾的文明之訴求。它與梁啟超的小說革命一樣是從傳統到現代的思
想借代物。白話文自此逐漸成為文化文學思想精神的重要載體和表
現方式。五四文學革命胡適「改良芻議」與陳獨秀「文學革命論」，
正是這種形式意味整體性的延續。

　　最能反映兩者結合的是晚清以來興盛的文字翻譯和翻譯文
學，融語言變革與新思想介紹為一體。翻譯表層是一種語言的轉
換，但轉換的過程中既可見翻譯者的文化素養和思想精神，又更能
表現彼此客體的文化傳統和語境。最初，由 1865 年清政府江南製
造局中的翻譯館，譯介了大量西域兵學、工藝、聲、光、電學等自
然科學、工程技術方面的書籍。隨後，各種譯書出版機構的相繼出
現，西學風起雲湧的東進，形成了整體對中國傳統文化的衝擊。嚴

---

[1]　周作人：《中國新文學的源流》，人文書店 1932 年版，第 98 頁。

[2]　陳萬雄：《五四新文化的源流》，北京三聯書店 1997 年版，第 134 頁。

[3]　陳萬雄：《五四新文化的源流》，北京三聯書店 1997 年版，第 136 頁。

復的思想文化譯介和林紓的文學作品**翻譯**，是其整體中的兩個重要內容。他們對中國士大夫階層的社會觀、文學觀的調整和變更起了巨大推動作用，後來的五四新文學家也受到最直接的影響。因此，翻譯和翻譯的文學不只是作為傳播的語言工具，而是外來新的術語、概念、範疇、話語的譯介，逐漸改變著漢語和中國傳統的思維方式、思想方式。其性質更改也既是意識形態化又是文學革命的。在社會整體的觀念上，到達與舊的思想決裂。當時，就有人讀林紓譯《黑奴籲天錄》後，感懷「專制心雄壓萬夫，自由平等理全無。依微黃種前途事，豈獨傷心在黑奴？」[1]文學翻譯緊密配合感時憂國的民眾情緒，通過一個外來的政治小說為載體，又為以後的早期話劇的誕生提供了條件。除了白話文、翻譯外，還有各種文化傳播媒體機構與文學的聯姻，表現了獨特載體形式反映出的現代政治性的訴求。晚清以來整體性文化語境的又一重要方面，是西學傳播中現代媒體的孕育與生成。由教會和官方及民間三方共同構成的現代文化傳媒的誕生（出版的書局和各種報刊等）。除了前述適應白話文運動和教會的文化傳播外，這裏必須要提到的政府機構的江南製造局編譯館、京師大學堂（北京大學前身），和民間商人辦的商務印書館、文明書局、廣智書局等。在市場經濟化影響下，自覺與不自覺地當擔了社會政治演變的使命。他們從不同的渠道集中地體現了一種新的中國文化已經不可避免的誕生了。新文學最先借助於新文化結伴而行，而新文學與新文化又共同依附於政治或政治的包容，迅疾地傳遞出民眾普遍思想精神的要求。晚清以來的政治與文

---

[1]　醒獅：《題〈黑奴籲天錄〉後》，《新學界叢編》，1904 年石印本，卷 13。

學表現出的這一內容與載體之間的關係，在五四新文化新文學的精神承傳中獲得了更充分的詮釋。

總括之，以上對新文學源流的政治文化之關係的梳理，不一定是闡釋 20 世紀中國文學誕生的最佳或唯一的方式，但是歷史和文學史的還原和整體文化意識，重要的是使我們獲得了對文學史多樣認知的一種可能，尋覓到文學演進的路向。

第二節　兩位「先生」引領著青年

五四文學革命的新文化運動基礎，以陳獨秀主編《青年雜誌》的創刊為標誌。「竊以少年老成，中國稱人之語也；年長而勿衰（keep young while growing old），英美人相勖之辭也：此亦東西民族涉想不同、現象趨異之一端歟？」其發刊辭的這一開宗明義之語，雖然言東西方文化有異，但是明示了民族變更如同人生的新陳代謝。故「青年如初春，如朝日」，乃是一種象徵，「青年之於社會，猶新鮮活潑細胞之在人身」。[1]這「青年」的語義，傳導著是一種思想，一種嶄新的政治理念。同時，「青年」的象徵既是群體的「自主的」、「進步的」、「世界的」、「實利的」、「科學的」民族更新，又是個體充滿著「活力」、「進取」、「獨立自尊」的理想化身。五四新文化運動立足於西方文化的參照，本著以個體，尤其充滿活力的青年個體

---

[21] 《青年雜誌》第 1 卷第 1 號，1915 年月 15 日。

為主導，建立了自己一整套政治文化系統，及行為方式，從而規範了思想啟蒙下的文學革命運作和演變軌跡。

五四新文化運動思想啟蒙的政治文化系統，其話語核心可歸納成：一個主題：「打倒孔家店」；兩個方面：「德莫克拉西先生」（民主）和「賽因斯先生」（科學）。而這個系統的運作和話語的設施，主要表現為一批活躍的新思想的驕子，形成了新知識份子的群體勢力，直接引導了新文化運動的展開。如有「思想炸彈」之威力的《新青年》雜誌，1917 年以後發行量聚增到 16000 份[1]，正是最初由陳獨秀一人主編到錢玄同、胡適、李大釗等 6 人委員會編輯，再到由委員會中一人每月輪流編輯的過程；有蔡元培任校長的北京大學，積極推行「相容並包，崇尚自由主義」辦學思想；有北京大學教授、學生為主體，並聯絡北京學校學生 1918 年成立的「新潮社」。該社誠如主要發起人傅斯年所說：「純是由覺悟而結合」。還有 1915 年初由一群留美學生創辦的《科學》月刊，這份雜誌「專以傳播世界最新知識為幟志」[2]。笠年，趙元任、任鴻雋等 5 位董事同啟的《科學社致留美同學書》表述的更清楚：「吾儕負笈異域，將欲取彼有用之學術，救我垂絕之國命，捨圖科學之發達，其道未由」[3]。這些以青年知識份子為中堅的社會力量，正是「引導」著一場前所未有的啟蒙政治文化運動。他們選取西方文化的參照，建構新文學的外部生存環境和創造新文化。僅以《新青年》（1915-1922）8 年中

---

[1] （美）周策縱：《五四運動史》，湖南岳麓書社 1999 年版，第 100 頁。

[2] 《例言》，《科學》月刊第 1 卷第 1 期，1915 年。

[3] 《科學社致留美同學書》，《科學》月刊第 2 卷第 10 期，1916 年。

出版的 9 卷 54 期雜誌內容為例，他們集中在這樣幾個方面，展開
了反省中國傳統思想文化和新思想的建設。其一，突出價值意識的
中西文化的比較。陳獨秀的《東西民族根本思想之差異》一文集中
反映了向西方文化價值取向的傾斜。其二，介紹傳播西方的哲學思
想觀念。《新青年》對杜威的實證主義、馬克思主義、羅素的新實
在論和邏輯分析，以及對西方哲學家斯賓塞爾、叔本華、尼采、柏
格森等思想的傳輸，並由此批判傳統的儒學。其三，全方位輸入西
方自由、民主、革命、國家、個人的政治觀念。胡適介紹的《易卜
生主義》，就是強調個人的獨立和自尊作為社會解放的前提。新文
學的革新更是這個前提的作用。其四，西方近代科學方法和科學精
神的宣傳，與社會科學的人權並重。如進化論的五四文學革命觀，
正是從科學觀念中獲得了新的認識。五四新文化運動的政治系統，
從上述一批青年先覺知識者的思想追求和擔當的角色看，政治文化
為主導的思想啟蒙運動，首先是來自「青年」心理、情感等個體行
為，所傳遞的一系列的精神需求。群體的聚合、文化外向的取捨，
甚至新思想的追求，都是與「青年」激情和衝動，新奇的心理生理
特徵有密切關係。政治文化的最初表現形態往往就是以「青年」的
熱情，呈現出其特殊的對新思潮、新觀念的敏感，並具有極大的精
神滲透性。新文化運動的民主和科學，新文化的整體運作過程或者
群體聚合行為方式，實際都是一種精神的取向，「青春化」的精神
特徵。正是從此意義上，五四新文化運動與新文學產生了內在血脈
的相通。五四時期的思想啟蒙性既是文學的又是政治的，將其納入
政治文化的範疇，放大政治與文學互動認知的思路，20 年代的中
國文學與思想政治話語都有了更為豐富的釋義。

　　20 年代初期發生的中國現代文學，思想啟蒙在雙重或多重的文化因素中，政治的激進與文學的變更，呈現出上述具體個體、群體的走向和諸多問題的熱點，依然潛在地透視著歷史實踐的深層，一種文化精神的永恆性。五四時代，一代青年的覺醒和激越的社會革命，直接表現了文化激進的表層化氾濫。但是，仔細尋蹤歷史的印記：個體的困惑和尋找；群體迅速的聚與散；問題的多而雜；文化的新與舊等等的不確定性、變動性，恰恰反映了歷史進程的最為真實的面貌。這裏歷史的進程由過往思想啟蒙的社會話語，必須轉變到文化整合的認知上來。五四新文化的代表是「新青年」，而這種「新青年」的內涵是「六義」的具象；五四初期的任何一個群體的聚合和分散，都呈現文化的綜合性和流動性；五四時代每一種文化的取向和文化問題的討論，都將中與西、現代與傳統潛在地互相參照；即便文學革命的話語，也是將「革命」概念的整合化。它是傳統的「暴力」、西方的「現代」的概念糅合，及語義的「變革」的延伸。胡適的《文學改良芻議》和陳獨秀的《文學革命論》，一般解釋前者「八不」文學語言形式革命，後者的「三大主義」文學內容革命，實際二者並不那麼絕對的劃分形式與內容的差異。倒是「革命」整合了形式與內容，胡適以八事入手思考中國「文學上根本問題」延續文學自身的發展，陳獨秀的「首舉義旗」不容匡正之態，明確曰：「革命之賜也。歐洲所謂革命者，為革故更新之義。與中土所謂朝代鼎革，絕不相類」[1]。既是反叛的暴力又是一個最「現代」的現象。這種文學的革命整合，使得五四新文學發生形式

---

[1] 《新青年》第 2 卷第 6 號，1917 年 2 月。

與內容的變更，都自然地歸宿於一條文化歷史的通道。在此通道上文學與政治共同承擔了文化載體。文學史的運動和延續正是由此保持了生命的活力。20年代中國文學一系列因「革命」而產生的「新」的意識：新青年、新思潮、新文學，與其說是激進的政治變革，那麼何嘗不也是文學自身演進的一種過程呢！所以，作為政治文化認識的五四文學革命，包蘊著歷史演變的永恆和文化載體的豐富。這是不可單純以一種狹隘的文學觀念，理解其時代的意義的。

　　20年代初中國文學以一次大規模的白話文運動為標誌，顯現了文學新生命孕育的過程。這雖然有文學史做了較多的描述，但是，白話文運動伊始的新文學變革，究竟是形式的還是內容的革命，並沒有完滿的答案。特別，作為思想啟蒙的文化歷史直接表現形式，它的真正出發點、動因，及手段和發展的趨向究竟如何？白話文與文言文雖兩兩相對應，就語言形式本身言，不過是一種符號的變化而已。符號的意象性又與語言的內容意義相聯繫，早在晚清前期，白話首倡者裘廷梁有《白話為維新之本》一文，認為中國所以「愚民」，是「文言之為害」。清末也有劉師培《論白話與中國前途之關係》的文章，說白話有「宣傳革命」和「開啟民智」的作用，而周作人就明確講，晚清白話文是「戊戌政變的餘波之一」[1]。可見，語言的本身的雙重性，在外部與內部之間，都具有可以闡釋的因素。語言自身充滿著張力，顯然它不只是使用者的工具，還包容著與其密切聯繫的其他因素。回到上世紀初，這場中國語言革命的原狀態中去，它與晚清的白話文運動的聯繫和區別，恰恰正是文學

---

[1]　周作人：《中國新文學的源流》，人文書店1932年版，第8-10頁。

革命的倡導者注意到語言的互動張力，而獲得了另一種新歷史敘述的可能，一種適應於民族、國民普遍社會政治文化心理需求的文學自覺。

著名語言學家索緒爾指出：「如果民族的狀況中猝然發生某種外部騷動，加速了語言的發展，那只是因為語言恢復了它的自由狀態，繼續它的合乎規律的進程。」[1]五四文學革命的發難者胡適，首倡語言改良的「八不主義」宣言。客觀地說，他並沒有真正認識到這種語言的自覺。自然，也不必言它就出自外部的原因。社會變革的複雜形態與語言的張力，需要我們尋求歷史變動的線索和緣由，不可能取單一或二元對立的視點，文化心理的積澱和普遍性社會追求，倒是值得在歷史的還原中認真思考的問題。

首先，五四文學白話文運動的出發點，是在思想啟蒙的深沉文化結澱下，不過是一種體現「政治焦慮」的社會文化心理的突破口。胡適的一系列自述「文學革命」如何鬧起來的文章：《胡適自傳口述》、《逼上梁山》、《五十年來中國之文學》等，都基本上表達了一個共同的意思，即提倡白話文的五四文學革命，是他最先在美國留學期間搞起來的。從不滿留學生青年會的「小傳單」對於民族漢字的攻擊，到與任鴻雋、梅光迪等同學中國文字、文學的爭論；從文學改良芻議到文學的國語建設，甚至再到「整理國故」。白話文形式要求包孕著倡導者逆反和變革心理機制，也表現著一種整體社會的思想文化的期待。其內在因素：一是潛在的思想啟蒙的社會進化

---

[1]　費爾迪南・德・索緒爾：《普通語言學教程》，商務印書館，1980 年版，第210 頁。

觀，使得知識者的留學生率先感到精神迫壓；一是晚清的白話文運動已經表現出語言的張力，對其先覺者產生刺激和影響。胡適言：「文學的生命全靠能用一個時代的活的工具來表現一個時代的情感與思想。工具僵化了，必須另換新的，活的，這就是『文學革命』」。又說：「有了文學的國語，我們的國語才算得真正國語。國語沒有文學，便沒有生命，便沒有價值，便不能成立，便不能發達。——中國若想有活文學，必須用白話，必須用國語，必須做國語文學」。後來回憶時，又明確說：「民國八年的學生運動與新文學運動雖是兩件事，但學生運動的影響能使白話的傳播於全國，這是一大關係；——民國八年以後，白話文的傳播真有『一日千里』之勢」[1]。顯然，五四白話文運動在胡適的呼風喚雨下，一開始就不是一個單純的語言變革的問題。對胡適這一批知識份子來說，白話的提倡是民族文化的建設，是體現現代社會普通民眾思想價值的需要。它的實質是新文字產生新文學，由新文學建設新文化，再由新文化造就新的國民、新的社會。從而對整體封建文化思想的批判，建立全新的現代思想文化。這種過程和巨大變革正是需要白話文的通俗化，才可能造成一種全民性自下而上的社會情勢。白話文在短短幾年達到「一日千里」之勢，便從一個方面集中反映了當時這種普遍社會文化政治心理，與胡適的「文學革命」的一拍即合。白話形式是社會新興知識份子與民眾之間尋求交流、對話的共同通道，也是溝通文化歷史的通道。隨後，以白話為特徵的新文學所產生的廣泛影響

---

[1]　分別見胡適《逼上梁山》、《建設的文學革命論》、《五十年來中國之文學》的文章。

和生命的活力，便是最有力的佐證。過去文學史將胡適的《文學改良芻議》的價值，僅僅理解為形式改良的意義，自然有些從純文學的角度的誤讀。

其次，五四文學白話文運動的動因，是充分認識到語言的張力所傳達的思想觀念，而超越了晚清啟蒙工具的白話文範疇。中國現代文學的發生期，這場文學革命是無法推脫與晚清白話運動干係的。但是，它不同於晚清白話運動也是十分明顯的。從上述思想啟蒙的歷史積澱和普遍性社會需求的白話突破口之分析，不難發現晚清白話文運動對於五四的文學革命影響，可能並非只是形式革命的提示。甚至，不是通常文學史簡單解釋的因五四思想革命的徹底性，帶來的文學革命的不同凡響。這裏涉及到五四文學革命開始的「文白之爭」的焦點，新文學內容與形式的關係之理解，及有關五四新文化運動、五四文學革命的一系列核心問題。晚清白話文運動在語言的大眾化推廣方面確實功不可抹，當時白話報的盛行，也直接影響了五四文學革命。但是，文言文在傳統文人中的正宗地位並沒有動搖。晚清白話文運動作為一場形式革命的本身是成功的，而形式本身的張力，白話文的文學意味和全民精神媒介的作用，這些方面明顯不足。因此，當胡適等五四文學革命倡導者深入晚清白話文運動之時，林紓、嚴復等從竭力維護文言文正宗而反對，梅光迪、胡先驌等從區分文字與文學的角度為文言文辯護。他們本質上依然是將五四文學革命理解成了晚清白話文形式革命的延續。而胡適、陳獨秀等人的文學革命的深刻之處：一是誠如劉半農《我之文學改良觀》所言：「破除輕視白話之謬見」，「至於白話一方面，除竭力發達其固有之優點外，更當使其吸收文言所具之優點，至文藝外所

具之優點為白話所具，固不僅正宗而已」[1]。二是誠如胡適所說：
「1916 年以來的文學革命運動，方才是有意的主張白話文學」[2]。
在並沒有完全否定文言的前提下，進行的一場有意的主張白話文學
運動，恰恰是對晚清白話文運動的超越。五四文學革命由白話到國
語到文學，再到國民精神的表現，從而真正完成了中國文學史一次
重大轉折。白話文學創造了文學的自覺，直接帶來了五四人的覺
醒，其真正意義也正是語言文學自覺擔當了社會政治文化的重任，
並且源於語言文學自身特質、功能的自然發掘。

　　再次，五四文學白話文運動的「革命」手段和迅速發展之態勢，
表明與那個時代群體共同政治意向的一致性。或者說，白話文有意
味的形式革新，在五四的時代的風潮中，真正實現了與思想的同
構。胡適在《嘗試集自序》[3]中明確指出：「我們也知道單有白話未
必就能造出新文學；我們也知道新文學必須要有新思想做裏子」。
這裏文學革命者十分清楚形式與內容的關係，更看到白話形式本身
的內容要義。陳獨秀的「文學革命論」堅定立場，也正是出此文學
精神與時代精神密切相連。「今欲革新政治，勢不得不革新盤踞於
運用此政治者精神界之文學，使吾人不張目以觀世界社會文學之趨
勢及時代之精神，日夜埋頭故紙堆中，所目注心營者，不越帝王權
貴鬼怪神仙與夫個人之窮通利達，以此而求革新文學革新政治，是
縛手足而敵孟賁也」[4]。白話的新工具創造新文學，而新文學與新

---

[1]　《新青年》第 3 卷第 3 號，1917 年 5 月。
[2]　胡適：《五十年來中國之文學》，《胡適文存二集》，上海亞東圖書館 1924 年。
[3]　見上海亞東圖書館 1922 年版。
[4]　《新青年》第 2 卷第 6 號，1917 年 2 月。

精神新政治，又共同順應新時代的變革需求。五四文學革命「迅速成功，在世界文學革命史上可稱無雙」[1]。最根本的原因是將流行於民眾的思想與語言工具，自然地轉換成為最廣大民眾的政治心理，與社會的整體變革精神要求相聯繫。當年北京大學文科學生傅斯年，在聲援胡、陳的文學革命時，做《文學革新申義》一文，就是從文學本身性質、文學演變以及時代、時勢的需要，強調文學革命的必然，「此則天演公理，非人力所能逆睹者矣」[2]。到此，我們可以冷靜地評判在這白話文運動中使用頻率最高的「革命」一詞了。白話的新文學通過「革命」才獲得最終的成功，胡適自己承認「是政治革命的恩賜」，陳獨秀直接將「文學改良」變為「文學革命」。顯然，「革命」說其是手段，也可以謂之目的。還可以說其是政治也是文學。因為，一方面沒有革命就沒有文學；一方面文學與革命本質都是追求表現國民變革的精神。胡適一再強調五四白話文學不同於晚清的白話文運動，是他們「沒有具體計畫的革命，無論是政治的是文學的，決不能發生什麼效果。我們認定文字是文學的基礎，故文學革命的第一步就是文字問題的解決」[3]。革命的新文學，或者說白話文的革命，實際一個最終目的兩個方面已經達到了十分膠合的狀態。這種狀態甚至可以說與時代變革，也已表現出密切相關。胡適常言，「一時代有一時代的文學」，故從文字到文學，達到了時代精神的變革與文學精神的轉變之一致性。胡適倡導文學

---

[1]　司馬長風：《中國新文學史》（上）香港昭明出版有限公司，1978 年版，第 41 頁。

[2]　《新青年》第 4 卷第 1 號，1918 年 1 月。

[3]　胡適：《嘗試集—自序》，人民文學出版社 1984 年，第 150 頁。

革命之初，就說過：「綜觀文學墮落之因，蓋可以『文勝質』一語
包之。文勝質者，有形式而無精神，貌似而神虧之謂也。[1]」因此，
他在《文學改良芻議》中「八不」的第一條即「須言之有物」，並
且「物」非「文以載道」，而是指「情感」和「思想」。白話文學革
命形式的意義，實際上明顯表現了假白話傳達時代和社會普遍精神
願望的文化焦慮，即不無政治行為的文化心理焦慮。

　　20 年代初，中國文學革命的兩位激進者陳獨秀、胡適，前者
承繼歷史深層的思想啟蒙革命，後者側重語言形式方面的革命，但
是，前後者如此默契，一是「文學革命之氣運，醞釀已非一日」。
一是思想與形式、政治與文學，都到了完全融合之狀。「革命」
這時無論在思想還是在語言，都是一種政治行為，一種時代的精
神需求。

第三節　革命話語催生「人之子」覺醒

　　20 年代初，這場文學革命思想啟蒙的歷史話語，和白話形式
的國民文學的傳導，在最大程度上，表現了「革命」話語與整體民
眾思想精神要求的相一致性。從現代政治文化的研究視角出發，歷
史的宏觀政治學研究和微觀的心理學研究的結合，才可以真正顯示
出政治文化的意義。同時，政治文化的功能導向首先是在個體水平

---

[1]　胡適：《寄陳獨秀》,《胡適文存 1 集》，上海亞東圖書館 1924 年。

上發生的。顯然，五四文學革命與五四新文化的思想啟蒙和白話工具的時代文學進化觀，體現民族國家社會的整體政治行為，是不言而喻的。但是，政治文化對個體的政治行為的作用是直接的、內化的、有時甚至是互為因果的、互動的。從這個意義上，文學革命的真正行為方式和時代的聯繫，必須通過文學自身的形式和內容來內化。五四文學革命作為個體的政治行為層面的功能和特點，表現在文學本體的內容探討就尤為重要了。通常文學史新文化運動的思想啟蒙和白話文文學運動，再到人的文學的線索，是一條歷史整體必然進化的宏觀政治學闡釋思路。實際上，它有著個體（文學本體和歷史本體）的豐富性和多重互動性，自然可以從不同的角度去解釋。胡適自己講，五四文學革命有兩個中心思想：「一個是我們要建立一種『活的文學』，一個是我們要建立一種『人的文學』」[1]。同時也認為，五四文學革命表現了新思想對傳統的價值重估。因為陳獨秀、胡適的態度：「舊文學、舊政治、舊倫理，本是一家眷屬，固不得去此而取彼。」[2]新文學與新思想新道德新觀念是密切地聯繫在一起的。還有的認為，五四文學的自覺是集中體現了國民意識向個體自由、主體意識發展的過程。這些需要我們具體的分析五四文學革命向「人的文學」轉向之時，究竟如何表現了歷史文化的真實，尤其文學與政治文化內在功能一致性的具體表現是什麼？。

　　「人的發現」、「人的自覺」奠定了五四「人的文學」的的基礎，也是突出代表了五四時代精神情緒、心理動機的政治行為。胡適從

---

[1]　《中國新文學大系——建設理論集：導言》，上海良友圖書公司 1935 年版。
[2]　《新青年》第 5 卷第 4 號，1918 年 10 月。

他的白話文學的倡導，不僅最先將白話文納入「國語」的國民精神，而且又很快思考國民的個體價值問題。他著名的《易卜生主義》的論文，可以說最早通過介紹西方的新政治觀念，將傳統國家、社會、民族的概念，集中強調到以個體為中心的自由、民主、個人主義的新理念上，掀開了「人的自覺」的新時代。

胡適明確指出：「社會的最大的罪惡莫過於摧殘個人的個性，不使他自由發展」。「社會、國家沒有自由獨立的人格，如同酒裏少了酒麴，麵包裏少了酵，人身上少了腦筋，那種社會、國家決沒有改良進步的希望。」[1]將「人」的個體價值得已充分的肯定，在接著之後的周作人《人的文學》一文中，表述的更清楚：「我希望從文學上起首，提倡一點人道主義思想」；「我所說的人道主義，並非世間所謂『悲天憫人』或『博施濟眾』的慈悲主義，乃是一種個人主義的人間本位主義。——要講人道，愛人類，便須先使自己有人的資格，占得人的位置」[2]。正是這種個體「人」的突出強調，表現了五四時代的整體人的精神的變化，以及社會最本質問題的重新認識。

可以從這樣幾個方面來審視這種社會新情勢的具體內容：第一方面是除了明顯的對幾千年封建宗法倫理社會結構的批判之外，就是在晚清以來的「群」、「新民」的觀念，以及國家、民族、社會的理解方面，有了根本性的突破。這裏最核心的問題是，個人已不是一種泛化的或模糊的「類」概念，而是任何的社會、群體、國家、

---

[1]　《新青年》第 4 卷第 6 號，1918 年 6 月。
[2]　《新青年》第 5 卷第 6 號，1918 年 12 月。

民族的生存發展的先覺條件，必須承認和尊重個體的存在為基本出發點。五四時代精神突出的民族愛國情緒，與民族危機下的民族自立要求，往往同這種個體的張揚融為一體。從而形式了一種民族自強和個人獨立相統一的社會政治文化心理。周策縱的《五四運動史》認為統攝五四時代的新思想是：現實主義、功利主義、自由主義、個人主義、社會主義以及達爾主義的雜糅[1]。多重性的新思想新思潮集中以「個人」獨立為文化心理基礎。另一方面是「人」的發現和自覺最典型和直接的表現，是作為社會政治文化心理載體的文學，承擔了最積極的代言人。郁達夫說：「五四運動的最大的成功，第一要算『個人的發見』。從前的人，是為君而存在，為道而存在，為父母而存在的，現在的人才曉得是為自我而存在了」[2]。五四的時代最強音，用魯迅小說《傷逝》中子君的話「我是我自己的，誰也沒有干涉我的權利」。這種人的自覺奠定了五四文學的基石。魯迅在《〈草鞋腳〉小引》裏談到：「最初，文學革命者的要求是人性的解放，他們以為只要掃蕩舊的成法，剩下來的便是原來的人，好的社會了——」[3]。魯迅的小說《狂人日記》被稱為現代文學的奠基之作，就是以狂人的整體象徵和寓言式的故事，反省中國幾千年歷史的「吃人」，而發出呼喚「救救孩子」的吶喊。為此，拉開了真正意義「人的文學」的序幕。再一方面是「人」的發現既是社會問題又是五四文學關注的問題，也集中表現了普遍社會政治文化心

---

[1]　（美）周策縱：《五四運動史》，湖南岳麓出版社 1999 年，第 414 頁。

[2]　《中國新文學大系——散文二集：導言》，上海良友圖書公司 1935 年。

[3]　魯迅：《魯迅全集》第 8 卷，人民文學出版社 1981 年版，第 20 頁。

理的趨同性。五四社會政治文化的中心是對封建文化的全面重估，
而建構新文化，激發人們對社會、國家、民族有真正的新認識。社
會基本結構的完善程度與其最底層「人」的覺醒程度，應該是聯繫
在一起的。五四時期，鋪天蓋地的婦女問題、兒童問題、農民問題、
勞工神聖問題，集中關注著社會最基本的人們獨立意識與存在的價
值，並由他們又伸發出貞操、婚姻、父子、家庭、教育等一系列社
會具體問題的討論。最重要的是，五四文學的取題材、主題、內容
與這些社會問題幾乎構成一體，形成了新文化建設的整體內容。典
型的例子，魯迅的小說《狂人日記》、《祥林嫂》等與雜文《燈下漫
筆》、《我之節烈觀》等，是完全可以互相闡釋其要義的。文學家的
魯迅與社會批判家的魯迅，正是通過他的創作揭示出作家文化政治
心理的一致性。

　　「人的文學」是新文學理論建設的核心，由其接受、借鑒、本
土化不斷的變化調整，反映了文學革命深入發展的過程，也是社會
政治文化個體行為理性選擇、判斷的內化過程。這一過程代表了五
四時代整體精神的導向與文學演變的軌跡。嚴格意義上，「人的文
學」是推動「人的發見」的基礎，更是一種嶄新的現代文學觀念。
它本質上是對幾千年封建文學的反叛。用周作人的話說：「我們現
在應該提倡的新文學，簡單地說一句，是『人的文學』，應該排斥
的，便是反對的非人文學」。「用這人道主義為本，對於人生諸問題，
加以記錄研究的文字，便謂之人的文學」[1]。最初，周作人從歐洲
文藝復興的人本主義出發，對人的抽象化的肯定，以否定和取代封

---

[1] 　《新青年》第 5 卷第 6 號，1918 年 12 月。

建的舊倫理舊道德，乃至舊制度。所以，他在「人的文學」中將封
建文學，及舊文學，都統統歸為「非人文學」之例。但是，隨後在
他的《平民文學》、《新文學的要求》的論文中，以及經他起草的「文
學研究會宣言」裏，人本主義的思想又有所變化和發展，即個人人
道主義和個人人類意識的思想，引導著他關注現實人生社會。為
此，「人的文學」就在他那裏又有了新的衍生：先是「平民文學」
提出文學對普通的男女、對下層普通人的關注，「乃是研究平民生
活──人的生活──的文學。他的目的，並非要想將人類的思想趣
味，竭力按下，同平民一樣，乃是想將平民的生活提高，得到適當
的一個地位」[1]。接著周作人明確將新文學分為兩派：藝術派和人
生派。而「我們相信人生的文學實在是現今中國唯一的需要」，人
生的文學包括兩項：「一，文學是人性的；二，文學是人類的」[2]。
再後，發起文學團體，組織「著作工會」性質的文學研究會，又直
接宣稱「我們相信文學是一種工作，而且又是於人生很切要的一種
工作」[3]。上述的大量引文不難發現周作人在短短的二、三年裏，
這些關於「人的文學」的不斷修定、重釋，對於文學的理解中間有
一致性的「人」的核心，也有變更和發展，即「人」──「平民」
──「人類」──「人生」的從抽象到具體的內容。對此文學的態
度也是由「關注」到「相信」再到「很切要的一種工作」具體而明
確。這種文學的認識和態度，可以想像它對於新文學影響的巨大統

---

[1]　《每週評論》第 5 號，1919 年 1 月。
[2]　北京《晨報》1920 年 1 月 8 日。
[3]　《小說月報》，第 12 卷個號，1921 年 1 月。

攝力。更重要的是它帶給現代人嶄新而又系統的思想觀念衝擊。周作人的「人的文學」的價值，我認為應該從這樣兩方面來重新肯定：一，「人的文學」的理論是包括了周作人在這二、三年中系列論文的主要思想。它使得「人」的觀念切切實實的在文學裏，也就是在生活裏，在平民中，直接引導了新文學面向人生和社會。所以「人的文學」不僅是文學情感和審美的突破，而且是社會思想文化道德的解放。二，周作人充分肯定「人的文學」，具體闡釋「人的文學」，其方式和態度完全假文學「人」的核心，實質是傳導社會時代普遍的政治熱情，人們普遍要求新人、立人的政治文化心理。周作人在文章中也按捺不住地說「這新時代的文學家，是『偶像破壞者』」[1]。破壞者乃革命者、戰鬥者也。文學本身的不確定性、模糊性，周作人卻在革命話語中獲得了啟示。「我們相信——」的堅定判斷句，給了文學一個明確的答案。新文學最具備文學理論自身建設的周作人，在五四的時代氛圍裏，他無疑首先是新思想的倡導者，與其兄弟魯迅，及其他思想家、革命家陳獨秀、胡適、李大釗、茅盾等一樣，在思想啟蒙的新潮鼓盪下，通過語言工具革新傳導國民新精神，通過文學載體立新人，面向民眾，面向人生。這是一條社會民眾政治文化的革新之路，思想革命之路。

　　20 年代初的新文學，在隨後的歷史進程中迅速發展，我們過去講 1921 年以後文學社團雨後春筍般地出現，標誌了新文學的深入。但是，很少有人從「闢人荒」的人的文學意識形態化、革命化文化內涵中，深入認識新文學發展的政治文化作用。風起雲湧地各

---

[1] 北京《晨報》1920 年 1 月 8 日。

色文學社團流派的出現，是文學自身不同的理解，也是文學受動於
政治趨同歸一的文化策略。周作人提出「人的文學」的同時和以後，
新文學的觀念迅速向著為人生的文學和現實主義文學推進，正是李
大釗的「社會寫實文學」[1]、魯迅對俄國文學「為人生」的推崇[2]、
茅盾社會進化的現實主義文學[3]、鄭振鐸的「血與淚的文學」[4]等，
在文學與社會，與時代，與政治，與現實的密切聯繫之中，使得「人
的文學」有了堅實而廣泛地社會文化的根基，新文學的整體發展也
與時代大眾的革命熱情、心理期盼相同步。1925 年以後，新文學
逐步向著革命文學的轉向，應該說和這之前的「人的文學」的自覺
政治意識形態化的文化整合，是有其必然聯繫的。作為重新審視
20 時代新文學的發生，文學自身的這場重大變革，從來也沒有脫
離與整體社會政治思潮的軌道。

---

[1]　李大釗：《什麼是新文學》，《星期日》1919 年 12 月。

[2]　魯迅：《豎琴·前記》，《魯迅全集》第 4 卷，人民文學出版社 1981 年，第
432 頁。

[3]　茅盾：《新文學的研究者的責任與努力》，《小說月報》第 12 卷，1921 年 2 號。

[4]　鄭振鐸：《血和淚的文學》，《文學旬刊》第 6 期，1921 年 6 月。

■ ■ ■
廢墟上的精靈
——前現代中國知識份子思想文化的理路（1898～1918）

結語 世紀之交的眺望和期盼

　　前面粗線條的勾勒和匆匆素描，我們已經清晰地看到了中國前現代文化思想的演變圖式，與一條前現代中國新型知識份子成長道路的密切聯繫。

　　在一個較為廣闊的前現代文化語境中，從政治、經濟、實業、媒體，及教育、社團群體、文學革命等思想文化的各個方面，清理出近代中國知識份子生長的豐腴的文化土壤。我們不希望重複過往僅僅從戊戌變法到辛亥革命中改良派與革命派的衝突，定位思想文化的基本矛盾線索，或以此說明前現代中國知識份子思想革命的必然，而旨在現代知識份子精神源流的探尋。

　　長期以來近代思想文化史、近代革命史研究論述，都在新興資產階級社會變革，挽救國家危亡的歷史進化的思想指導下，敘述著他們追隨西方先進思想文化，代表歷史進步的愛國主義的路向，又以歷史唯物辯證的觀點分析，指出這是一場匆匆地不徹底的資產階級改良性質的革命，從而判斷出前現代知識份子的思想不無舊民主主義的時代特徵。這些研究從馬克思主義的社會學的階級分析方法，站在較高社會政治的視野，做出了一種近代中國歷史和思想文化史的結論，不無正確之處。應該說，有些觀點以社會政治的特殊視角觀察思想文化領域，使得論析達到了相當深刻的程度。毛澤東

的《新民主主義論》，李澤厚的《中國近代、現代思想史論》等論
著中對近代思想文化評價的觀點，產生過較為廣泛的政治和學術影
響。他們為已有近代思想文化教科書的寫作奠定了基礎。無須否定
前人研究成果的價值，重要的是學術研究需要不斷的推進和深入，
要探尋更豐富更廣闊地認識歷史原貌的途徑。前人成果是一個已完
成的界碑，提供了寶貴的學術經驗，自然也留下了經驗教訓和必須
超越的新課題。

　　回眸世紀之交的 20 年歷史，關注前人記錄歷史或評述歷史的
文字，尤其當事人留下的文獻，一代人成長的精神理路，歷史本身
前進的蹤跡，正是通過他們：梁啟超有《新民說》、《清代學術概論》、
《中國近三百年學術史》；康有為有《新學偽經考》、《大同書》；譚
嗣同有《仁學》；嚴復譯有《天演論》；章太炎有《訄書》、《國故論
衡》；王國維有《觀堂集林》、《人間詞話》；孫中山有《孫文學說》、
《三民主義》；《胡適自傳口述》、《逼上梁山》；周作人的《人的文
學》……等等論著。還有《時務報》、《清議報》、《新民叢報》、《民
報》、《國粹學報》、《新青年》……等等報刊雜誌。這些世紀之交思
想文化的精神財富，已經隨著時間的流逝，那發黃、發脆的書刊，
令現今年輕人越來越陌生了，那些不易讀懂的文言，又滿落塵土，
沒有多少人願意再去翻動，更無耐心坐下細細的品味，歷史甘露的
醇厚和濃香……。

　　一代人的悲哀，並不在對歷史的疏遠和冷淡，而是失去了對歷
史一種寬容、平和的心態。我們不能夠滿足於單一的不變的思維方
式。歷史記載著文化，文化負載著歷史。任何的思想史、革命史，
實際都是文化史。為此，我們前面對前現代中國知識份子思想軌跡

的梳理，不能說已經完全走進了文化史的天地，但是，我們試圖一種歷史思維認識的突破，既不脫離思想文化的重要人物的典型線索，又注意這個社會全貌的文化氛圍與一代人精神成長的關係。歷史本身就是一代人的精神史構成的。為此，在我結束這段精神史的描述之前，有必要再做一自我思考的小結。最主要的是，精神史有對於人類永恆思想的揭示，還有前歷史對後歷史延續發展的提示，世紀之交的眺望和期盼……。

從戊戌變法到辛亥革命的民國，及五四之前，中國社會日趨動盪，思想活躍而駁雜，主潮的反清革命運動風起雲湧，一代先覺的知識份子思想呈現出複雜多變的基本特徵。有一條推翻清政府的革命的政治發展的脈絡，也有一條西方思想文化介紹傳播直接影響新文化源流的歷程。但是，19 世紀末 20 世紀初的十餘年時間裏，正是一個不穩定的社會環境，一個開放的文化語境，使得這一代知識份子的成長，經歷了與前代人所不同的精神煉獄，也造就了這代人自己所獨具的精神品格。無須說明他們性格從幼稚走向成熟，思想從紛呈駁雜轉向系統、統一。他們以自己的獨特的現代思想形態，續寫了前現代歷史和思想文化內容的多方面，並且充分顯示了這些方面的豐富價值。

第一方面，前現代的歷史文化大幕，由康有為、梁啟超、譚嗣同、嚴復、陳獨秀、魯迅等先覺者開啟。他們最早認識到洋務運動的「器物」為重的改革，不足改變國家人民落後挨打的局面，在外來生物進化論等自然科學發明的啟迪下，對傳統中國「道不變」的思想文化提出了質疑和批判，並有了資產階級維新變法的主張，開始了中國現代化的漫漫征途的第一步前現代時期。康有為最先將公

羊「三世」說與《禮記・禮運》中的大同、小康聯繫起來，清理出由「據亂世」到「升平世」、「太平世」的社會進化過程，並提出「據亂世尚君主，升平世尚君民共主，太平世尚民主」的觀點，說明社會從低級到高級三個不同階段的發展。為此，康有為托古改制，有了「世」不同則「道」不同的變革思想，隨著變法維新的發展，即有了後來的君主立憲主張。譚嗣同緊跟其後，將批判的對象直指封建思想核心的三綱五常、倫理道德，大聲疾呼要「沖決網羅」。新思想的最早獨立建設者梁啟超，破壞封建統治不乏激烈言辭，但最主要有「新民說」的思想建設主張。他認為在中國革新圖強要有新民，而新民又必須從培養新民德入手。中國傳統「只知有私德而不知有公德」的落後狀況必須摒棄，要建設「國家思想」，培養國民的「冒險精神」，這樣才能達到建立理想國家的目標。顯然，在他們急切的探索社會變革中，已展露出中國前現代思想革命的徵兆。維新變法一開始就包容了從制度、文化層面反思中國的傳統和文化的性質。然而，百日維新的流產，譚嗣同等維新志士飲恨菜市口，使得一批熱情維新變革的知識者蒙受了極大的冤屈和痛苦。中國將向何處去？

　　時代風雲變幻不定，社會政治急劇發展，苦痛也能夠激發出感奮，也能改變悲觀的哀怨。嚴復就是從「伏屍名士賤，稱疾詔書哀」的悲痛中奮起的一人。他曾悲觀的認為，尋求國家富強途徑，必得「開民智」，「而民群之愚智，國俗之競否，誠未易以百年變也」。[1]嚴復並未就此消沉，悲憤中的反省，探尋新的出路。他「仰觀天時，

---

[1]　嚴復：《原富》按語，《嚴復集》第 2 冊，中華書局，1986 年版，第 893 頁。

俯察人事，但覺一無可為。然終謂民智不開，則守舊維新兩無一可。即使朝廷今日不行一事，抑所為皆非，但令在野之人與夫後生英俊洞識中西實情者日多一日，則炎黃種類未必遂至淪胥；即不幸暫被羈縻，亦將有復蘇之一日也。」因此，嚴復認定「譯書為當今第一急務」，並立誓「摒棄萬緣，惟以譯書自課」[1]。此後的十年，嚴復譯書八種之多，涉獵西方近代政治學、經濟學、法學、社會學、科學方法等諸多思想理論領域。他因此獲得了「近世西學第一人」的思想啟蒙家的聲譽。嚴復具有典型性的思想取向，確立了近代文化史的重要分水嶺。

正是由嚴復開啟，這十年強勁的「西學東漸」之風，使得近代思想文化真正進入了前現代時期。傳統儒家經世致用的思想趨於告終；康、梁「新學」與經文經學也受到更多質疑。這是一個「西學」的時代，更是一個深入探索如何「會通中西」的時代。從此，無論在保守的清政府維新、新政、君主立憲、資政院的政體改良中，還是在激進的反政府排滿、光復、華興、中興、同盟、共和等革命舉措中，甚至在農業、工業、科學技術、經濟等社會領域發展中，其本質上都是表現著中西文化的抉擇，或尖銳激烈的兩種文化衝突。衝突和選擇推動了各自從不同的角度艱難地前進，每一步也都是中西文化會通的深化。

這艱難的文化融會貫通、整合過程中，梁啟超、嚴復、王國維、孫中山、魯迅等一批新興的中國知識份子，表現出先覺而超前的中

---

[1]　嚴復：《與張元濟書》（一）《嚴復集》第 3 冊，中華書局，1986 年版，第 525-526 頁。

西文化觀，引導了前現代中國文化思想的健康發展。且不說孫中山的三民主義文化思想的務實而本土化，就是當年求學日本的青年魯迅，在 1907 年前後所寫一篇《文化偏至論》的論文，探索文化問題，積極思考中西文化、新舊文化的思路，在同期同代先進的知識者中具有代表性。其觀點也有總結這段歷史的意蘊，富有啟發性。他說：「歐洲 19 世紀之文明，其度越前古，凌駕亞東，誠不俟明察而見矣。然既以改革而胎，反抗為本，則偏於一極，固理勢所必然。洎夫末流，弊乃自顯。於是新宗蹶起，特反其初，復以熱烈之情，勇猛之行，起大波而加之滌蕩。直至今日，益復浩然。其將來之結果若何，蓋未可以率測。然作舊弊之藥石，造新生之津梁，流衍方長，曼不遽已，則相其本質，察其精神，有可得而徵信者。意者文化常進於幽深，人心不安於固定，20 世紀之文明，必當沉邃莊嚴，至與 19 世紀之文明異趣。……20 世紀之新精神，殆將立狂風怒浪之間，恃意力以辟生路者也」。在此世紀之交的形勢分析後，魯迅強調中國要徹底拋棄舊習，順應時代變遷之潮流。同時，還要古今融會而不偏頗。他說：「此所謂明哲之士，必洞達世界之大勢，權衡較量，去其偏頗，得其神明，施之國中，翕合無間。外之既不後於世界之思潮，內之仍弗失固有之血脈，取今復古，別立新宗。人生意義，致之深邃，則國人之自覺至，個性張，沙聚之邦，由是而轉為人國。人國既建，乃始雄厲無前，屹然獨見於天下，更何有於膚淺凡庸之事物哉？[1]」如此多的援引魯迅的這些文字，旨在表述

---

[1] 魯迅：《文化偏至論》，《魯迅全集》第 1 卷，人民文學出版社 1981 年版，第 52-56 頁。

兩層意思，一是魯迅所論及的世紀之交的中國變動的時局，恰是中國前現代思想文化時期。魯迅所分析和總結的社會轉型期文化現象，不無準確並具有新知識者思想認識的代表性。二是魯迅這段文字的核心，是中西文化、新舊文化的關係問題，也正是中國前現代思想文化的中心問題。我認為不僅魯迅論此問題觀點公允，而且其思想包孕著一代人文化選擇的經驗和教訓。嚴復開啟的前現代西學之門，經歷十餘年的努力奮鬥，後有來者的魯迅，更呼喚國人徹底擺脫舊的羈絆，兼收並蓄，以創新的精神，志在新文化的建設。這便揭示了剛剛崛起的一代新興知識份子，始終堅持思想求新的完整文化形態。

第二方面，近代中國新興知識份子往往在傳統與反傳統面前的徘徊，鮮明地表現出前現代思想文化的悖論形態。上述一代新人開始向西方尋找真理，始終堅持求新求變的理想追求。其代表者孫中山可謂集他之前思想文化求索者思想之大成，雖然短暫實行了三民主義的共和國，但是也不失一種民眾美好理想之追求。

可是，縱觀前現代的整體文化格局，充滿困惑和彷徨的精神探尋，也始終纏繞著這一代知識者身上。不必說這時期思想的急先鋒康有為、梁啟超等在當時就處於新舊不定之中，被批評為「保守」或「倒退」。就是被稱為民主志士的章太炎，與率先求助西學的嚴復，也都在晚年先後轉向。魯迅有言訴說章太炎後來是「既離民眾，漸入頹唐[1]」，而太炎先生自述更直接「始自轉俗成真，終乃回真向俗」[2]，並不諱言其思想變化。嚴復晚年致弟子的信中，有一段話，

---

[1]　魯迅：《關於太炎先生二三事》，《魯迅全集》第 6 卷，人民文學出版社 1981 年版。

[2]　章太炎：《菿漢微言》，上海人民出版社 1982 年版。

也直言：「鄙人年將七十，暮年觀道，十八、十九殆與南海（即指，康有為）相同，以為吾國舊法斷斷不可厚非，……即他日中國果存，其所以存，亦恃數千年舊有之教化，決不在今日之新機，此言日後可印證也。」[1] 從積極倡導西學到要發揚光大中國儒學「禮治教化」，嚴復也與章太炎一樣，未必就是復古，而是追求一種文化思想認識的輪迴完整。這向我們提出了何謂：「傳統與反傳統」、「中與西」的問題？在悖論中的整體思考問題，就理論上說，傳統是人類經驗之結累。它永遠以一種進行時態呈現在我們面前。傳統既是由經驗結累而成，因而經驗又必須在時空中展開，則經驗必然是一不斷呈現、變化之過程。所以，從這個意義上進，反傳統也可以說正是傳統自身所必有之發展。沒有反傳統的發展，則傳統便缺乏辯證的動力，也因而喪失其過程的意義。傳統的意義乃是在其提供人類之實現所依之根據。而當傳統喪失此實現價值之功能，即喪失其意義而形式僵化，此即反傳統之反者。反傳統本身既為一價值要求，則其不必是反傳統對價值之實現，而反傳統對價值的僵化和扭曲。這個辯證之理論，不僅為我們科學地重估章太炎、嚴復的文化思想的輪迴選擇中的意義，而且對我們回頭再看前現代時期這代知識者的困惑，本身包含著悖論形態與辯證思維的整體文化價值觀念。

再舉梁啟超「新舊道德論」為例，原本梁啟超積極提倡公德，強調道德進化觀，但不久又論私德，談無有新舊道德之分。他說：「今欲以一新道德易國民，必非徒以區區泰西之學說所能為力也，

---

[1] 嚴復：《與熊純如書》（48），《嚴復集》第 3 冊，中華書局，1986 年版，第 661-662 頁

即盡讀梭格拉底、柏拉圖、康德、黑格爾之書，謂其有『新道德學』
也則可，謂其有『新道德』也則不可。何也？道德者，行也，而非
言也。苟欲言道德也，則其本原出於良心之自由，無古無今，無中
無外，無不同一，是無有新舊之可云也。」[1]梁啟超徘徊於新舊道
德之間，前後思想多有矛盾，這從一個側面揭示那個時代知識者即
為矛盾者的剪影。如果再將梁啟超、章太炎、嚴復的思想悖論現象，
與 20 世紀初崛起的國粹主義思潮聯繫，更反映出一種整體性的前
現代文化風貌。前章已有關於國粹派的論述，以「復興古學」為宗
旨的國粹主義，並非單指復興孔子儒學，他們言：「孔子之學固國
學，而諸子之學亦國學也。」[2]他們也不只是藉「復古」反對西學，
也言之，「昔歐肇跡於古學復興之年，日本振興基於國粹存之論，
前轍非遙，彰彰可睹，且非惟強國惟然也。……20 世紀，為中國
古學復興時代，蓋無難矣，豈不盛哉！」[3]這股國粹思潮是在民主
革命高漲、西學之風強勁之時掀起，提出「保存國學」的口號，要
求重估中國傳統文化，反對盲目崇拜西方。政治的角度，這與民主
革命潮流有逆向之行，而文化觀照，這是文化順向交流中的逆向本
體的深刻反省。文化反思在於政治主流的冷靜提示，思想激進中的
制衡，以期穩步前進。

　　總之，前現代時期這種文化悖論現象並沒有構成與主流文化相
匹敵的強勁的社會力量，可是一種文化思維的潛能已經開始釋放。

---

[1]　梁啟超：《新民說・論私德》，《飲冰室合集》專集之 4，中華書局，1981 年
　　版，第 131 頁。
[2]　章太炎：《章太炎政論選集》（上冊），中華書局 1977 年版，第 285 頁。
[9]　《擬設國粹學堂啟》，《國粹學報》第 26 期。

更重要的是文化的整體性只有在此現象中才能夠得到呈現，其文化觀影響將是深遠的。新世紀的文化發展和建設也無法回避這個話題，正是這一代新興知識份子執著探索追求的自然延續，才有了後來更大規模的五四新文化運動。

第三方面，近代中國新興知識份子生長於世紀之交、文化轉型的特殊時代，前現代思想文化的不確定性和具有的生長點同時共存，這為新世紀思想文化留下了較大的發展空間。

如果從政治的民主革命的角度來看，孫中山為代表的革命黨人的國民政府如此之快的夭折，政治的本身就有階級對壘中戲劇性和不確定性，這並不為怪。但是，如果換一個文化建設的角度看，孫中山的民主革命歷程也是新文化思想建設的過程。他與十餘年間中國思想文化的變革、一代新興知識份子的誕生成長緊緊聯繫在一起的。當我們反思辛亥革命失敗的原因時，不能不將其革命運作的過程，及其全部內容和環境結合起來考察。孫中山的三民主義的思想核心，前章也有詳細論述。簡括之，吸收了西方民主主義的變革思想；廣泛地聯合了海內外的知識界力量；最終選取就武裝起義暴力革命完成了推翻清王朝的歷史重任。這三個方面第一點上面章節已經涉及，不贅。武裝起義屬於政治形式，前面情勢變遷也已談到。這裏我認為孫中山注意與海內外知識界的聯合，恰恰是關係到思想文化的核心和中堅力量問題，直接與前現代中國新興知識份子的形成有關聯。孫中山本人也是新興知識階層的一員，這一階層本身思想文化的不確定性，與孫中山本人的現代文化思想的探索也有聯繫。確切地說，辛亥革命的短命革命，本質上反映了其革命的重要力量新興知識份子階層的不成熟性。在這一新興社會集團成長過程

中，充分展示其自身過渡性文化思想的多因素，為思想文化的建設提供了過渡時代歷史生成的預演：

首先，前現代期的新興中國知識份子，最顯著的特點與其說是他們的階級背景或社會地位，倒不如說是他們共同具有的新的思想觀念和行為準則，以及他們在世紀之交的中國代表著社會變革的先鋒，在文化轉型中擔負著獨特的作用。這個知識群體與舊的士大夫階層相比新興性十分顯著。他們突出的是，不僅接受了新的思想、新的知識，而且率先走出了鄉村、走出了國門。這批新知識者不只是鄉村社會的才子、地方鄉紳，而大都是自由流動的知識份子，集中於都市中的精英。他們成為最先衝破舊思想束縛的先覺者，破壞舊事物、舊制度、舊傳統的急先鋒。康、梁維新變法到君主立憲的改良之舉；譚嗣同義骨俠腸的獻身；孫中山一心為建立民國奔走呼號……，都是典型之例。但是，這一新興的知識階層的成長，以其否定、背離、突破等革命性行為方式為原動力，義無反顧地離別故土，尋找自己新的精神家園為目標。然而，近代中國一個文化轉型的時代，並沒有完整提供他們適宜生長的社會文化環境。他們倒是自覺地割斷了與傳統文化母體連接的臍帶。先鋒性與斷裂性造成了他們先天性的思想矛盾狀況，其身上的這種雙重性特徵也一直延續和影響了新世紀知識者的成長。

其次，前現代期的新興中國知識份子另一個重要特徵是，他們從事政治和文化的活動，不在限於政府官僚機構或地方社會中，而是有了自己相對獨立的思想文化的活動場所和陣地，如學堂、傳媒體的報紙刊物，及自願聚合的各種團體。這些具有典型現代性的活動方式和內容，形成了獨特的現代文化思想氛圍，最鮮明的特點是

以新興知識份子為主體，並明確其宗旨是傳播新知、開通風氣，啟
迪民智；聯合各類民眾，欲救國難。前面論及的中國教育會、南社、
光復會、同盟會等等團體；《清議報》、《新民叢報》、《蘇報》、《國
民日日報》、《新青年》等等報刊，及京師大學堂等新興學校，都足
以為證。這些團體、報刊和新學堂，帶來的直接社會效應是擴大了
新興知識階層的社會地位和影響；知識者在政治事務中扮演了重要
角色；加速推動了社會結構的分化組合。某種程度說，新興知識份
子的這些獨特活動，是社會現代文化轉型的重要構成和主要標誌。
同樣，再從另一角度看，剛剛崛起的新興知識份子因為自身的並不
成熟，所以決定著他們的一切努力和具體行動，只能是自身位置的
尋找，在探尋中完善自身。在文化轉型的社會關係中，前現代期的
新興知識份子的活動一般未能自覺地承擔起轉型期社會調節作
用。在這個時期他們更多呈現被動式，或匆匆的過客。邁向新世紀
的新興知識份子必將以主動式擔當社會調節的重任。

再次，前現代期的新興中國知識份子，還有一個鮮明特徵，在
他們身上開始表現出獨立的政治態度和信仰，同時，又注重文化精
神的自覺地尋找，典型地再現了前現代知識者完整人格的追求。傳
統的中國「士」階層儘管不無思想和利益方面與朝廷、政府有緊張
和矛盾，但是兩者的利益和思想信仰更多是聯繫在一起的，尤其未
有獨立的知識者或士紳更多依賴政府而生存。前現代誕生的新興知
識群體突出張揚自立意識十分明顯。維新派、改良派還多少保留著
一點與朝廷的親和、曖昧關係，革命派就完全轉向了對立，旨意就
在推翻清政府，建立國民新政府，也表現著自身的最大的獨立性。
現代知識階層率先以政治的獨立和反政府的批判意識，標誌著他們

從傳統的士大夫身上剝離。然而，在疏離傳統，湧向西方的第一步選擇中，新興知識份子文化精神的尋找，自覺不自覺地陷入了兩難境地的困惑。文化傳統的精神聯繫，使得他們感到不象政治態度那樣可以堅決而鮮明。同時，前現代新興知識份子由傳統士階層脫落，走向真正意義的自立尚是一個漫長的過程。這個時期以「中學為體，西學為用」文化對策開始，最終「體」與「用」的關係；「主」與「輔」的位置；及何謂「中西會通」等等問題，依然困擾著這代知識份子。不成熟的知識群體談何有成熟的文化呢！當然，「困惑「的由來正是知識者在尋求獨立、健全思想人格中必會產生的精神情緒。現代中國知識份子邁向新世紀的前進步履中，獨立和成熟必然伴隨著選擇、矛盾等一系列精神之蛻變。他們困惑和迷茫的成長過程，並不僅僅為歷史的遺留，更是一份寶貴的精神財富。

歷史有斷代、分期的時間階段，更有歷史自身的豐富和複雜之內容。它漫長的演進過程，既循序漸進又時起彼伏。

任何事物的發生發展終結即是起點，起點便為終結。為此，歷史可謂又是無有斷代無有分期的循環運動。

1898-1918 年前現代期不過短短的 20 年，歷史一個小小的斷代，從戊戌變法到辛亥革命，再到五四新文化運動並不是這段歷史絕對的開端和結局。康有為、梁啟超、譚嗣同、嚴復、孫中山、陳獨秀、魯迅……，這些近現代革命史、思想史、文化史、文學史的偉人，開新思想、新文化之先河。他們是廢墟上的精靈，是引領時代風氣的一代驕子，每一個都留下了一份豐厚地精神文化的遺產。新世紀新文化又從這裏開始……。

　　不必苛求他們沒有實現傳統文化的創造性的轉換；文化轉型期未能充分發揮其應有的調節作用；新文化或民族文化的建設也沒有建立起自己獨立的價值體系等等，他們有許多的缺失和遺憾……。這就是上世紀末本世紀初，一批先覺的中國新興知識份子的成長，他們篳路藍縷，中國現代化的漫漫征程從這裏開始……。輝煌而又沉重的歷史，是過去更是面向未來……

附　錄

1898～1918（前現代）中國思想文化大事年表

1898 年・光緒二十四年・戊戌

1 月 5 日	康有為等在北京組織粵學會。
24 日	光緒帝命進呈康有為《日本變政記》、《俄皇大彼得變政記》，並同李鴻章、張蔭桓等就變法問題展開激烈爭論。
29 日	康有為上《上清帝第六書》詳論變法綱領。
31 日	林旭等在北京組成閩學會。
2 月 8 日	宋伯魯等在北京成立關學會，楊銳等組成蜀學會。
10 日	黎季斐等在廣州創辦《嶺學報》。
15 日	帝旨准開辦京師大學堂。
21 日	長沙南學會開講，到 300 餘人。譚嗣同作《論中國情形危急》演說。
本月	嚴復上《上今上皇帝萬言書》。
3 月 7 日	譚嗣同等在長沙創刊《湘報》。
13 日	朱開甲等在上海創辦《格致新報》。
本月	陳慶材、且寶慶等在廣州創刊《嶺海報》。
4 月 12 日	康有為等在北京創立「保國會」，梁啟超等 86 列名入會。

13 日	總督代康有為條陳變法，歲科試廢八股，改試策論。
17 日	「保國會」以保國、保種、保教為宗旨，擬於北京、上海設兩總會，各省、府、縣設分會。
22 日	嚴復譯述英國自然科學家赫胥黎的《天演論》出版。首次將進化論的「物競天擇，適者生存」的原理介紹到中國，在思想界產生很大震動。
本月	張之洞發表《勸學篇》，批評守舊，不知通，維新菲薄名教，不知本。主張「中學為本，西學為用」，影響甚廣。
5 月 3 日	宋育仁等在成都創辦《蜀學報》，附刊《叢書報》。
5 日	兩湖、經心書院改變學堂辦法，開設西學課程，並以積分制。
11 日	裘廷梁創辦《無錫白話報》，能組織白話學會，倡導「維新為白話之本」。
31 日	康廣仁妻黃謹娛在上海創立女學會後，又創立女學堂。
本月	張之洞創立湖北方言學堂，以培養外交人才為目的。
	應日本公使要求，清政府派學生 64 名赴日本留學。
6 月 11 日	光緒帝進行「百日維新」。以康有為為首的維新派，通過皇帝頒佈一系列變法詔書，即《日本變政考》13 卷。
23 日	傳旨自下科開始，廢八股，會試、鄉試及生童歲科，一律改試策論。
本月	羅振玉在上海開設東文學社，招生培養日文農學著作的翻譯人才。
7 月 3 日	命孫家鼐管理京師大學堂事務，並將官書局和譯書局併入大學堂。
10 日	詔命各省書院為兼習中西之學校，民間祠廟不在祀典者，又地方官曉諭改為學堂。
24 日	上海女學會創辦中國最早的婦女期刊《女學報》。
本月	命改上海《時務報》為官報，派康有為督辦其事，所出之報，隨時呈進。

8 月 6 日	詔命出使大臣倡導華僑興辦學堂。
13 日	康有為奏請禁婦女纏足，並請獎勵各省不纏足會。
16 日	孫家鼐奏上梁啟超的擬譯書局章程十條依議。
22 日	日本文部省專門學務局長上田萬年發表《關於中國留學生》、主張對中國留學生灌輸改革教育精神，採用科學教學法，施行寄宿制度等。
26 日	旨准梁啟超在上海設編譯學堂，所編譯之書籍報紙一律免稅。
9 月 11-12 日	詔命各通商口岸及產絲各省，籌辦茶務學堂及蠶桑公院。傳旨於京師及各通商口岸設郵政局，各省府縣一律舉辦。
21 日	戊戌變法發生，慈禧太后再次垂簾聽政。
26 日	清政府停辦《時務官報》，並命京師大學堂及各省會業已興辦的學堂外，各府州縣議設之小學聽民自便，祠廟非淫祠者毋庸改為學堂。
28 日	譚嗣同、楊深秀等六烈士遇難（史稱為「六君子」）。
本月	陳寶琛在福州開設東文學堂。
10 月 1 日	清廷命銷毀康有為所著書籍版片。
4 日	以禮部尚書李瑞芬「濫保」康有為、譚嗣同，命即革職，發往新疆。
9 日	命恢復鄉會及歲科考舊制，仍用四書文試帖經文策問等項分別考試，並停罷經濟特科。
11 日	禁止聯名結會。是日，黃遵憲得伊藤博文助，自上海赴粵。
28 日	查禁天津《國聞報》。
本月	康有為、梁啟超流亡日本。
11 月 1 日	恢復武場童試及鄉會試舊制，按馬步箭刀弓石等項分別考試。
2 日	日本對華文化侵略的重要機構「日本東亞同文會」在東京成立。
12 月 8 日	劉坤一奏，書院不必改，學校不必停，宜兼收並蓄，以廣造局，清政府准農學商學設會辦報，但不准妄議時政。

23 日	梁啟超在日本橫濱創辦《清議報》（the China of Discussion）旬刊，以「主持清議，開發民智為主義」，斥後保皇。
30 日	京師大學堂增設師範館。
本年	張之洞派留學生 20 餘人赴日本學習陸軍。姚錫光奉張之洞命赴日本速食教育，著《東瀛學校舉概》。日本開辦接受中國留學生的日華學堂，成城學校清國留學生部。
	馬建忠的《馬氏文通》出版，首次運用西文法研究漢語語文規律，使中國古漢語研究擺脫了經學附庸的地位，並形成了一門獨立的學科。
	孫玉聲撰寫小説《海上繁花夢》，揭露上海妓院、賭場的黑幕。
	日本宮崎滔天把孫中山的《倫敦蒙難記》譯成日文在《九州日報》上連載。

1899 年・光緒二十五年・己亥

1 月 2 日	《清議報》開始連載譚嗣同《仁學》，同時，《亞東時報》亦予連載。
本月	羅朝斌（蘇山人）的小説《破障子》獲《萬朝報》101 屆短篇小説懸賞徵文比賽頭等獎。
2 月	《萬國公報》連載李提摩太節譯，蔡爾康撰文的《大同學》，即英人頡德著《社會進化論》中譯本。
3 月	張之洞再請日本總領事小田切驅逐康有為、梁啟超等人。日本政府禁止梁啟超在橫濱創辦《清議報》。康有為前往加拿大。
4 月 20 日	總理衙門奏准在北京設立東三省鐵路俄文學堂。
本月	何啟、胡禮垣撰《《勸學篇》書後》，批判張之洞《勸學篇》，宣傳天賦人權，評析民權原理，強調國家主權。
7 月 20 日	康有為在加拿大維多利城組成保皇會，大肆發展會員。梁啟超不久在檀香山也組織保皇會，「名為保皇，實則革命」。從

此，保皇會對孫中山為首的革命黨不斷進行破壞活動，使革命遭受很大損失。

9 月 6 日　美國務卿海約翰訓令駐英、德、法公使，分別致送通牒提出對華「門戶開放」政策。

本月　光緒朝《大清會典》一百卷，《光緒會典事例》一千二百二十卷撰成。

孫詒讓在溫州創立瑞平化學學堂。

劉學洵赴日考察商務，著《遊歷日本考查商務日記》。

本年　義和團率先在山東興起。

梁啟超作《夏威夷遊記》，其中正式提出「詩界革命」、「文界革命」的口號，反對桐城派古文，提倡新文體。

林紓譯小仲馬《巴黎茶花女遺事》刊行，開翻譯「言情小説」之先河。

王季烈譯《通物電光》介紹 1895 年發現的 X 射線及人體透視法。

在日本留學生已達二百餘人。

美國傳教士在廣州開設柔濟醫院。

曾漢譯《聖經》，編著《中國人的起源》、《康熙字典撮要》等書的英國傳教士湛約翰卒。

德國傳教士、漢學家花之安卒。著有《中國宗教學導論》、《中國婦女的地位》，《中國史編年手冊》等，被譽為「十九世紀最高深的漢學家」，對中國的植物學亦有較深的研究。

章炳麟第一次流亡日本。

1900 年・光緒二十六年・庚子

1 月 25 日　興中會在香港發刊「中國日報」，並同時發行「中國旬刊」。改報先後由陳少白等主編。

2 月 15 日　日人長瀨鳳輔在廈門創辦東亞書院。

本月	清廷懸賞購拿康有為、梁啟超。
3 月	江南商務總局出版《江南商務報》。
	文廷式東渡日本，著《東遊日記》。
	袁世凱與德人訂立中德膠濟鐵路章程，及華德礦務公司章程。
4 月 12 日	山東部分義和團主力轉入直隸境內，清政府命裕祿查禁。
本月	李寶嘉創辦的文學社團海上文社創刊《海上文社報》。
5 月 1 日	東亞同文會派山田良政在南京創辦同文書院。
22 日	義和團大敗清軍，取得淶水大捷。
24 日	清廷實授李鴻章為兩廣總督。
本月	嚴復在上海開名學會。
6 月 10 日	英海軍提督西摩爾率英、美、德、法、日、意、奧八國聯軍自天津進犯北京。
7 月	八國聯軍陷天津。
8 月	慈禧太后、光緒帝出逃西安。八國聯軍攻佔北京，公開搶劫三日。翰林院被焚，大量珍寶、古玩書畫、天文臺古銅儀器被盜往國外。
	第一批留日學生唐寶鍔和戢翼輝編的日語教科書《東語正規》出版。
11 月 1 日	馮自由等在日本橫濱創辦《開智錄》半月刊。此刊為留日學生最早刊物之一。
29 日	中國最早的自然科學期刊有杜亞泉在上海創辦，名為《亞泉雜誌》。
12 月 1 日	命內外大臣督撫條呈朝章國政、吏治民生、學校科舉、兵政財政等改革事項。
6 日	留日學生戢翼輝等在東京成立譯書彙社，發刊《譯書彙編》雜誌，並首先連載盧梭的《民約論》。
本年	沈翔雲等在東京倡議湖北留學生成立勵志會，以聯絡感情，策勵志節為宗旨。這是留日學生中出現的第一個愛國團體。

《商務日報》在廣州創刊。該報為逃避清政府言論控制，採用小説報導新聞事實，開報紙刊登小説之先河。

李寶嘉開始在《繁華報》發表《庚子國變彈詞》，第一次用彈詞形式完整地表現當代重大政治事件。

《清議報》連載梁啟超所譯柴四郎《佳人奇遇》。

商務印書館盤進日商修文印刷所，開始用紙型。

王照創制官話合聲字母在天津成稿。

周桂笙翻譯的阿拉伯文學名著《一千零一夜》發表，收入《新庵諧譯初編》卷一中。

1901 年・光緒二十七年・辛丑

1 月 29 日	清政府在西安發佈「變法上渝」，稱「取外國之長，乃可補中國之短」，命督撫大臣參酌中西政要，各抒己見。
2 月	《女學雜誌》513 號發表青柳猛的《義和團贊論》一文。
	美國作家馬克・吐溫發表長篇文章《給坐在黑暗中的人》，揭露美國傳教士在中國的種種暴行。
3 月 5 日	《譯林》在杭州創刊。由林紓、日人伊藤賢道兼譯，共出十三期。
20 日	日人中島裁之在不僅僅開設東文學社，轉譯西書，招收學生。此後日人在北京設日文學堂達七、八所。
4 月 3 日	《勵學譯編》學蘇州創刊，汪郁年、戴昌熙等主編。
21 日	清政府成立督辦政務處。
25 日	袁世凱奏陳「變法」十事，有慎號令、教官令、崇實學、增實科、開民智、重遊歷、定使例。辦名使等。
5 月 10 日	秦力山、沈翔運等在日本東京創辦《國民報》月刊，最早倡革命排滿之説。

6月3日	復開經濟特科，命各部院大臣、各督撫、學政保薦人才。清理各省例行文籍，仿照部章，刪繁就簡，各衙門官吏差役，分別裁汰裁革，不准假以事權。
5日	整頓翰林院，課編檢以上各官以政治之學。
20日	我國最早有影響的白話刊物之一，《杭州白話報》旬刊創刊。1904年1月停刊。
7月5日	命出使大臣訪察遊學生，咨送回國，聽候考試錄用。
12日	張之洞等奏《變通政治人才為先折》，建議設文武學堂、酌改文科、聽罷武科、獎勵遊學四條。
24日	改總理衙門為外務部，列各部之首，派奕（匡力）總理事務。
8月25日	盛宣懷奏准在上海創辦東文學堂。
29日	詔自明年始，鄉試會試等均試策論，不准用八股文程式。詔停止武生童生考試及武科鄉會試。
9月7日	清政府與十一國公使簽訂《辛丑合約》。
8日	黃中慧主編《京話保》在北京創辦，共出六期。
14日	命將各省所存書院於省城改設大學堂，各府及直隸州改設中學堂，並多設蒙養學堂。
16日	命各省選派學生出洋留學，並定遊學獎勵及管理規程。
27日	命廢除題本制度，均改題為奏，奏摺遂成為向皇帝呈交的唯一公文形式。
10月21日	《蘇州白話報》創刊，次年停刊。
本月	日人中島真雄在北京創辦《燕京時報》，後更名《順天時報》，1930年3月停刊。
11月7日	李鴻章死，袁世凱署直隸總督兼北洋大臣。次年實授。
11日	蔣智由等在上海創辦《選保》。
16日	袁世凱奏設山東大學堂，以美人赫斯為總教習。
12月5日	定學堂選舉鼓勵章程，凡由學堂畢業考試合格者，給予貢生、舉人、進士等名稱。

本年　　美國基督教將蘇州博習書院、坤宏學堂和上海中西書院合併，開辦蘇州東吳大學。

羅振玉創辦《教育世界》旬刊，後改為半月刊，王國維主編。

《笑林報》、《寓言報》等一些小型報紙在上海創刊。

梁啟超撰寫《中國史敘論》，為我國早期的資產階級重要史學理論著作。

林紓、魏易合譯的《黑奴籲天錄》刊行，由美國女作家斯陀《湯姆叔叔的小屋》譯成，產生極大社會影響。

1902 年・光緒二十八年・壬寅

1 月 4 日　《外交報》創辦，由張元濟主編，先由上海普通學書室發行為旬刊，後改商務印書館發行為月刊。該刊主張君主立憲、文明排外。1910 年停刊。

　　7 日　慈禧太后與光緒由保定還京。

　　11 日　命將同文館歸入大學堂，毋庸隸外務部。

　　本月　嘉納治五郎在東京創辦弘文學院，招收中國留學生。

《華北譯著編》月刊在北京創刊，由文明書局編輯發行。1904 年停刊。

2 月 1 日　清政府准滿漢通婚，並勸除女子纏足陋習。

　　8 日　梁啟超在日本橫濱創辦《新民叢報》。

　　13 日　奏籌辦學堂情形：大學堂先設預備科及速成科，預備科分政科、藝科、，速成科分仕學館、師範館、另附設譯局，並廣購書籍儀器。

　　19 日　命將宗室、覺羅等官學改設小學堂、中學堂、均歸大學堂辦理。

　　24 日　《政藝通報》在上海創刊，鄧實主編，並按年分類既為《政藝叢書》，1908 年停刊。

　　本月　杜亞泉在上海創辦《中外算報》。

3 月 20 日	袁世凱派武衛右軍學堂學生五十五名赴日本陸軍學堂留學。
24 日	《經濟叢編》半月刊在北京創刊，後改《北京雜誌》。
本月	英美傳教士在上海創辦英文報《東亞雜誌》，《今古奇觀》的英譯本曾在該刊連載。
4 月	章太炎等在東京舉行中夏亡國二百四十二年紀念會，為日警察所阻。
	魯迅赴日留學，入弘文學院。
	蔡元培等在上海發起成立中國教育會。
	鄒容赴日留學，入同文學院。
5 月 8 日	廣東蒙學書局在廣州創刊《文言報》半月刊。
13 日	派沈家本等將一切現行律例，按照交涉情形，參酌各國法律，悉心考訂。
本月	京師大學堂總教習吳汝綸赴日本考察教育，開始著《東游叢錄》，歸國後其弟子又編成《東遊日報譯編》一書，兩書詳細介紹了日本學制，對清末教育改革產生較大影響。
6 月 9 日	實授袁世凱為直隸總督兼北洋大臣。
17 日	天津《大公報》創刊，由滿族天主教徒英華主辦。
23 日	《啟蒙畫報》在北京創刊。
本月	黃興赴日本，入弘文學院。
	丁寶書等創辦文明書局，刊行有《說庫》、《清代筆記叢刊》、《筆記小說大觀》，並印行「科學全書」教科書。
7 月 6 日	張之洞奏於湖北省創辦員警。
本月	黃（憬）景赴日本考察農業，著《遊歷日本考察農務日記》。
8 月 11 日	袁世凱奏設保定警務學堂，學校司及師範學堂。
15 日	管學大臣張百熙進呈學堂章程六件，史稱「壬寅學制」，為全國統一學制之始。
9 月 2 日	《新世界學報》在上海創刊，注重介紹西方科學文化和中國舊文化的創新，次年 4 月停刊。

15 日	袁世凱恢復天津中西學堂。
10 月 5 日	命各省督撫選擇學生,派往西洋各國考求專門學業,以備任使。
17 日	命各督撫仿照袁世凱所定警務章程辦理巡警,是為中國員警制度推廣之始。
11 月 14 日	陳天華、黃興等在日本創辦《遊學譯編》,共發十二期,譯有《十九世紀學術史》、《政治學說》等等。
	上海南洋公學因禁閱新書、開除學生發生學潮。
16 日	蔡元培在上海創辦愛國學社,尋辦愛國女校。
12 月 1 日	詔自明年會試起,進士授修撰、編修等職者均令入京師大學堂分門肄業。
14 日	秦力山等在上海創辦《大陸》雜誌,至 1906 年 1 月停刊。
17 日	京師大學堂開學。先設速成、預備兩科,速成分仕學。師範兩館,預備分文科和藝科。至 1910 年發展成為設有經、法、文、格致、農、工、商七科的大學。
本年	梁啟超在日本橫濱創辦《新小說》月刊,至 1906 年 1 月停刊,共出十四期,是中國最早的文藝月刊之一,創刊號載梁啟超《論小說與群治之關係》,也是近代最早的小說理論文章。
	日本留學生葉瀾等在東京組織青年會,為留日學生中第一個具有革命傾向的小團體。
	王雲瑞在北京創辦文奎堂,後成為北京最大的書店。
	日本留學生陸世芬等設立教科書譯輯社,編譯中學教科書,供各省學堂採用。
	商務印書館出版日入松平君平的《新聞學》中譯本,是我國翻譯出版的第一部新聞學專著。
	日入幸德秋水的《二十世紀之怪物帝國主義》被譯成中文。
	銅、鋅製板印刷術始轉入中國,此前圖書插畫均為黃楊雕刻板。
	《魯濱遜漂流記》由杭州人沈祖芬譯成中文出版,題為《絕島漂流記》。此後才有叢龕、林紓等人譯本。

吳沃堯（趼人）作《二十年目睹之怪現狀》發表於《新小說》。

李伯元作《庚子國變彈詞》出版。

中國在日本留學生增至四百名，官費生占一半以上。

1903 年・光緒二十九年・癸卯

1 月 5 日　清政府決定參加在美國聖路易舉行的國際博覽會，派溥倫為
　　　　　　正監督。

　　29 日　東京中國留學生新年團拜，馬君武等講演革命排滿，被清公
　　　　　　使蔡鈞逐出學校。

　　　　　　湖北籍留學生劉成禺等在東京創辦《湖北學生界》月刊，共
　　　　　　出六期。後更名《漢幟》並出版增刊《舊學》。為最早以省命
　　　　　　名的革命刊物。

2 月 5 日　張之洞奏設三江師範學堂，後改名兩江師範學堂，為中央大
　　　　　　學之前身。

　　10 日　鍾佩萸在上海創辦文化女學塾。

　　12 日　《湖北學報》在漢口創刊，主要宣傳「新政」，尤重教育。

　　17 日　《浙江潮》月刊由浙江留學生馬君武、蔣方震等在日本東京
　　　　　　創刊，共出十二期。

　　19 日　直隸留日學生同鄉會在東京創辦《直說》。

3 月 1 日　愛國天主教徒馬相伯創辦上海震旦學院，以崇尚科學，注重
　　　　　　文藝、不談教理為辦學方針。

　　13 日　張之洞、袁世凱奏請遞減科舉，以興學校。

　　20 日　袁世凱奏請興辦武備小學，並另設速成學堂。

　　29 日　龍璋等在長沙創辦明德學堂。

　　本月　　上海科學儀器館創辦《科學世界》雜誌，共出十二期。1921
　　　　　　年復刊續出五期。

4 月 6 日	愛國學社創刊《童子世界》，宣傳愛國革命，反對法古迷信。
8 日	留日學生胡兵夏等在東京發起成立共愛會，是我國第一個要求男女平權的愛國婦女團體。
16 日	廣益書局在重慶創刊《廣益叢報》旬刊。
27 日	留日江蘇學生秦毓鎏等創刊《江蘇》月刊，共出十二期。
本月	張謇創辦的通州師範學校開學。以後，又辦女子師範學校、幼稚園、小學、中學和十幾所職業小學，近代著名的教育家。
	《譯書彙編》易名《法政學報》，成為中國第一份資產階級法學的專門刊物。
	上海《繁華報》始刊李寶嘉的《官場現形記》，晚清四大著名譴責小說之一。
	天津中學學談改為北洋大學（今天津大學）。
5 月 11 日	黃興、陳天華等在日本成立「軍國民教育會」，以「養成尚武精神，實現民族主義」為宗旨。
27 日	李寶嘉主編的《繡像小說》半月刊創刊，至 1906 年 4 月停刊，共出七十二期。先後刊有《文明小史》、《老殘遊記》等小說。
	章炳麟接任「蘇報」主筆，首撰論《中國當道者皆革命書》一文。
本月	鄒容《革命軍》一書由上海大同書局出版，章士釗為之作序。
6 月 21 日	清政府命沿江沿海各省撫嚴拿「倡言革命，肆行無忌」的學生，並整頓學堂之規。
29 日	章炳麟等因假「蘇報」鼓吹革命排滿，在上海被捕（即「蘇報案」）。愛國學社亦因此案解散。
本月	《新世界學報》在上海改《經世文潮》創刊，共出八期，分類彙編報刊文章。
7 月 7 日	「蘇報館」被查封。
9 日	開考經濟特科。
8 月 7 日	章士釗、張繼等在上海創刊《國民日報》，不久因鼓吹反清革命，被租界當局應清政府要求封緊。

本月	孫中山在日本東京設立革命軍事學校，提出「驅逐韃虜，恢復中華，創立民國，平均地權」的革命宗旨。
10 月 6 日	張之洞奏上約束出洋學生，鼓勵畢業章程。
本月	梁啟超抵美國檀香山，與美國總題羅斯福面晤。
11 月 17 日	北京譯學館開館。
本月	高天梅在松江創辦《覺民》月刊。 《寧波白話報》在上海創辦。
12 月 15 日	蔡元培等在上海成立的對俄同志會創辦《俄事警聞》日報，王小徐主編。後改《警鐘日報》，1905 年被封禁。
19 日	林白水在上海創辦《中國白話報》，至次年 10 月停刊，共出二十四期，是當時影響較大的一份白話報。
21 日	准張百熙奏，選派師範學生赴東西洋各國留學。
29 日	鄭貫公等在香港創辦《世界公益報》，後為同盟會主要輿論陣地。
本月	留學生在日本創辦《新白話報》月刊。《商務報》在北京創刊。
本年	陳天華所著《猛回頭》、《警世鐘》相繼出版，以激烈通俗文字揭露帝國主義侵略和清政府的腐敗，號召革命，影響很大。 趙必振譯日本福田准造的《近世社會主義》出版，近代第一部系統介紹馬克思主義的譯著。 張繼編譯《無政府主義》在上海出版。 范迪吉等譯《普通百科全書》一百冊出版。清末引進的規模最大的百科全書。 中國留日學生已達一千人。 北京協和醫學校設立。 馬君武始譯達爾文《物種原始》，次年譯完五章，1919 年重譯出版全書。 林紓、魏易合譯的《民種學》出版。

1904 年・光緒三十年・甲辰

1 月 13 日　頒佈張之洞、張百熙等奏進學堂章程，著京師及各省次第推行，並著自丙午（1906 年）科始，將鄉會試中額及各省學額逐科遞減，俟各省學堂辦齊，再將科舉額停止，以後均歸學堂考取，史稱「癸卯學制」。

　　17 日　丁初我在上海出版《女子世界》，至 1906 年停刊，共出十八期，以反封建禮教，提倡女權為宗旨。

　　22 日　黃藻主編的規模報刊政論文集《皇帝魂》出版。

2 月 8 日　日海軍襲擊旅順。是日，日本對俄宣戰。清政府宣佈「局外中立」。

　　15 日　長沙成立華興會。

　　17 日　廣州中興通訊社開始發稿，主持人駱俠挺。為中國最早的自辦通訊社。

　　29 日　上海創辦《大同報》，該報最高發行數達三萬餘份。

　　本月　陳獨秀在蕪湖出版《安徽白話報》半月刊，以救亡圖存，開通民智為宗旨。

3 月 11 日　商務印書館創刊《東方雜誌》，至 1949 年停刊，先後由陳仲逸。杜亞泉、胡愈之等擔任主編。這是中國近代歷時最長的大型雜誌之一。

　　21 日　上海英、德、法、美管商及中國官紳呂海寰、盛宣懷等合辦上海萬國紅十字會。

　　本月　中國最早的軍事雜誌《武備雜誌》，由北洋武備研究所在軍界流變發行，1906 年停刊。

5 月 15 日　杜果園在上海創刊《揚子江》半月刊雜誌，12 月改為《揚子江白話報》在鎮江發行，次年 8 月停刊。

6 月 12 日　《時報》在上海由狄葆賢創辦。

本月	徐樹蘭捐建紹興古越藏書樓，並撰《古越藏書樓書目》八冊。
7月3日	劉靜庵等在武昌成立革命團體科學補習所，後改稱日知會。
本月	秋瑾赴日本留學，入下田歌子創辦的東京實踐女子學校。
8月2日	命宗室、滿洲御史一體考試。
15日	秋瑾等在日本創辦《白話》雜誌，在國內發行，共出六期。
本月	張之洞在武昌創辦學堂應用圖書館。
9月	練兵處奏上陸軍學堂辦法，並考選一百零八名學生赴日本留學。
	《新新學生》雜誌在上海創刊。
	曾樸等人成立學生林書社。
	滿族士女惠興在杭州創辦貞文女子學談。
10月16日	張伯苓等在天津創辦敬業中學，後改南開中學。
27日	國內有影響的書畫篆刻藝術團體「西泠印社」成立，由篆刻家丁輔主等發起，推吳昌碩為社長。
本月	柳亞子等在書畫創辦《二十世紀大舞臺》，僅出二期即遭封禁。這是中國第一份戲劇專門刊物。
11月	龔寶銓、陶成章、蔡元培等在上海成立光復會，舉蔡元培為會長。
	商部奏准削除浙江墮民籍，一律視為良民，准其子弟入學。
12月7日	彭翼仲等在北京創刊《中華報》，以「恢復國權，啟導民智」為宗旨。
本年	夏曾佑《最新中國歷史教科書》由商務印書館出版，共三冊，內容自三代至隋。為最早採用章節體，並以進化論觀點敘述中國歷史的史學著作。
	王國維撰成《紅樓夢評論》，第一次比較系統地運用西方哲學和美學觀點評價我國的文學作品。
	梁啟超發表《墨子之論學》，開始採用西學形式邏輯理論研究整理古代邏輯思想。

日本東京法政大學為中國留學生開設法政速成科。

嚴復譯甄克思《社會通詮》出版。

商務印書館在上海辟新樓藏書，後定名「涵芬樓」多藏善本書。

馬相伯等組織滬學會，以練習槍操，提倡尚武精神為宗旨，穆並參加開音樂會、演文明戲等活動。

全國學堂共四千四百七十六所，學生九萬九千四百七十五人。

孫詒讓著成《契文舉例》為第一部考釋甲骨文的著作。

1905 年・光緒三十一年・乙巳

1 月	國學保存會在上海成立，會員有章炳麟、王國維、柳亞子、馬敘倫、劉師培、陳去病、鄭孝胥等。

吳樾在保定創刊《直隸白話報》，8 月停刊。設立貴冑學堂，教育王公子弟。

2 月 23 日　國學保存會發刊《國粹學報》，由鄧實任總纂，以「發明國學，保存國粹」為宗旨。刊錄名人畫像。圖片六百餘幅，彙集國學權威著作六、七百種，明清諸儒遺文四、五白篇；對經、史、文學、音韻、詩賦、金石等進行鉤沉考釋，並提倡不分門派的實事求是學風。1912 年停刊後，又改名《古學彙刊》，至 1914 年 8 月。

本月　曾樸《孽海花》初、二集前二十回由小說林社出版。至 1906 年共再版十五次，銷售五萬冊。

四川學務處發行《四川學報》，1907 年改名《四川教育官報》。

3 月　湖北教育普及社書店出售禁書被封。上海「警鐘日報」（初名「俄事新聞」，蔡元培主持）被封。張之洞開始嚴拿革命黨人。

4 月 16 日　江南陸師學堂學生因不服督練公所議改陸軍章程，全堂被解散。

24 日　從伍廷芳、沈家本等奏，將律例內重刑凌遲、梟首、戮屍三項永遠刪除，凡死刑至斬決為止。

5 月 1 日 　軍機處命各省查禁革命書報。

　　10 日 　津榆路局籌設鐵路學堂於唐山。

　　15 日 　袁世凱派補用道陳昭常為京張鐵路總辦，候選道詹天佑為會
　　　　　　辦兼總工程師。

　　本月 　　修律大臣伍廷芳走請設立京師法律學堂。8 月，經學務大臣孫
　　　　　　家鼐議准先辦速成科，以應人才急需。

　　　　　　全國三百零二家報刊，據天津《大公報》調查，已有一百五十一
　　　　　　家停辦。

6 月 3 日 　陳天華等在東京報刊《二十世紀之支那》，用黃帝紀元，第二
　　　　　　期因刊載《日本政客之經營談》一文被日本政府沒收。

　　16 日 　原定端方、戴鴻慈等五位大臣出洋考察政治，因吳樾在車站
　　　　　　炸五大臣，改於 12 月出行。

　　本月 　　劉鐸作《地圖分編》，重在國防疆界。

　　　　　　山西籍留日學生在東京出版《第一晉話報》，共出九期。

8 月 20 日 　中國同盟會在東京成立，孫中山被推為總理。這是中國第一
　　　　　　個資產階級革命政黨。

　　17 日 　天津《大公報》抵制美國廣告，被官示禁止閱看。

　　21 日 　《美禁華工拒約報》在廣州創刊，總編輯黃晦聞。

　　23 日 　蔡鈞在上海創辦《南方報》，為中國自辦的第一份外文報紙。
　　　　　　1907 年改為中文版，次年 2 月停刊。

9 月 2 日 　命廢止科舉。後為解決不能入學堂的舉、貢、生員出路，生
　　　　　　員補充優貢於 1907、1909 年各舉行一次，補考拔貢與考職
　　　　　　於 1909 年舉行一次，舉、貢考職 1907、1910 年各舉行一
　　　　　　次。科舉制度至此廢止。

　　4 日 　震旦學院因外籍教士擅改辦學方針，於 3 月發生學潮解散，
　　　　　　馬相伯乃召集離校學生在上海江灣創辦復旦公學，於本日開
　　　　　　學，是為復旦大學前身。

　　23 日 　徐錫麟等所創的紹興大通學堂開學，社體操專修科。

29 日	李叔同、柳亞子等在東京創辦《醒獅》月刊，共出五期。
本月	高卓廷在廣州發起創辦《時事畫報》，鼓吹革命，反對專制政體。
	留俄學生張慶桐與俄人威西納合譯梁啟超所著《李鴻章》在俄國出版。次年，張回國著《俄遊述感》，其中談到他與列夫‧托爾斯泰的通信經過。
10 月 15 日	董康等派赴日本調查法制刑政。
26 日	命山東布政使尚其亨、順天府丞李盛鐸會同載澤、戴鴻慈等前往各國考察政治。
11 月 2 日	日本文部省頒佈《清國留學生取締規則》，留日學生群起抗議。
26 日	同盟會機關報《民報》在東京創刊，以民族、民權、民生三大主義為宗旨。1908 年 10 月中輟，1910 年 1 月，續出二期。另出版增刊《天討》。
12 月 8 日	革命黨人陳天華憤日本取締中國留學生，在橫濱大森海灣投海自殺。
23 日	外務部與英法美日俄奧意等使訂庚子賠款錚虧條約。
本月	李叔同在日本編輯《音樂小雜誌》，僅出一期，是我國最早的音樂刊物。
本年	康有為《歐洲十一國遊記》發表，並撰《物質救國論》
	日人在上海創辦留學高等預備學堂。
	上海成立書業商會。
	周鍾岳、范任卿等在東京創辦《新譯界》。
	晚清「詩界革命」的代表作家黃遵憲卒。
	基督教基督復臨安息日會在商會創刊《時兆月報》，至 1949 年停刊，發行量最高達八萬份。
	兩江總督周馥創辦金陵簡字學堂。
	北京貝滿女學堂更名為華北女子協和大學。
	中國留日學生已達八千餘人的高峰。

1906 年・光緒三十二年・丙午

1 月	朱執信撰《德意志社會革命家小傳》，片斷介紹馬克思、恩格斯的革命活動和《共產黨宣言》、《資本論》內容。
	《衛生學報》半月刊在上海創刊，孫瑞主編。
2 月 8 日	汪優遊組織文友會，公演《江西教案》等文明戲。
13 日	孫中山自西貢赴新加坡。
21 日	慈禧太后諭學部實興女學。
25 日	南昌縣人民因知縣被害，憤毀教堂，殺法英教士，是為「南昌教案」。
3 月 5 日	清政府命各省文武公文官，切實保護外人財產及教堂。
6 日	傳教士明恩溥謁見美國總統羅斯福，建議退還部分庚子賠款用於在華基督教教育事業，此方案後為美國國會通過。
13 日	學部通電各省，傳達《限制遊學辦法章程》，規定中學畢業以上始得留學。
25 日	學部奉旨公佈，以忠君、尊孔、尚公、尚實為全國教育宗旨。
27 日	罷選八旗秀女。
29 日	北京《京話日報》刊南昌知縣江召棠被當地法國傳教士殺害後的遺體照片。這是國內最早在報紙上刊登的新聞照片。
本月	張一鵬等在日本東京創辦《法政雜誌》，共出六期。
	華人青年會在日本神田成立，為中華留日基督教青年會前身。
4 月 5 日	《民報》發表胡漢民《民報六大主義》，闡述同盟會政綱。
9 日	命將綠營一律改為巡警。
28 日	《民報》號外發表《民報與新民叢報辨駁之綱領》，開始與保皇派機關報《新民叢報》就排滿、革命等問題展開大規模論戰。

本月　　由黃摩西（黃人）為主筆的《雁來紅叢報》在蘇州創刊，以「選載前賢未刊及不經見文學名著」為主要內容，出版十期以上。

雲南留日學生刊物《雲南》創刊，直至 1910 年 6 月停刊。

為抗議日本《清國留學生取締規則》，留日學生紛紛返國。姚宏業等為在滬留學生籌辦中國公學。繼因校款難籌，姚宏業投黃浦江自殺。

5 月 8 日　柳亞子等在上海創辦《復報》，支持《民報》的立場、觀點。次年 10 月停刊。

15 日　學部奏定每年八月舉行留學生考試。首場試各畢業生所學科目，第二場試中國文與外國文。最優等給予進士出身，優等、中等給予舉人出身。次年春，得進士、舉人在保和殿舉行廷士，分等引見授官。

23 日　准學部奏，將各省貢院改設學堂。

《北京畫報》創刊，著名畫師劉炳堂專司圖繪。

28 日　黃世仲等在香港創刊《少年報》，反滿色彩強烈。

本月　　杭州貞文女學堂創辦人惠興女士因經費募集無門自殺。清政府將校改為官辦，易名惠興女學堂，本月開學。

6 月 7 日　學部制定女學章程，

13 日　天津北洋女子師範學堂開學。

26 日　兩江學務處在南京發刊《學務雜誌》。

7 月 6 日　上海書業商會出版《圖書月刊》，陸費達主編，僅出三期，是為中國最早的圖書專業刊物。

16 日　警僧編《新世界小說社報》月刊在上海創刊。發表有《三家村》、《新中國之豪傑》等長篇政治小說，翻譯小說以英國為多。

20 日　學部奏請各省普設教育會（後稱勸學所），定教育會章程。

23 日　學部通行第一次審定處等小學暫用書目一百零二冊，主要由商務印書館、文明書局、直隸學務處和南洋公學出版。

26 日	京師督學局設立。
本月	商部、巡警部、學部會訂《大清印刷物專律》。
	學部設圖書編譯局。
	章炳麟出獄後第三次流亡日本，留日學生在東京錦輝館舉行歡迎大會。
8 月 4 日	清政府命各省調查日本僧人在華傳教情況。
7 日	學部電各省停派赴日速成學生。
18 日	天津《大公報》以《中國女學生制服議》為題懸賞徵文。
26 日	學部創刊《學部官報》。
27 日	奉天旗員仕學館開館。
9 月 1 日	清政府發佈「預備仿行立憲」上諭，命先將官制議定，稱「大權總於朝廷，庶政公諸輿論」。
	日人在奉天出版《盛京時報》。
16 日	上海《申報》、《同文滬報》、《中外日報》等在張園舉行「報界慶祝立憲會」。
17 日	《粵東小說林》在廣州創刊。
18 日	徐勤等在廣州創辦《國民日報》。
20 日	清政府宣佈在十年內徹底剷除鴉片禍害。
29 日	北京《京話日報》、《中華報》被巡警部查封。
本月	宮崎滔天等創辦《國民評論》雜誌。
10 月 4 日	金天根在北京就創辦《憲法白話報》。
5 日	學部定外人在內地設立學堂，無庸立案，學生概不給獎。
13 日	袁世凱編刊《立憲綱要》。
16 日	京師巡警總廳奉命訂立《報章應守規則》，禁止報刊議論宮廷朝政。
18 日	湖南籍留日學生楊手仁、陳家鼎等在東京創辦《洞庭波》，僅出一期，第二期更名《中央叢報》。1907 年 1 月改名《漢幟》，續出二期。

23 日	戴鴻慈等進呈《歐美政治要義》。
27 日	命各省興辦圖書館、博物館、動物園、公園。
28 日	競業學會在上海發刊《競業旬報》，以振興教育，提倡民氣、改良社會、主張自治為宗旨，共出四十一期。
本月	《月月小說》在上海創刊，由吳沃堯等編輯發行。
11 月 1 日	盧諤生等革命黨人在廣州創辦《國民報》。
5 日	官制編制館擬定外省官制，電各省督撫裁酌。
6 日	清中華公佈中央新官制。
本月	馮士德、孫東蓀等在日本東京創辦《教育》雜誌，鼓吹教育救國，僅出二期。
	莊景仲在上海創辦《預備立憲官話報》。
	日本東京舉行《民報》發行一周年紀念會，孫中山、章炳麟、宮崎滔天等在會上講話。
12 月 2 日	從學部奏，定管理遊日本學生章程，設總監督一員，由出使大臣兼任，副監督一人，以使館參贊王克敏派充。
9 日	上海憲政研究會成立，發行《憲政雜誌》。
15 日	設立印刷官報局於京師。
16 日	張謇等在上海成立預備立憲公會。
30 日	學部奏准祭孔由中祀升為大祀。
本月	四川總督錫良奏設藏文學堂。
	河南籍留日學生在東京創刊《豫報》，次年 12 月更名《河南》，成為同盟會河南分會的機關刊物。
	陳蝶仙在杭州出版《著作林》月刊，1908 年 8 月遷往上海，12 月併入《國聞週報》，共出二十一期。以保存國粹、搜羅古董，搜集遺編為宗旨，是鴛鴦蝴蝶派的重要陣地。
	李叔同等在日本東京發起成立春柳社，分戲劇、音樂、詩歌、繪畫等部門，以戲劇為主，是影響較大的話劇團體。

孟森等在日本東京成立法政學交通社，並創刊《法政學交通社》月刊，以研究法政學理為宗旨。

本年　上海商務印書館出版蔡元培翻譯井上圓了的《妖怪學建義錄總論》一書。

孫中山、黃興、章炳麟等在日本東京制定同盟會《革命方略》。

張靜江、吳稚暉等在法國巴黎出版世界社，出版《世界雜誌》和《近世界六十名人》，向國內及各地華僑介紹世界思潮和人物，國內第一張馬克思像即由該社出版，世界社後來在國內社有出版機構，及圖書館、學校、銀行、療養院等文化福利和經濟機構。

楊芝堂等在漢口創辦大型日報《中西報》。

梁啟超撰《中國法理學發達史論》，為研究古代法學理論的重要著作，也是清末立憲派的政治宣傳讀物。梁啟超還著有《中國專制在進化史論》，用西方資產階級政治學說批判中國專制政治。

林紓等譯《伊索寓言》。該書於十六世紀傳入中國，譯名《況義》。1840 年英人羅伯聃譯為《意拾喻言》在廣州發行。林紓譯本共 298 則，且有評語，大受歡迎，至 1920 年種印十六版，在近代兒童教育中影響極大。

張春帆《漱六山房》的反映鴉片戰爭的小說《黑獄》、反映上海煙花場的小說《九尾龜》刊行。

王照在保定創辦拼音官話書報社，所刊《拼音官話報》銷路很廣，拼音官話書發行六萬部以上。

該年刊行創作小說四十五種，翻譯小說一百零一種，戲曲十四種。

該年全國學堂共二萬三千八百六十二所，學生達五十四萬五千三百三十八人；基督教學生也有五萬餘人。

晚清重要小說家李寶嘉（伯元）卒。

1907 年・光緒三十三年・丁未

1 月 13 日　　張之洞捕拿劉靜庵、胡瑛等，日知會遭破壞。

14 日　　秋瑾在上海創辦《中國女報》，至 3 月 4 日出版第二期後停刊，與《女子世界》合併，更名《神州女報》。

20 日　　楊度等在日本出版《中國新報》，主張君主立憲，滿漢平等，並提出「金鐵主義」。

2 月 5 日　　燕斌在日本東京出版《中國新女界雜誌》，7 月停刊。以宣傳婦女解放，男女平等為宗旨。

6 日　　日本政府宣佈中國留學生在日已達一萬七千八百六十餘人。

7 日　　命各省封禁煙館。

13 日　　康有為、梁啟超改保皇會為國民憲政會。

27 日　　朱雙雲、汪優遊等在上海組織開明演劇會。

本月　　曾樸、徐念慈、等在上海創刊《小說林》，次年 10 月停刊，共出十二期。介紹西方美學思想，發表《孽海花》等小說及文學評論、秋瑾遺稿等。

3 月 3 日　　夏重民等在日本東京出版《大江七日報》。

6 日　　《民報》發表章炳麟《社會通銓商兌》，批評嚴復的觀點，強調中國社會的主要問題不是對宗法的「改政」，而是反滿民族革命。

8 日　　《女子師範學堂章程》和《女子學堂章程》公佈。

13 日　　國學保存會創刊《國粹叢編》，共出十九期。

28 日　　汪康年在北京創刊《京報》，攻擊慶親王等。

本月　　章炳麟、劉師培、蘇曼殊等在日本發起成立「亞洲和親會」，以「反對帝國主義，期使亞洲已失主權之民族各得獨立」為宗旨。參加者有印度、緬甸、越南、菲律賓。朝鮮等國志士。

《醒俗畫報》在天津創刊，次年改名《醒華》，後又增發日報，揭露清政府腐敗，疾呼民族危亡，熱情報導辛亥革命。

4月2日　于右任等在上海創辦《神州日報》，楊守仁主筆，是資產階級革命黨人出版的重要大型日報之一。1927年停刊。

本月　莫梓伶在廣州創辦《五月大事記》，次年1月停刊，複創辦《星期報》。

5月15日　滿族宗室留學生恒鈞等在東京創辦《大同報》，主張君主立憲、召開國會、滿漢平等。創辦七期。

19日　《員警報》在天津創刊。

本月　兩江總督端方奏准在南京設立暨南學堂，專招華僑歸國子弟，並免費入學。

6月1-3日　歐陽予倩等在東京本鄉園公演《黑奴籲天錄》。

10日　劉師培在日本北輝次郎、和田三郎等人影響下，信仰無政府主義，與其妻何震在東京創辦是一份無政府主義刊物《天義報》半月刊，共出十九期。

22日　張靜江、吳稚暉等在巴黎創辦無政府主義刊物《新世紀》，至1910年停刊，共出一百二十一號。

本月　浙江吳興陸心源二百宋樓、十萬卷樓、守先閣藏書全部為日人購去，藏日本東京靜嘉堂文庫。

歸國留日學生馮亞雄等在上海開夏季音樂講習會，傳授西洋音樂。其科目有樂典，和聲學，風琴等西洋音樂全面地介紹到中國。

中國天足會在上海創辦《天足會報》。

7月5日　《民報》發表章炳麟《中華民國解》。

6日　安徽巡警學堂會辦革命黨人徐錫麟等舉事，殺安徽巡撫恩銘，錫麟被捕就義。

10日　北京《愛國報》發行副刊《暮鼓晨鐘》，選錄各地報刊言論。1909年3月停刊。

11日　設禮樂館制訂學禮、軍禮、賓禮，並定民間喪祭冠婚器物娛服。

13 日	浙江紹興大通學堂督辦革命黨人秋瑾謀殺事，未果，被捕。旋遇害。
28 日	袁世凱奏，事機危迫，請趕緊實行預備立憲。
本月	張之洞仿日本巢鴨監獄之式，在武昌設立模範監獄。
	張之洞奏設湖北存古學堂，以保國粹而息亂源為宗旨。
	科學研究會在上海創辦《科學一斑》月刊，共出四期。
	中國國民衛生會在東京創辦《衛生世界》。
8 月 4 日	《吉林白話報》創刊，安鏡全主編。
15 日	愛國詩人陳去病、等十一人在上海愚園成立神交社，開始醞釀成立南社。
20 日	革命黨人陳楚楠等在新加坡創辦《中興日報》。1910 年停刊。
26 日	因丁未政潮，《京報》館被封。
本月	香港議政局通過禁止革命報刊書籍發行的專律。
	孫武等創辦的共進會在東京成立。
9 月 3 日	陳煥章在美國紐約發起成立昌教會，以「昌孔孔教」為宗旨。
5 日	清政府重訂報館暫定條規。
15 日	景定成等在東京創辦《晉乘》。次年 8 月停刊。
本月	中國留日女學生會成立，會員七十人。
10 月 7 日	政聞社機關報《政論》月刊在東京創刊，後遷往上海出版，梁啟超等主編，共出九期。
17 日	政聞社在東京開成立大會，梁啟超、蔣智由等三百餘人出席，並以《政論》為機關報。
26 日	清政府機關報《政治官報》在北京創刊，日出一冊，1911 年 8 月停刊。並禁《閣抄彙編》等出版，《諭折彙存》旋更名《華制存考》發行。
本月	王中聲、任天知在上海組成春陽社，為國內第一個職業化的新劇劇團。

11 月 3 日	《競立社小説月報》在上海創刊，出版人亞東破佛（彭俞），共出兩期。
19 日	廣州學界為抗議清政府向英國出賣西江緝捕權，成立國權挽救會，並於次月出版《國權挽救報》。
本月	浙江第一屆省教育會在杭州成立，推孫詒讓為會長，
12 月 5 日	清政府頒佈貴冑遊學章程。
9 日	學部奏，派蒯光典為歐洲遊學生監督。
15 日	旅歐工科學生在上海出版《理工》月刊。
19 日	陳伯平等在上海創刊《神州女報》，共出三期。
24 日	詔禁個省紳商士紳干預政事，命訂政治結社條規。
25 日	詔禁學生干預國家政治及聯名糾眾立會、演説、發電等。
26 日	詔禁在京師開會演説。
本月	四川籍留日學生吳玉章等在東京創辦《四川》雜誌，後遭日本政府封禁。
本年	章士釗編纂《中國等國文典》在上海出版。
	社會主義研究社刊登出版「社會主義叢書」預告，內有《共產黨宣言》，由中國蜀魂譯，但譯本未見傳世。
	中國獨立完成了第一版全國百萬分之一地圖，
	德人在上海出版同濟德文學校，社德文、醫學兩科。1912 年增設工科，更名為同濟醫工學堂。1917 年收歸國有，定名為同濟醫工專門學校。1927 年定名為同濟大學。
	全國學堂共三萬七千八百八十八所，學生超過一百零二萬人。
	南京召開「江南第一次聯合運動會」，又稱「寧垣學界第一次聯合運動會」，參加單位與競賽專案之多，為全國之冠。
	基督教在華傳教士召開第三次大會。中國教育會會員增至四百名，並制定了十四年一貫制的綜合性教育大綱。據報告，上年教會學校在校生達五萬餘人。

1908 年・光緒三十四年・戊申

1 月 15 日　《天義報》刊出民鳴譯的《共產黨宣言》序言。

2 月 2 日　甘肅籍留日學生在東京創辦《關隴》雜誌（前身《秦隴》），次月更名《夏聲》。

　　5 日　日輪「都二辰丸」私運軍械，在廣州附近之九州洋海面為中國海軍巡艦扣留，並將日本國旗卸下。此事發生以後，廣州群眾集會，掀起抵制日貨運動，並定是日為國恥紀念日。

　　29 日　《預備立憲公會報》創刊，1910 年停刊，共出四十六期，以促進預備立憲為宗旨。

　　本月　尹文楷等在香港出版《新小說叢》月刊，主要介紹外國偵探小說。

　　　　　魯迅《摩羅詩力說》發表。

3 月 13 日　日使為「第二辰丸」案向外務部提出五項要求賠款、道歉、懲官、釋船、收買被扣軍械。15 日，外務部接受日使五項要求。

　　14 日　清政府公佈《大清報律》，限制輿論，成為我國第一部新聞法。

　　17 日　薑旭溟等發起創刊《江漢日報》，日銷二千餘份，因鼓吹革命，於 8 月被封。

　　本月　上海公共租界有軌電車通車。

　　　　　《神州國光集》雙月刊在上海創刊，以「表揚國光，提倡美術」為宗旨，連載歷金石書畫及題跋。鄧實主編。

4 月 5 日　廣州婦女以「第二辰丸」案舉行國恥紀念會。

　　30 日　《蒙學畫報》由中華學會創刊。

　　本月　劉師培等在上海出版無政府主義刊物《衡報》。

5 月 23 日　慈禧太后召見勞乃宣，勞建議推廣中文拼音字母（時況簡字）。

　　本月　中國留日學生在日本東京創辦《武學》月刊。

　　　　　奉天圖書館開館。

《衛生白話報》在上海創辦。

《醒華》畫報在天津創刊，五日刊，共出五百二十六期。

孫中山領導的第八次革命失敗。

6 月 14 日　改京師大學堂優級師範科為京師優級師範學堂。1924 年改為北京師範大學。

18 日　考察憲政大臣於式枚奏請緩行立憲，謂「憲法自在中國，不須求之外洋，定於一則無非分之想，散於眾則有競進之心。」

23 日　美國國會通過庚子賠款部分退還中國案，指定此項退款共計一千零七十八萬余美元作為譴送留學生赴美之用，並在北京開設預備學校清華學堂，由美國派員監督庚款用途和培養學生標準。

30 日　預備立憲公會鄭孝胥、張謇等電速開國會，以二年為限。

本月　同盟會會員李根源等日本成立大森體育會，培養革命軍事人才。

7 月 1 日　王先謙進呈《尚書孔傳參證》、《漢書補注》、《荀子集釋》、《日本源流考》。

3 日　政聞社社員、法部主事陳景仁奏請三年內召開國會。

10 日　江西籍留日學生在東京創辦《江西》月刊，共出四期。

20 日　以美國退還部分庚款，外務部、學部奏准自 1909 年起每年派一百名學生赴美留學，五年後減為五十名。

26 日　楊王鵬等在武昌成立軍隊同盟會，後改組為群治學社。

本月　《支那革命叢報》在日本東京創刊。

共進會在漢口創刊《湖北日報》。

京劇演員潘月樵、夏月潤等與上海信成銀行經理沈縵雲等在上海集資創建上海新舞臺，演出《黑奴籲天錄》等，成為演出新劇的重要場所。

8 月 5 日　《神州日報》發表陳三立文，鼓吹「提倡佛教，當視凡百事業為尤急」。

13 日　詔查禁「政聞社」。

27 日	清政府頒佈《欽定憲法大綱》，議院法、選舉法要領，並宣佈九年預備立憲。
9 月	禮部奏准王夫之、顧炎武等從祀文廟。
	學部奏請嚴核留日私立法政各大學學生。
	《安徽白話報》在上海創刊，由李鐸等發起。
	日本鄰善協會在廈門創辦中文《全閩新日報》。
10 月 3 日	民政部奏擬各省巡警學堂章程。
10 日	《民報》發表章炳麟《規新世紀》，批評無政府主義刊物《新世紀》，強調無政府主義不合中國國情，並不同意「中國用萬國新語」說，認為中國語言文字可以激發愛國保種的熱情。
19 日	日本東京警視廳查封同盟國機關報《民報》。
23 日	復命各部院衙門統限於六個月內按照憲政編查館資政院所奏格式，各將本管事宜，以九年應有方法。
11 月 3 日	日本人在大連創辦《泰東日報》。
14、15 日	光緒帝、慈禧太后相繼死去。遺詔溥儀繼位，父攝政王載灃監國。
12 月 3 日	詔重申於宣統八年（1916 年）頒印憲法，召集議員。
25 日	立禁衛軍，由攝政王親統。
本年	廣州報界工會成立，會員有《羊城報》、《時敏報》、《國民報》、《總商會商報》等十家報社。
	英銘軒在北京創辦《當日畫報》。
	太原、黑龍江分別開辦圖書館。
	王國維完成《曲錄》、《人間詞話》，輯《唐五代二十家詞》。
	文益書局出版郭文英繪圖畫書《三國志》（1921 年後世界書局改稱連環圖畫）。
	美國美以美傳道會在福州創辦福州女子書院預科，為華南女子文理學院的前身。
	全國學堂共四萬七千九百九十五所，學生已達一百三十餘萬人。

1909 年・宣統元年・己酉

1 月 6 日	廣州醫界人士陳子光、梁培基等發起組織光華醫社，醫校、醫院，以爭國權、爭醫權、爭醫學教育權為宗旨。
9 日	清政府罷斥袁世凱。
本月	清政府頒佈調查戶口章程。
	新劇團體一社，天義社、仁社、慈善會聯合成立上海演劇聯合會。
	陳以益在上海創辦《女報》。
2 月 15 日	商務印書館創辦《教育雜誌》，1941 年停刊，共出三十卷。
27 日	命修國籍法。
3 月 6 日	詔宣示朝廷一定實行預備立案，維新圖治之宗旨。
24 日	吳士鑒進呈《普魯士憲法譯注》。
25 日	詔嗣後丁憂人員無論滿漢，一律離任終制。
本月	《華商聯合報》在上海創刊，後改名《華商聯合報》，共出三十一期，以「聯合商界、振興商業」為宗旨。
4 月	共進會在漢口設立中機關，並在武昌社分機關。
5 月 15 日	於右任在上海創辦《民呼日報》，至 8 月被封，共出九十二期。
本月	胡石庵在漢口創辦《揚子江小說報》月報。
	廣仁山等在北京創辦《燕都時事畫報》。
6 月 3 日	廣東商辦新寧鐵路全線告成。
本月	清政府設立蒙藏編譯局譯蒙藏文課本，本月出版第一本蒙藏文字母課本。
7 月 10 日	外務部學會奏，以美國「退還」培款，選派學生赴美留學，先在京師設遊美學務處，附設肆業館，以周自齊為督辦，唐國安等為幫辦。

19-25 日	江蘇教育總會在滬開全省學校堂成績展覽會，計送到成績品五千餘件。
31 日	學部奏訂考試畢業遊學生章程。
本月	魯迅結束七年日本留學生活回國。
8 月 23 日	清政府頒行《資政院章程》。
本月	共進會會員焦達峰的日本創刊《湘路警鐘》。次年改名《湘路危言》，在上海發行。
9 月 9 日	學部奏建京師圖書館，以編修繆荃孫充監督。
15 日	清政府以《北京國報》、《中央大同日報》刊載機密要件，下令查禁。
27 日	張相文等在天津發起成立中國地學會，次年 2 月編輯出版《地學雜誌》。
28 日	從外務部奏，建遊美肄業館於清華園，即清華大學的前身。
29 日	于右任復在上海創辦《民呼日報》，11 月被封，共出四十八期。
本月	由留日學生組織諮議局事務調查會在日本東京創辦《憲政新志》。
	蘇曼殊譯《拜倫詩選》出版，是外國詩歌在中國最早譯本。
10 月 4 日	張之洞卒。
本月	鴛鴦蝴蝶派刊物《小説月報》月刊創刊，惲鐵樵主編。
	學部奏設編訂名詞館，以編定各科中外名詞對照表及各種詞典，派嚴復為總纂。
	第一批庚款留美國學生出洋。
	李菊濟等在北京創辦《醒世畫報》。
11 月 13 日	柳亞子、高天梅等在蘇州發起革命團體「南社」，會員大多數為同盟會會員。
21 日	保定、北京各學堂學生代表發起「共和會」與保定，籌畫北方革命。

27 日　　各省諮議局代表在上海正式大會，決組「國會請願同志會」，立憲運動漸入高潮。

本月　　趙漢卿等在上海創辦《越報》。

12 月　　學部以北洋政法學堂屢起風潮，決定解散。

本年　　清政府將焚內閣大庫舊檔，羅振玉以其中多有重要史料，請張之洞奏准保存。

商務印書館創辦《兒童教育畫》，為中國人自辦的最早的少年兒童刊物，初為不定期刊。1911 年 2 月改為月刊，1921 年停刊。

嚴復譯耶芳斯的《名學淺說》出版。

金炳麟、王以銓輯《中國女史》，採歷代婦女一千五百餘人。

謝蔭昌譯日人廣頁周二郎《圖書館教育》，為我國最早翻譯的圖書館學書籍。

梁紀佩在廣州組織悟群著書社，撰寫出版大量時事、民間傳說、偵探、豔情等通俗小說。

中國教育會舉行六次大會。中國籍會員提出三項要求：一，中國教師有參加決定教育政策的權力，增加中國籍會員人數；二，中國教育會改名為基督教教育聯合會；三，成立由全體會員參加投票的執行委員會。

《老殘遊記》的作者劉鶚卒。

全國學堂已達五萬九千一百餘所，學生約有一百七十萬人。

1910 年・宣統二年・庚戌

1 月 1 日　　陳其美在上海創辦發行《中國公報》。

10 日　　學部奏准外國學生可以入經科大學肄業。

15 日　　學部訂《各學堂畢業文憑條例》。

16 日　　國會請願同志會發動第一次請願，上書都察院。

中國留日學生在東京成立中國鐵路研究會，並創刊《鐵路界》雜誌，主張保衛中國鐵路主權，發展鐵路事業。

2月4日　命於資政院內設速記學堂。

　　7日　清政府頒佈法院編制法。

　　12日　孫中山第九次革命失敗。

　　15日　邵笠農在北京創辦《簡字報》。

　　19日　黃德鈞等在廣州創辦《保國粹》旬刊。

　　20日　《國風報》旬刊在上海創辦，實際主持人梁啟超。以「忠告政府，指導國民，灌輸世界之常識，造成健全之輿論」為宗旨，影響較大。1911年7月停刊，共出五十二期。

　　21日　孫中山在美國三藩市設中國同盟會美國支部。

　　27日　清政府中國紅十字會試辦章程，命盛宣懷充紅十字會會長。

3月7日　清政府派停長徐謙赴英國參加刑律改良會。

　　10日　章炳麟、陶成章重組的光復會在日本東京創刊《教育今語雜誌》，以「保存國故，振興學藝，提倡平民普及教育」為宗旨，用白話向南洋華僑傳授國學。

　　11日　成都華西協和大學開學，該校以美教會聯合公誼會、浸禮會創辦。

　　31日　京師大學堂分科大學開學。

4月2日　同盟會會員黃復生、汪精衛等謀炸攝政王，未果。

　　7日　劉錦藻纂《皇朝續文獻通考》成，斷於光緒三十年。至1921年增補至宣統三年，共四百卷。1936年出版。

　　24日　趙孔達在漢口創刊《雄風報》。

5月9日　王厚齊等人在天津創刊《北方日報》，當日即被與清政府串通的租界當局查封。次月5日復刊。

　　23日　陳其美在上海創辦《民聲叢報》，以「發揚民氣之先聲」，「其祖國之魂」為宗旨。主要撰稿人有林白水等人，揭露和批評立憲的虛偽性。

24 日	頒佈幣制則例，國幣單位定名曰圓，暫就銀為本位，以一圓為主幣，另發輔幣四種。
6 月 5 日	南洋勸業會在南京開幕。
本月	章炳麟《國故論衡》在日本刊行。
7 月	四川諮議局在成都創刊《蜀報》半月刊，共出十二期。
8 月	商務印書館《小說月報》，以「移譯名作，綴述舊聞，灌輸新理，增進常識」為宗旨。
9 月 6 日	上海《時報》、《神州日報》在南京發起成立祖國報界俱進會，支持和參加該會成立大會的除發起單位外有二十個省市的四十一家報紙，是為中國第一個全國性新聞界團體。三年後停止活動。
18 日	湖北革命黨人在武昌成立振武學社。
23 日	同盟會廣西支部在桂林創辦《南報》，宗旨是以軍國主義為綱，世界、民族兩主義為目的，共出三期。
10 月 3 日	資政院第一次開院。
11 日	於右任、陳其美等在上海創辦《民立報》，日銷二萬份，是最有影響的革命報刊之一。
14 日	盛宣懷捐資籌建上海圖書館。
18 日	第一次全國運動會在南京開幕，24 日閉幕。
31 日	《平民日報》在廣州創刊，有「內地第一革命機關日報」之稱。
本月	任天知組織新劇團體進化團。
11 月 4 日	清政府將《大清新刑律》交資政院討論，憲政編查館特員楊度報告新刑律，採用國家主義立法宗旨的緣由，批判封建家族主義原則，遭到勞乃宣等人的反對。
13 日	山西大學堂西學齋從西方傳教士手中收回。
本月	中國國民禁煙會在北京創立。
12 月 2 日	檳榔嶼革命黨人創辦《光華報》，前身為同盟會緬甸分會機關報《光華報》，雷鐵崖主筆，批判《檳榔城新報》的保皇論點。

14 日　　梅寶璣等人在漢口創辦《大江白話報》，詹大悲主筆。

本月　　收回集成圖書公司創辦《上海雜誌》以圖畫為主、文字為輔的形式報導上海時事，共出六期。

英文《北京日報》在北京創辦，主筆顏惠慶。

南京金陵大學建校，由南京彙文和宏育書院合併而成。1916年遷至南京鼓樓新校址。

本年　　學部改定小學課程。

章炳麟在日本東京創刊《學林》，共出二期。

清政府頒行《著作權律》。

日本人在上海創辦日文《上海佛教》雜誌。

蔡元培《中國倫理史》出版，是中國第一部採用西方近代學術研究方法研究中國倫理學史的著作。

繆荃孫《續碑傳集》編成，輯錄道、咸、同、光四朝人物傳記一千一百餘人。

商務印書館出版初小、高小及中國文、歷史、算術、修身、格致、平面四角、代數、英文、商業等教科書數十種。《二十年目睹之怪現狀》的作者吳沃堯卒。

全國學堂已有四萬二千六百餘所，學生達一百二十八萬餘人。

1911 年・宣統三年・辛亥

1 月 2 日　　詔嚴禁學生干預國政。

3 日　　詹大悲籌資接辦《大江白話報》，改名《大江報》。30 日，湖北政武學社改組為「文學社」，以「聯合同志，研究文學」為名進行革命活動，並確定以《大江報》為該社機關報。

25 日　　頒佈新刑律及暫行章程。

29 日　　頒佈新修訂的報律。

2 月	同盟會廣西支部創辦《南風報》，共出八期。
3 月 1 日	商務印書館創辦《少年雜誌》月刊。
本月	《民心》月刊在福州創刊，林剛為總編輯，共出八期，主張反清革命。
	陶保霖主筆的《法政雜誌》在上海創刊。
4 月 16 日	商船學校於上海創辦。
27 日	同盟會在廣州發動黃花崗起義，全國震動，為清水師提督李准所敗（是為孫中山第十次革命失敗）。
29 日	全國各省教育總會聯合會在上海召開都一次會議，討論有關實施軍國民教育、統一國語方法、推行義務教育、改良小學教育等方案，5 月 12 日閉會。
本月	由唐群英編輯發行的《留日女學生會雜誌》在日本東京創刊。
5 月 8 日	頒佈雷閣官制，設立「責任」內閣。
9 日	清政府宣佈鐵路國有政策。
11 日	湖北共進會與文學社召開團體合作會議。
31 日	宣佈奏設中央教育會。
6 月	張雪林在上海組織新世界劇團。
	四川保路同志會創立，並刊行《四川保路同志會報告》保路運動展開。
7 月 15 日	中央教育會在北京開會，決議軍國民教育、國庫補助推廣初等小學經費、試辦義務教育章程、劃定地方教育經費、振興實業教育等十二項議案，8 月 12 日閉會。
20 日	禮部改設典禮院。
31 日	中國同盟會中部總會在上海成立。
本月	陶成章等在上海成立銳進學社，並發行《銳進學報》。
	軍國學社在北京發行《軍華》雜誌，以「研究軍事學問，鼓吹軍國主義」為宗旨。

8 月 5 日	全國師範聯合會在北京成立。
11 日	張元濟在北京發起成立中國教育會。
19 日	《政治官報》改名《內閣官報》，由內閣接辦，公佈法律命令。
24 日	《申報》創刊《自由談》副刊，到 1935 年 10 月停刊，為中國近代史上出版時間最長的報紙副刊。
9 月	南社創辦《南社》雜誌。
10 月 10 日	武昌起義爆發。次日，中華民國湖北軍政府成立。
15 日	胡石庵主編在《大漢報》在漢口，為武昌起義後創辦的全國第一份革命報紙。
16 日	湖北軍政府發刊《中華民國公報》。次日，同盟會會議創刊《湘省大漢報》，旋更名《大漢民報》。
本月	為報導國內形勢，《緊報》、《國民軍事報》、《國民日報》等在上海創刊。
11 月 1 日	清政府任命袁世凱為內閣總大臣，組織責任內閣。
3 日	清政府頒佈《十九信條》，承認皇帝之權以憲法所規定者為限，憲法由資政院起草決議，國會修正、皇帝頒行。
5 日	社會主義同志會改組為中國社會黨。
9 日	湖北軍政府頒佈由宋教仁起草的《中華民國鄂州約法》，以三權分立、天賦人權的民主自由思想為指導，是中國資產階級頒佈的第一部帶有憲法性質的、與清政府《十九信條》相對立的法律檔。
21 日	《民國報》在上海創刊，主要撰稿人有鄧實、李劍農等。
本月	上海、貴州、江蘇、廣西、福建、山東等省相繼獨立。29 日，各省都督府或諮議局代表在漢口開會，討論組織臨時中央政府。
	《中央公論》、《日本於日本人》等在日本刊物發表大量關於中國辛亥革命的消息和評論。
	早稻田大學舉行中國事變演講會，並出版《早稻田講演臨時增刊──中國革命號》。

12 月 20 日	同盟會會員趙鐵橋等在天津創辦《民意報》。
29 日	南京十七省代表會議選舉孫中山為中華民國臨時大總統。又決議改用陽曆。
本月	《鐘聲日報》在上海創刊。
	「南北和談」在上海開始。
本年	美國傳教士韋棣華女士在湖北武昌創辦文華大學公書林。
	《新疆圖志》修成，為新疆建省後第一部完備的志書。
	晚清小說、戲曲空前繁榮，據不完全統計，1885-1911 年刊行小說創作四百餘種，戲曲刊行一百餘種。
	馮煦、樊增祥等在上海結超社、逸社、酬唱抒懷清室之情。
	菲律賓體育協會發起遠東體育協會，邀請中國及日本參加。
	美國教會設立之江大學於杭州。美國人設盲童學堂於上海。
	上海《時報》與《輿論時報》合併，改組為《時事新報》。清政府改政治公報為內閣公報。武昌軍政府創刊《中華民國公報》。

1912 年・民國元年・壬子

1 月 1 日	孫中山就職，宣佈中華民國成立。
3 日	中華民國聯合會在上海江蘇教育總會成立，章太炎任會長。次日，《大共和日報》創刊。章太炎任社長。
11 日	孫中山宣佈自任北伐軍總指揮，派黃興為北伐軍陸軍參謀長，並制定六路北伐計畫。
16 日	民社在上海出來，寧調元參與發起，並邀約柳亞子加入，以便共同創辦《民聲日報》。
28 日	南京臨時參議院成立。
本月	越社機關報《越鐸日報》於紹興創刊。

2 月 12 日	宣統帝退位，結束了滿清封建王朝。
13 日	孫中山辭臨時大總統職。
17 日	南京參議院 15 日選舉袁世凱為臨時大總統。本日，柳亞子發表宣言，認為袁世凱「他日易總統而為皇帝，倒共和而復專制，一反手間耳」，號召進行「第二次革命」。
20 日	民社機關報《民聲日報》在上海創刊，寧調元任總編纂。
3 月 2 日	中華民國聯合會改組為統一黨，章太炎、張謇等選為理事，該黨主張統一全國建設，促進完美共和政治。
7 日	柳亞子於《民聲日報》「上天下地」欄發表短文，表彰馮春航所演新劇《血淚碑》「真能使人迴腸盪氣，不可抑制」。
13 日	南社於上海愚園舉行第六次雅集，柳亞子等 42 人出席。
4 月 1 日	《太平洋報》在上海創刊，社長姚雨平，總主筆葉楚傖。南社發表啟事，以太平洋報館為交通部。
5 日	蘇曼殊由柳亞子介紹補填入南社社書。
9 日	章太炎被袁世凱聘為總統府高等顧問。
5 月 5 日	聯共布爾什維克機關報《真理報》創刊。
7 日	章太炎、于佑任等發起通俗研究研究會，《民立報》發表該會「宣言」。
9 日	統一黨與共和建設討論會、民社等合併組成共和黨，黎元洪當選為理事長，張謇、章太炎等為理事。
28 日	南社社員陳範等進京參與創辦《東亞日報》（後改名《民主報》）。
6 月 5 日	章太炎在北京重組統一黨，被推為該黨總理。
21 日	杭州《平民日報》出版，陳去病任總編輯。
7 月 20 日	《中華民報》在上海創刊，編輯中南社社員占為多數。
8 月 25 日	同盟會、統一共和黨、國民共進會等五個政治派系改組成國民黨，選孫中山為理事長。
10 月 1 日	《南社》第六集出版，收文 56 篇，詩 393 首，詞 115 首。

7 日	國會選黎洪元為副總統。
28 日	柳亞子在《民立報》發表通告，宣佈「僕因多病，不能辦事」而脫離南社。
本月	梁啟超由日本歸國，繼續寫文章，作演講，鼓吹憲政。
	南社於上海愚園舉行第七次雅集，到柳亞子、高旭等 35 人。
11 月 1 日	宋琳在紹興創辦《天覺報》，以「振興教育，提倡實業，指導社會，匡輔政府以及鼓吹尚武精神，發展民生主義」為宗旨，得到南社等人擁護支持。
12 月 1 日	《南社》第七集出版，收文 45 篇，詩 556 首，詞 114 首。
本月	《國風報》停刊，梁啟超創辦《庸言》雜誌。
本年	民國建立後，章太炎等人參加或指導一批學會和團體成立。
	康有為、梁啟超師生間產生了分歧裂痕。
	王國維在日本寫成《宋元戲曲考》16 章，系統研究宋元戲曲的淵源、形式、影響。
	商務印書館編印《共和國教科書》。出版《新字典》、《英華會話合璧》等。
	蔡元培負責民國後教育部事務。
	嚴復受總統袁世凱之聘，任北京大學校長，袁世凱設計北京大學，「將大學經文兩科合併為一，以為完全講治舊學之區，用以保持吾國四五千載聖盛相傳之綱紀、彝倫、道德、文章於不墜」。
年底	嚴復辭北大校長職，袁世凱又聘他為總統府法律外交顧問。

1913 年・民國二年・癸丑

2 月 10 日	孫中山偕同馬君武等以及妻子和子女，從上海出發到日本進行考察。

| 12 日 | 同盟會汕頭機關報創辦《大風日報》，南社社員林百舉、古直負責編務。 |

12 日　同盟會汕頭機關報創辦《大風日報》，南社社員林百舉、古直負責編務。

本月　康有為主編的《不忍》在上海創刊，此刊以闡揚孔教為宗旨。

3 月 16 日　南社於上海愚園舉行第八次雅集，以中華民報胡樸安等 12 人出席。

20 日　國民黨理事宋教仁在上海車站被刺殺。

27 日　孫中山回到上海，「宋案」真相大白，刺殺宋教仁主謀袁世凱。

4 月 27 日　南社於北京畿輔先哲祠舉行雅集，到高旭、陳去病等 31 人。

5 月　王國維集 1912 年和 1913 年所作詩 20 首成冊，曰《壬癸集》。

6 月　寧調元至武漢發難討袁，事洩被捕。

袁世凱通令各省尊孔杞孔。孔教公會成立，發起人 200 餘人，嚴復、梁啟超、林紓等在其中。

7 月 12 日　國民黨發動反袁的「二次革命」，旋即失敗。黃興、孫中山先後離滬赴日，再度流亡。

8 月 11 日　章太炎抵京，行動受到袁世凱派系的嚴密監視。

9 月 1 日　袁軍張勳攻陷南京，「二次革命」，完全失敗。

25 日　寧調元在武漢被黎洪元殺害，柳亞子等作詩哀悼。

本月　章太炎發表《駁建立孔教議》，反對定孔教為國教。

10 月 8 日　南社於上海愚園舉行第九次雅集。先期柳亞子、陳去病等 40 人聯名於《民權報》發表啟事。

20 日　《生活日報》在上海創辦，創辦人徐朗西，主筆葉楚傖。

本月　袁世凱強迫國會選舉他為大總統，黎洪元為副總統。

11 月　袁世凱宣佈解散國民黨。

12 月　章太炎在共和黨本部開辦國學會，並主講經學、史學、玄學、小學。

《雅言》創刊於上海，章太炎弟子康寶忠主編。內容分論說、紀事、文藝、等，此刊傾向與康有為主編的《不忍》針鋒相對。

本年　嚴復任袁世凱公府顧問兼海軍部編譯處總纂。

1914 年・民國三年・甲寅

1 月　　袁世凱下令解散國會，繼而又成立一個「約法議會」。

　　　　章太炎一人赴總統府要求見袁世凱被拘禁。

2 月 12 日　梁啟超辭去司法總長，就任幣制局總裁。

本月　　袁世凱下令解散各省議會。

3 月 29 日　南社於上海愚園舉行第十次雅集。到陳去病等 18 人。

本月　　《南社》第八集出版，胡懷琛代編，收文 36 篇，詩 373 首，詞 112 首。

　　　　《章太炎文鈔》出版，由靜庵編輯，上海中華圖書館石印。

4 月 25 日　上海《民權報》被袁世凱下令封禁後，設立民權出版部，出版《民權素》月刊，編輯劉鐵冷、蔣著超。

本月　　《雅言》第六期刊章太炎《題所撰初本[新方言]予黃侃》文章。

5 月 1 日　袁世凱，廢除《臨時約法》，公佈了所謂的《中華民國約法》。

24 日　　南社舉行臨時雅集於上海愚園雲起樓，歡迎柳亞子復社，到陳去病等 30 人。

本月　　蘇曼殊在《民國》第一年第一號發表小說《天淵紅淚記》。

　　　　《南社》第九集出版，收文 51 篇，詩 414 首，詞 129 首。

　　　　孫中山發表《討袁檄文》，表示「誓死戮此民賊，以拯吾民」。

6 月 6 日　《禮拜六》在上海出版，由王鈍根、周瘦鵑分任編輯，至 1916 年 4 月出滿百期後停刊，1921 年月復刊。

本月　　《馬君武詩稿》由上海文明書局出版。

　　　　參議院成立，梁啟超任參政。撰《歐洲戰役史論》。

7 月，　第一次世界大戰爆發。

　　　　《南社》第十集出版，收文 61 篇，詩 468 首，詞 126 首。

	孫中山在日本改組國民黨為「中華革命黨」，被推選為總裁。
8 月	南社舉行臨時雅集於上海徐園，到俞劍華等 16 人。
	《南社》第十一集出版，柳亞子編，收文 52 篇，詩 458 首，詞 160 首。
	第一次世界大戰爆發。
9 月 1 日	中華革命黨總部發表《中華革命黨宣言》。
本月	柳亞子等編輯南社社員陳範的作品《蛻翁詩詞刊存》出版。
10 月 10 日	袁世凱就職大總統，並在天安門舉行閱兵典禮。
	南社於上海愚園舉行第十一次雅集。柳亞子以 56 票當選為主任。
本月	《南社》第十二集出版，柳亞子編，收文 77 篇，詩 712 首，詞 132 首。
11 月 27 日	南社社員姚錫鈞的小說雜誌《七襄》第一期出版。該刊至 1915 年 2 月止，共出 9 期。
本月	袁世凱宣佈解散國民黨。
12 月	袁世凱修正大總統選舉法，自封「終身總統」。
本年	章太炎被長期囚禁，開始修訂《訄書》，改名為《檢論》。
	王國維編輯《國學叢刊》。
	章士釗在日本創辦《甲寅》月刊，此刊主要評論時局，也研究傳統文化。
	嚴復被推為「約法會議」議員，並作《民約平議》刊在梁啟超的主編的《庸言》雜誌上。海軍部設立海軍編史處，聘嚴復為總纂，負責編輯海軍實紀。
	商務印書館的《學生雜誌》創刊。

1915 年・民國四年・乙卯

1 月 20 日	梁啟超創辦《大中華》月刊。

本月	日本政府向袁世凱遞交一份企圖獨佔中國的「二十一條」文本。
3 月	《南社》第十三集出版，柳亞子編，收文 107 篇，詩 581 首，詞 138 首。
	孫中山指示黨務部發佈通告，揭露「二十一條」交涉的事實真相。
5 月	章太炎《國故論衡》增訂完畢。《檢論》定稿。
	《南社》第十四集出版，柳亞子編，收文 103 篇，詩 869 首，詞 164 首。
	南社於上海愚園舉行第十二次雅集。到柳亞子等 42 人。
	袁世凱接受日本政府提出的賣國的「二十一條」。
6 月	孫中山召集中華革命黨各部部長會議，決定組織「中華革命軍」。
7 月	蘇曼殊在《甲寅》月刊第一卷七號發表小說《絳紗記》。
	梁啟超撰寫《異哉所謂國體問題者》。
	上海右文社出版章太炎的《章氏叢書》，鉛字排印，共兩函 24 冊。
8 月	蘇曼殊在《甲寅》月刊第一卷八號發表小說《焚劍記》。
9 月 15 日	《青年雜誌》在上海創刊，陳獨秀主編，群益書社發行。
本月	孫中山在日本東京親自領導中華革命黨集會，聲討袁世凱，反對復辟帝制。
	黎元洪向袁世凱請求辭去副總統、參政院院長之職。
10 月 10 日	《中華新報》在上海創刊，歐陽振聲任總經理，谷鍾秀等為編輯。
本月	南社於上海愚園舉行第十三次雅集。到葉楚傖等 27 人，柳亞子因病未出席。
12 月 25 日	《民信日報》在上海創刊，該報闢有副刊《藝林》，發表小說、詩詞等，作者有黃侃、柳亞子等。
	蔡鍔在雲南起兵討袁，西南各省響應。

本月　　梁啟超離開天津南下，從事反袁活動。

本年　　繆荃孫刊行《京本通俗小說》，此書的刊行開啟了刊行研究古典小説的風氣。

章太炎仍然處於幽禁之中。

商務印書館內部協調編譯、發行、印刷三所，成立總務處，創刊《婦女雜誌》、《英文雜誌》。

1916 年・民國五年・丙辰

1 月 1 日　　雲南都督府成立，組成護國軍總司令部，蔡鍔為總司令，發難討伐袁世凱。

22 日　　中華革命黨機關報上海《民國日報》出版，總編輯葉楚傖、邵力子。該報辟有文藝部。

本月　　《南社》第十五集出版，柳亞子編，收文 102 篇，詩 711 首，詞 122 首。

《春聲》雜誌出版，姚錫鈞編輯，共出六集。該刊以發表小説為主，也發表戲曲、詩詞等，作者大都為南社社員。

4 月　　《南社》第十六集出版，柳亞子編，收文 117 篇，詩 842 首，詞 133 首。

5 月 9 日　　孫中山發表第二次討袁宣言。

本月　　《南社》第十七集出版，柳亞子編，收文 55 篇，詩 494 首，詞 132 首。

6 月 4 日　　南社於上海愚園舉行第十四次雅集。到葉楚傖，柳亞子等 56 人。

6 日　　袁世凱殞命，歸葬河南。笠日，黎元洪繼任大總統。

本月底　　章太炎獲得自由，隨即歸上海。

本月　　《南社》第十八集出版，柳亞子編，收文 58 篇，詩 614 首，詞 136 首。

7 月 14 日　　「籌安會」的發起人除嚴復外，均被通緝。

9 月 20 日	柳亞子在《民國日報》發表啟事，徵求烈士陳予范遺著。
24 日	南社舉行第十五次雅集於上海愚園。到葉楚傖，柳亞子等 36 人。
本月	康有為至山東曲阜祭孔陵。並致電黎元洪，請「以孔子為大教，編入憲法，複祀孔子之拜跪，明令各地設奉祀官」。
	陳獨秀主編《青年》雜誌自第二卷起改名《新青年》，並將編輯部遷往北京，又與胡適、李大釗等人積極倡導新文化運動，討論白話詩等。
10 月 21 日	《南社條例》刊佈於《長沙日報》第三張《文藝叢刊》。
11 月 22 日	蘇曼殊開始在《新青年》雜誌第二號三號發表小說《碎簪記》，陳獨秀作後序。
本月	《南社》第十九集出版，柳亞子編，收文 86 篇，詩 684 首，詞 132 首。
12 月 31 日	姚錫鈞發表短文，為桐城派古文辯解，認可救當時學子「才多為患」之弊。
本年	章太炎因國史館長王闓雲去世，繼任館長，由孫中山等人推舉。
	康有為極力推行尊孔運動，上書請求定孔教為國教，並載入憲法。
	蔡元培在法國，為華工學校師資班編寫並講授《智育十篇》分為文圖畫、音樂等十部。
	張元濟任商務印書館經理，編印《飲冰室文集》等書。

1917 年・民國六年・丁巳

1 月	陳獨秀主編《新青年》第二卷五號發表胡適《文學改良芻議》一文，被文學史家稱謂「五四文學革命的發難的信號」。
	南社社員成舍我參加《民國日報》社工作，任《雜俎》欄編輯。
2 月	《新青年》第二卷六號發表陳獨秀《文學革命論》，呼應胡適的文章，被文學史家稱謂「五四文學革命的宣言」。
	章太炎致電黎元洪，反對加入協約國參加第一次世界大戰。

3 月 4 日	亞洲古學會在上海發起成立，以研究亞洲文學、聯絡感情為宗旨。
28 日	《南社》臨時增刊《南社小說集》編成，《民國日報》發表社員王文濡所作《南社小說集・跋》。次月出版。
4 月 15 日	南社舉行第十六次雅集於上海徐園。到葉楚傖，柳亞子等 39 人。
28 日	南社社員成舍我在《民國日報》發表文章，指責新文化運動，支持柳亞子「格調宜舊，理想宜新」的文學主張。
5 月 22 日	《時報》刊登《亞洲古學會之例會》，報導第三次會議情況，並決議發行機關刊物。
本月	黎元洪免去段祺瑞總理職務，章太炎與孫中山多次通電支持黎。
6 月 27 日	胡適自美歸國，途中談柳亞子《與楊杏佛論文學書》的看法，認為「理想宜新」正確，但「形式宜舊」則錯。
7 月 1 日	張勳策動清末代皇帝溥儀恢復帝制。
7 日	柳亞子發表《感事四首》，譴責張勳復辟。
本月	章太炎與孫中山等離滬赴粵，發動護法戰爭。
8 月 25 日	章太炎與孫中山等齊集於廣州的議員舉行非常國會。
本月	非常國會通過《國會非常會議組織大綱》、《中華民國軍政府組織大綱》。
9 月 1 日	軍政府於廣州成立，孫中山為大元帥，章太炎為秘書長。
10 月	社會主義革命在俄國取得勝利，俄羅斯蘇維埃政府成立。
本年年初	蔡元培擔任北京大學校長，聘陳獨秀為文科學長，其《石頭記索隱》印行。
	王國維的《永觀堂海內外雜文集》印行，共收文 57 篇。
	商務印書館醞釀擬編「言文一致」的教科書和《小說月報》辦刊方針的調整。
	胡適應聘北京大學教授。回故里安徽績溪與江冬秀成婚。
	蘇曼殊在《小說大觀》第十二集發表小說《非夢記》。

1918 年・民國七年・戊午

1 月	南社社員周斌《妙員軒詩話》開始在《民國日報・文藝思潮》欄連載。《靈學叢志》創刊，汪文溥為作序。
	《新青年》雜誌開始由陳獨秀、周樹人（魯迅）、錢玄同、李大釗等 6 人輪流編輯。
4 月	胡適在《新青年》第四卷第四號發表《建設的文學革命論》一文，提出：「文學國語，國語的文學」十字方針，把白話文運動與國語運動結合起來。
	毛澤東在長沙成立革命團體：新民學會。
5 月	魯迅在《新青年》第四卷五號發表《狂人日記》，是中國現代文學史上第一篇白話小說。
	廣州政府改「大元帥」為「總裁」制，推孫中山等 7 人為總裁。
	孫中山離廣州赴上海，護法運動失敗。北京大學、北京高師等學校赴總統府請願，要求廢除中日軍事協定。
5、6 月間	英、法、美、日等 14 國武裝干涉俄國革命。
8 月	蔡元培為胡適《中國哲學史大綱》作序。
	康有為通電全國，呼籲南北停戰。
9 月 10 日	南社社員葉楚傖發表《小說評論》，評論包天笑、蘇曼殊等人小說。
11 月	第一次世界大戰結束，德、奧戰敗。
	教育部正式公佈注音字母。
12 月	周作人在《新青年》第五卷第六號發表《人的文學》一文。
	梁啟超、丁文江、蔣百里等去歐洲遊歷。
本年	小說家蘇曼殊在上海病逝。

蔡元培在北京大學發起徵集近世歌謠活動，以編輯《中國近世歌謠彙編》、《中國近世歌謠選粹》二書。

張元濟主編《戊戌六君子遺集》，與北京大學胡適等座談，接洽新書出版事宜，《北京大學叢書》出版。

劉師培等人籌辦《國粹叢編》。

■ ■ ■

廢墟上的精靈
──前現代中國知識份子思想文化的理路（1898～1918）

主要參考文獻

譚嗣同：《譚嗣同全集》（上、下冊），中華書局，1981 年版。

梁啟超：《飲冰室合集》專集、文集，中華書局，1981、1989 年版。

梁啟超：《清代學術概論》，中華書局，1954 年版。

丁文江等編：《梁啟超年譜長編》，上海人民出版社，1983 年版。

湯志均編：《康有為政論集》（上、下冊），中華書局，1981 年版。

康有為：《康有為全集》，上海古籍出版社，1992 年版。

康有為：《康南海自編年譜（外二種）》，中華書局，1992 年版。

王栻編：《嚴復集》1～5 冊，中華書局，1986 年版。

章太炎：《章太炎全集》1～6 卷，上海人民出版社 1982～1986 年版。

王國維：《王國維文集》，中國文史出版社，1997 年版。

周錫山編：《王國維文學美學論著集》，北岳文藝出版社 1987 年版。

葉嘉瑩：《王國維及其文學批評》，河北教育出版社，1997 年版。

蘇曼殊：《蘇曼殊文集》，花城出版社 1991 年版。

蘇曼殊：《蘇曼殊小說詩歌集》，浙江人民出版社，1981 年版。

馬以君注：《燕子龕詩箋注》，四川人民出版社，1983 年版。

毛策：《蘇曼殊傳論》，中國人民大學出版社 1995 年版。

湯志均編：《戊戌變法人物傳稿》，中華書局，1978 年版。

孫中山：《孫中山全集》，中華書局，1981 年版。

陳錫祺主編：《孫中山年譜長編》，中華書局，1991 年版。

蔡元培：《蔡元培全集》，中華書局，1984 年版。

王忍之等：《辛亥革命前十年間時論選集》，北京三聯出版社，1960 年版。

楊天石、劉彥成：《南社》，中華書局，1980 年版。

柳無忌編：《柳亞子年譜》，中國社會科學出版社，1983 年版。

李澤厚：《中國近代思想史論》，人民出版社，1979 年版。

郭湛波：《近五十年中國思想史》，山東人民出版社，1997 年版。

龔書鐸主編：《中國近代文化概論》，中華書局，1997 年版。

方漢奇：《中國近代報刊史》，山西人民出版社，1982 年版。

嚴中平等編：《中國近代經濟史統計資料選輯》，科學出版社，1955 年版。

陳真：《中國近代工業史資料》，北京三聯書店，1961 年版。

張靜廬編：《中國近代出版史料》（甲編），新華書店，1954 年版。

陳學恂主編：《中國近代教育大事記》，上海教育出版社，1981 年版。

（美）本傑明・史華茲：《尋求富強：嚴復與西方》，江蘇人民出版社，1996
　　年版。

（美）約瑟夫・阿・勒文森：《梁啟超與中國近代思想》，四川人民出版社，
　　1996 年版。

葉易：《中國近代文藝思潮史》高等教育出版社，1990 年版。

費正清、劉廣京編：《劍橋中國晚清史》，中國社會科學出版社，1993 年版。

阿英編：《晚清文學叢鈔》，中華書局，1960 年版。

阿英編：《晚清文藝期刊述略》，古典文學出版社，1958 年版。

桑兵：《清末知識界的社團與活動》，北京三聯書店，1995 年版。

吳鐵峰：《清末大事編年》，湖南大學出版社，1996 年版。

《北京大學史料》（第一卷），北京大學出版社，1993 年版。

《中華近代文化史叢書》若干冊，中華書局 1985～1993 年的版本。

《中國近代史詞典》，上辭書出版社，1982 年版。

《中國文化史年表》，上海辭書出版社，1990 版。

後　記

　　這本小冊子的寫作起因，與我博士論文有關。論文選題集中探
討中國現代文學社團流派的文化形態。我以「文學社群」的文學史
概念，重新評析傳統的現代文學社團流派。最初研究從現代文學史
已經約定俗成的第一個純文學社團文學研究會個案始，文學社群文
化形態的視野不僅使得該社團研究有了一些突破性的認識，而且對
現代中國文學整體性的發生過程也有了不同想法。其中最主要是在
文學研究會社團結構形態的辨析，與該社團主要發起人員分合聚散
的還原性清理中，更多地瞭解了文學研究會與「五四」前後「新青
年」、「人道」、「曙光」等社會文化團體的血脈關係，使得我對於近
現代中國知識份子的精神流變發生了較大的興趣，激發了我思考近
代中國思想文化的演變發展與五四新文學的關係，重新反思現代文
學發生等既定認識觀念。五四新文學的興起，與其說是社會歷史的
變革和文學自身的裂變之合力，倒不如講近代文化歷史語境中，一
代新型知識份子的崛起，追求文化思想，乃至文學的現代化的必
然。新文學誕生的真正現代意義不可不追溯近代思想的文化語境及
其密切關聯的文化源流，尤其是現代知識份子精神思想的成長。

　　但是，這些想法當時因為論文選題的要求和寫作時間所限沒有
展開。博士畢業不久學兄王堯先生邀請我加盟他正在策劃的一個選

題，其側重在近現代知識份子的思想文化梳理，及其精神特徵的論
析。這給我提供了一次充實新知識、深入瞭解近現代知識份子的機
會。特別引發我再思索近現代思想文化與中國文學現代化源流關係
的問題。作為文化載體的文學，五四新文學作為中國文學現代化的
一次飛躍，這一根本性的文學裂變，既聯繫著廣闊而複雜的現實社
會圖景，又負載著歷史與現實的豐富文化，及其深層的思想內涵。
這中間最為重要的是新型現代知識份子誕生成長之旅的精神尋
蹤。正是帶著這一新的思想期盼，我懷著濃厚的學術探索的欲望，
走進了既熟悉又陌生的近代文化思想領域。

　　我選取了「1898」這一具體的歷史時間為切入點，但不刻意追
求歷史完整性的描述和記錄。文化史、思想史同文學史一樣，實際
是人的精神史，具體地說是一代知識份子的精神心靈史。近代中國
「1898」是一個悲壯的年代，也是一個歷史轉型、時代交替的年代，
更是一代先覺的知識者滿腔熱情地追求現代文明而值得記憶的標
識。正是康有為、梁啟超、譚嗣同、嚴復、章太炎、孫中山、王國
維、蘇曼殊、陳獨秀、魯迅等等一大批先覺者，在王綱解體的時代，
發出了沖決網羅的吶喊，率先播散現代文明的火種，在傳統與現代
的抉擇中，開始了艱難的現代文化思想的跋涉。他們書寫了中國文
化思想的新篇章，我將其稱為「前現代」的知識份子。他們（個體
或群體）的精神的追求，與政治、經濟、歷史、現實發生著廣泛的
密切聯繫，甚至直接影響或者改變著社會的生活。書稿寫作的過
程，一直沉浸於歷史之中，與歷史的文化偉人，與這些近現代先覺
者進行著心靈的交流對話。在那個世紀之交的年代，這些現代思想
文化的先驅者，面對歷史悲壯的衰落，勇敢堅定地尋求新思想、新

文化，亟亟思考救治之道，以經邦濟世變法圖強慷慨自任。在歷史經歷了風風雨雨的滄桑之後，今天又進入了一個新世紀的開端。正在以新的姿態騰飛躍進的我們國家和民族，更加深切地感到文化歷史的積淀，思想精神的承傳，對於新思想新文化建設尤其重要。在那個年代裏這些「廢墟上的精靈」對於現代思想文化建設的價值，不僅僅有篳路藍縷之功，更重要的是其思想文化的深深底蘊對歷史、未來有著永恆的啟迪。我們永遠難忘思想的先行者，給予後來者潛移默化的精神力量。他們思想的探索無論功過得失，他們精神的追求儘管滌蕩起伏，本身就是文化的一部分。寫作的全過程，我力求回到「歷史的現場」理清貼近原貌的近現代文化思想的生成過程，力求重新理解、思考他們最真實的精神世界和理想追求，尤其重在勾勒出他們豐富、痛苦、坎坷的精神線索的內在理路，充分認識前現代中國文化思想的豐富性、複雜性，及其特殊性，並注意在其諸多關係的辨析中，歸理其思想文化流變的過程，尋找他們之間多樣化形態及其有意味的表現方式。我主觀的這些努力是否完成，還期待讀者、同行的評述。

　　小書初稿完成於我曾經工作過的那座已徒有虛名的北方「泉城」的日子，而書的修改和付梓之時，我已生活在六朝古都金陵城外秦淮河畔了。歲月匆匆，人生苦短。每當我完成一部書稿，寫到這裏不禁想到身居皖南小城的年邁父母。無論我居住在很遠很遠的齊魯之地，還是在近鄰的揚子江畔，都能深切地感受到他們溫暖的深深的愛，他們以自己默默地承受孤寂的方式，理解我，支援我。他們知道教書、寫作是兒子一生不敢鬆懈怠慢的工作和事業，而孩

兒忠孝難求兩全，心中有著不盡的愧疚——。這裏衷心祝福父母親大人身體安康！小書也是兒子獻給父母的一瓣馨香。

自然，不能忘記許多志同道合的朋友，特別是朝夕相處的曉進兄對本書寫作予以的關心和支持，淡淡的君子之交，濃濃的深情厚意，非感激一詞能夠表達。還有王堯兄的信任，人民出版社林敏君的默默奉獻，所有感謝盡在不言中了！

作者：楊洪承

2006 年勞動節於金陵龍江陋室記

這本小書出版以後，在學界和同行中有一定的迴響，從出版方那裡得知，與同類學術著作相比銷售尚可以，作為作者也就很滿足了。三年後，經高玉兄舉薦，又得學人蔡登山先生厚愛，將小書於臺灣重新再版，提供給海峽兩岸更多的讀者，自然是十分高興的事，更感謝他們的費心！為保持原貌再版本未做修改，特此說明！

作者　又及

2009 年 8 月酷暑

國家圖書館出版品預行編目

廢墟上的精靈——前現代中國知識份子思想文化
的理路（1898～1918）/ 楊洪承著. -- 一版. -
- 臺北市：秀威資訊科技, 2010. 01
　　面；　公分. -- (哲學宗教類；PA0031)
BOD 版
參考書目：面
ISBN 978-986-221-351-3(平裝)

1. 知識分子　2. 學術思想　3. 中國

546.1135　　　　　　　　　　98021165

 哲學宗教類　PA0031

廢墟上的精靈
——前現代中國知識份子思想文化的理路 (1898～1918)

作　　者 / 楊洪承
主　　編 / 蔡登山
發 行 人 / 宋政坤
執行編輯 / 胡珮蘭
圖文排版 / 鄭維心
封面設計 / 蕭玉蘋
數位轉譯 / 徐真玉　沈裕閔
圖書銷售 / 林怡君
法律顧問 / 毛國樑　律師
出版印製 / 秀威資訊科技股份有限公司
　　　　　 台北市內湖區瑞光路 583 巷 25 號 1 樓
　　　　　 電話：02-2657-9211　　　傳真：02-2657-9106
　　　　　 E-mail：service@showwe.com.tw
經 銷 商 / 紅螞蟻圖書有限公司
　　　　　 台北市內湖區舊宗路二段 121 巷 28、32 號 4 樓
　　　　　 電話：02-2795-3656　　　傳真：02-2795-4100
　　　　　 http://www.e-redant.com

2010 年 1 月 BOD 一版
定價：410 元

讀 者 回 函 卡

感謝您購買本書，為提升服務品質，煩請填寫以下問卷，收到您的寶貴意見後，我們會仔細收藏記錄並回贈紀念品，謝謝！

1. 您購買的書名：_____

2. 您從何得知本書的消息？

　　□網路書店　□部落格　□資料庫搜尋　□書訊　□電子報　□書店

　　□平面媒體　□ 朋友推薦　□網站推薦　□其他_____

3. 您對本書的評價：(請填代號　1.非常滿意 2.滿意 3.尚可 4.再改進)

　　封面設計____　版面編排____　內容____　文/譯筆____　價格____

4. 讀完書後您覺得：

　　□很有收獲　□有收獲　□收獲不多　□沒收獲

5. 您會推薦本書給朋友嗎？

　　□會　□不會，為什麼？_____

6. 其他寶貴的意見：_____

_____

_____

_____

讀者基本資料

姓名：_____ 年齡：_____ 性別：□女 □男

聯絡電話：_____ E-mail：_____

地址：_____

學歷：□高中(含)以下　□高中　□專科學校　□大學

　　　□研究所(含)以上 □其他_____

職業：□製造業 □金融業 □資訊業 □軍警 □傳播業 □自由業

　　　□服務業 □公務員 □教職　□學生 □其他_____

請貼
郵票

To：114

台北市內湖區瑞光路 583 巷 25 號 1 樓

秀威資訊科技股份有限公司　　　收

寄件人姓名：

寄件人地址：□□□

(請沿線對摺寄回,謝謝!)

秀威與 BOD

BOD（Books On Demand）是數位出版的大趨勢，秀威資訊率先運用 POD 數位印刷設備來生產書籍，並提供作者全程數位出版服務，致使書籍產銷零庫存，知識傳承不絕版，目前已開闢以下書系：

一、BOD　學術著作—專業論述的閱讀延伸
二、BOD　個人著作—分享生命的心路歷程
三、BOD　旅遊著作—個人深度旅遊文學創作
四、BOD　大陸學者—大陸專業學者學術出版
五、POD　獨家經銷—數位產製的代發行書籍

BOD 秀威網路書店：www.showwe.com.tw
政府出版品網路書店：www.govbooks.com.tw

永不絕版的故事・自己寫・永不休止的音符・自己唱